U0649945

上海世纪出版股份有限公司高等教育图书公司　出品

货币和金融机构理论

（第2卷）

[美] 马丁·舒贝克 著
王永钦 译

当代经济学译库

上海三联书店
上海人民出版社

出版前言

为了全面地、系统地反映当代经济学的全貌及其进程，总结与挖掘当代经济学已有的和潜在的成果，展示当代经济学新的发展方向，我们决定出版“当代经济学系列丛书”。

“当代经济学系列丛书”是大型的、高层次的、综合性的经济学术理论丛书。它包括三个子系列：(1)当代经济学文库；(2)当代经济学译库；(3)当代经济学教学参考书系。该丛书在学科领域方面，不仅着眼于各传统经济学科的新成果，更注重经济前沿学科、边缘学科和综合学科的新成就；在选题的采择上，广泛联系海内外学者，努力开掘学术功力深厚、思想新颖独到、作品水平拔尖的“高、新、尖”著作。“文库”力求达到中国经济学界当前的最高水平；“译库”翻译当代经济学的名人名著；“教学参考书系”则主要出版国外著名高等院校的通用教材。

本丛书致力于推动中国经济学的现代化和国际标准化，力图在一个不太长的时期内，从研究范围、研究内容、研究方法、分析技术等方面逐步完成中国经济学从传统向现代的转轨。我们渴望经济学家们支持我们的追求，向这套丛书提供高质量的标准经济学著作，进而为提高中国经济学的水平，使之立足于世界经济学之林而共同努力。

我们和经济学家一起瞻望着中国经济学的未来。

序言

计算机通讯和电子商务的惊人发展，连同金融计算的爆炸式发展和数据库的构建充分说明了信息在经济中的基础价值。这些方面的发展使我们可以从信息的动态学、通讯、评估、信任、信息披露和实施方面来考察货币和信贷的真实价值。

法定货币、电子货币和其他形式信贷的价值是受法律、政府力量和社会传统影响的市场动态变化所凸现的特征。本书的第1卷集中研究了一期的博弈，在那里我们考察了大部分资本结构，但根本不能表现真实的动态性。这里我们考察商品的多期的特征，考察三期模型（在该模型中，对货币的需求可能完全是周期性的）的特殊作用，然后研究有限期界和无限期界的模型。

按照计划，本书的第3卷会更加关注制度方面，也会更抽象。

第3卷将考察公司、银行、中央银行、保险、市场、清算所和其他金融机构的具体作用。除了理解这些机构的作用外,还需要理解大部分经济交易的本质是大众经济主体的随机过程;其中一对一的交往(encounter)可能不需要媒介,或者更多的是通过市场和经纪作为媒介——这里中介作为不同程度的信息处理调节器的关键的抽象性质取决于生产和交换的物品的性质和复杂性。

在本卷和前一卷中,我们构建了充分的框架以便考察将微观经济理论和宏观经济理论统一起来所需模型的性质。我怀疑,好的宏观经济建议将会继续依靠特定(ad hoc)模型,这些模型仅仅局限于分析和回答当期的具体政策问题。一般而言,从一般均衡理论不能得到宏观经济理论的更好的微观基础。必须另辟蹊径。这将需要如下的框架,在这个框架中,货币、金融机构和政府在有着不同时滞、不完全市场和随机因素的世界里发挥着重要的作用。对策略性市场博弈的强调是为了在不考虑均衡的情况下,提供一种对有着货币、金融机构和政府的封闭经济进行建模的方法。这些模型可以求解出均衡行为(如果存在的话),可以求解出局部的最优化行为,或者可以被拟合出来。这里关键的特征在于,整个的状态空间得以描述,从而可以对各种行为进行验证。没有证据表明存在有着规范性质(如帕累托最优)的惟一的理性预期非合作均衡。在演进的整体环境中,最优化的宏观经济模型对那些倾向于局部最优化的小经济主体更有意义,因为短视的追求局部最优化会影响到来自整体的社会政治环境的反馈。

关于描述企业、消费者、金融家、政府机构和政治家的局部行为的正确模型是什么取决于实证上的答案——该答案在现阶段的经济学研究中是不能容易地得到证实的。我们必须解决在货币主义者、凯恩斯主义者、马克思主义者、理性预期主义者、行为经济学家和其他学者之间的争论。这种争论就其本身而言,也是一个演进的过程。

本书的目的是提供一个原先被人们忽略的背景,即对尽可能简单的博弈规则进行逻辑一致且充分详尽的描述——构建一个数理制度框架,这个框架要含意丰富,从而可以展开经济进程;这个框架还要充分准确,从而可以描述对最基本金融机构的需要和它们的演进。

致谢

我要感谢耶鲁大学的 Cowles 基金会、Rand 公司和 Santa Fe 研究所的许多同事的支持和激励。我认为我是幸运的，因为我一直受到身边的学术氛围和 20 世纪 50 年代在普林斯顿结交的朋友所给予的激励——他们是数学系的 Lloyd Shapley、Marvin Minsky、John McCarthy、John Nash、Herbert Scarf、Ralph Gomory，生物系的 Colin Pittendrigh，经济学系的 Oskar Morgenstern、Bill Baumol 和应用金融系的 Martin Whitman 和 Djhangir Boushehri。

我要感谢很多同事，我与他们联合的研究对我有着极大的帮助。尤其是，Lloyd Shapley 和 Pradeep Dubey 与我合写了很多论文。John Geanakoplos、Ward Whitt、Mathew Sobel、Andreu MasColell、Shuntian Yao、Kofi

Nti、John Rogowski、Tom Quint 及 Charles Wilson 都与我有多年的合作。近几年，我关注的问题已经转向探索动态学，与 Ioannis Karatzas、William Sudderth 合作愉快。对这些货币模型初步进行的微观拟合是与 John Miller 和 Nick Vriend 合作的。

在我原来的学生、研究助理和后来的同事中，Tanya Styblo Beder、Krishna Jawadene、Lingxsi Liu、Siddharta Sahi、Guytag Oh 和 Dimitri Tsomocos 都与我一起工作过，我也从他们身上学到了很多东西。尤其是 Dimitri 有很出色的观察力，在本书的初稿中发现了很多错误。

我认为这几卷书是通向最终将改变经济分析本质的动态学的第一步。我相信，未来有赖于理解具有多个异质经济主体的“大众行为”的方式的发展。与 Brian Arthur、Robert Shiller 和 Per Bak 的讨论使我坚信新的发展方向指日可待。

与 Stuart Kaufmann 和 Leo Buss 的讨论使我相信，在初步理解组织的诞生方面对经济学和生物学的广泛兴趣马上就会产生丰硕的跨学科成果。

Cowles 基金会的 Hyman Minsky、Axel Lejonhufvud、Jim Tobin 和其他研究宏观经济学的同事对我的思想的影响超出了他们的想象，我与 Truman Bewley、Tom Rutherford 和 Tom Quint 的讨论也是如此。

Tanya Styblo Beder、Martin Whitman、Meyer Berman 和其他几个朋友帮助我认识了真实的金融世界，这个世界不停地变化，充满了高度的不确定性和成功的、高度专业化的运作，而凭现有的金融理论很难理解它的运作方式。

我还要特别感谢 Glena Ames，她以娴熟的技巧认真地处理了初稿，并辛勤地进行了反反复复的修改，感谢 Dee Smitkowski 的有力协助，感谢 Aequus 基金会的研究助理。

当·代·经·济·学·译·库

目 录

货币和金融机构理论

MULU

第Ⅲ部分　货币和制度

第Ⅰ部分

多期交易

商品货币和非耐用品下的多期交易

时间、耐用品、可储藏品和可运输品

在我们研究复杂的生产问题之前，一个首先必须研究的问题是含有（或者没有）耐用品的多期交易。单期模型回避了一个完整的货币理论必须加以考察的如下问题：资本结构、多期问题、遗产、通货膨胀、货币贬值、投资、技术变革、重组和长期金融工具。由于涉及单期行动博弈中不存在的关于时间的生产和交易方面的问题，所以多期的经济中存在很多策略性的机会。我们首先开始讨论可以通过时间与交易和生产发生联系的商品的耐用性、可储藏性和其他方面的特征。

技术、法律和习俗是有内在联系的。譬如，这三个因素的结合就决定了解雇或者雇用劳动力的难易程度。固定或者可变的投入和成本最好被视作连续统。但是，当处理耐用性（或者产品差异化）等问题作为最佳逼近时，出于计算或者分析的目的，就需要利用相对粗糙的有限范畴集来描述商品的性质。为了后面的分析，本节对商品的某些特性进行了粗略的分类。

商品的基本性质

可运输性 法律中的一个标准分类是区分动产（可移动的）和不动产（不可移动的）（Brown，1955）。土地是不可移动的财产的一个典型例子，而且基本上是不可再生的。[①] 房屋基本上被视为不能移动的，因此可以充当抵押贷款的抵押物，但是可以移动的房屋即使是明确界定的，也会在分类的时候产生问题。

在国际贸易中，人们区分了可以移动和不可移动的产品和生产过程。可以很近似地说，除非温室技术有很大的突破，否则具有经济竞争力的芒果种植在挪威就没有前途。作为一个近似，所有的产品和金融工具就可以有意义地分为（1）移动成本较低或者没有移动成本；（2）移动要花费时间和其他资源等经济成本；（3）不能移动。

折旧 现场演出是不能加以库存的，尽管演出可以“罐装”或者录制。新采摘的果子可以通过冷冻、干化或者罐装等形式保鲜数周或者数年。但是在某些方面，这些果子与新鲜的果子不再完全相同。花朵会枯萎，蛋糕会发霉，房屋的油漆会受风雨的侵蚀，机器的零件会随着时间、天气和使用而磨损。凯恩斯（Keynes，1936）注意到如下的可能性：付出维修费用以保持物品“如新的一般好”。这在实践中是难以做到的，而且如果存在报废的可能性，甚至是不可行的。[②]

折旧是由物品的物理因素和关乎使用和维护的策略性考虑综合决定的。政治、社会和经济变迁都会改变偏好和时尚。记录的复杂性要求会计程序能够以相对简单的方式衡量折旧，这些会计程序可能与经济现实和物理现实没有什么干系。在很大程度上，折旧数据的主要的操作性用途是计算税收。与相当多具体的技术、经济和组织信息相结合起来，企业还运用这些数据来制定关于设备维修和更新的决策。

实践中用到的都是更加简化的方法，如线性折旧或者指数折旧，这两种方法都是按照购买的成本和某个平均估算的使用年限来计算的。③适用于某些产品的另一假定是“某期突然失效”(one hoss shay)，即某种产品具有有限的生命，直到某一具体日期彻底报废之前一直是常新的。另外，还要考察残值问题。例如，旧的压铸件或者旧的冰箱在新的用场上还有任何残值吗?④必须区分折旧和折耗(depletion)。用来倒垃圾的空采石场在填满垃圾时，应该允许采石场主折耗该采石场吗？虽然对折旧经济学的详细讨论会与我们这里讨论的主题离题万里，但在实际的产业界的规划与政府预测和调控产业的过程中，它都是一个关键的变量。

耐用性　有些具有重要经济意义的物品，如土地、钻石和黄金，基本上是不会变质或者损坏的。可以认为它们的经济生命是无限的。

所有权条件　几乎所有的所有权都伴有责任。因此，在纯粹的私人物品和公共物品之间有着作为连续统的中间状态。本书中大部分涉及的是私人物品，但即使做了如此的简化，劳动、土地和用作货币的商品还需要特别的处理。早已有对公共物品特点的详尽的分析(Shubik，1984，第 19 章)；在后面的章节中，只有在涉及较高程度加总方面我们对公共物品的考察才会清楚。

法律和技术会改变策略性机会，因此，我们对不同物品的区分将是策略性的,包括个人"所有者"可能的行动。所有权本身是一个微妙的概念,赋予的权能是由所需的责任来界定的。任何一本价格理论或者一般均衡理论的教科书都表明,现有理论都隐含地包括了可替代性的动产,并对这些动产所有权中隐含着的责任有着最低限度的约束。虽然诸如自由处理(free disposal)、无强制性的最低维护要求(mandatory minimal maintenance)和对用途不加限制等天真随意的假定有助于简化并突出说明有效的价格体系的结构,但这在学术上的成本是,如果不加仔细的界定,便会严重地限制了它的用途。

存货条件和储存条件 虽然提供的服务通常是不可储藏的,但还是存在于个人所有的能够产生服务流的建筑和机器,诸如房屋、冰箱和汽车等。可储藏的耐用品还可以不用而库存起来,以后再投入使用。因此,一个人可以购买一辆1926年的劳斯莱斯汽车,储藏起来直到今日才第一次使用。相反,还有可储藏的消费品。成熟的西红柿是不可储存的消费品,但是罐装的西红柿是可以储藏的消费品。

产品的储藏特征和折旧之间有密切的联系。好的储藏可以减少损耗。但是资源成本决定了存货提供的策略性机会的重要性。如果资源有机会没有成本地保存好几个时期,那么就极大地提高了政策调整的灵活性。

消费者存货可能是建立交易模型的重要因素。诸如一个苹果或者一箱牛奶这样的消费品可以保存一个星期,并可以一次或者分几次消费而不减少效用。一箱牛奶在被扔弃前可以分四五次使用,每次用几秒钟,而诸如衣服之类的传统的耐用品在被完全替换前,可以使用八到十年的时间,而且每周可以多次使用。个人对消费品的储存提供了很多方便(减少了交易的次数并且直接可以使用),这抵消了货币成本和设施成本。

对产品的初步分类

表 1.1 提供了简单的分类,我们需要这个分类来考察多期经济模型中时间结构的策略性特征。

表 1.1　产品分类

	可移动吗?	可储存吗?	耐用吗?
服务	N/A	否	否
易损品	是	短期	否
可储藏消费品	是	是	否
耐用消费品-1	是	是	是
耐用消费品-2	否	是	是
耐用生产品-1	是	是	是
耐用生产品-2	否	是	是

耐用消费品不仅(主要地)包括房屋之类不能移动的物品,还包括汽车类能够提供直接的服务流的可以移动的物品。工厂和没有直接消费价值的中间库存分别是不能移动和可以移动的耐用生产品的例子。

多期的偏好

在我们构建多期交易的正式模型之前,需要对偏好和产品做某些观察。定量的差别常常会导致定性的区别。对处理有意识的微观经济行为的短暂的单一期间来说,完全可排序偏好的概念、甚至一个效用函数的概念都是合理的。但当期限是五年或者十年,这些概念就不是那么合理了;当期限超过了一个人的生命周期时,这些概念就近乎神秘了。

最多是对真实世界的近似描述的经济理论模型,常常只不过是随意的比喻而已。但是人们常常在模型所试图回答的问题的背景中来考察它们的有效性。因此,单个有意识的理性的最优化者,再加上一个定义好的效用函数,看来就有助于我们理解价格体系、金融和部分运筹学。

当时间期界扩大时,简单的最优化模型就不是那么成功,也不是那么合理了。宏观经济理论中诸多的行为假定有助于说明考察政治经济行为和社会经济行为时遇到的问题。最终,只有当更多地了解了人类选择的心理学和社会心理学后,才会出现更好的模型。对本书而言,作出的假定的有效性取决于考察的问题。例如,当我们考察一期的交换经济时,效用函数这个工具提供了价格体系如何运作的洞见。当我们试图考察五十年或者一百年长的期限时,在扩展关于效用函数之类概念的定义域方面会遇到新的实证问题和逻辑问题。

在本节中,除非对经济选择的行为基础有一个全面的理解,否则我们至多不过是提出某些注意事项和指出将微观经济分析扩展到宏观经济学的政治、社会背景所需要的起码条件。(更全面的论述,请参考 Deaton 1986,1987。作者不仅讨论了函数形式,还探讨了将个人效用最优化和消费函数的宏观经济概念联系起来的计量方面的实证。)

单个人

通常的宏观经济学教义将学生从一个对某些对象集的完全排序的概念带到一个保序(order-preserving)转换的效用函数;并且如果同时考虑到风险的话,带到一个定义在线性转换的效用函数。表达式

$$u = u(x_1, x_2, \cdots, x_m) \tag{1.1}$$

这里的 m 是交易产品的种类数,不管 m 多大,该表达式都成立。我们没有清楚地观察到成千上万种产品这一事实并没有体现在这个具有明显一般性的数学表达式中。

通过将不同日期的产品视为不同的产品,我们可以将我们的时间视野扩展到任意有限长的时间 T。因此,我们可以考察 mT 并且写成

$$u = U(x_{11}, x_{21}, \cdots, x_{mT}) \tag{1.2}$$

如果我们不喜欢冯·诺依曼—摩根斯坦用赌博的方式来衡量效用的思想,我们可以考察有限集的事件,并用时间和状态来扩大产品的种类数。这种正式的方法已经为没有不确定性且对个人的观察能力和数据处理能力不加任何限制的基本上永恒的前制度世界(pre-institutional world)中的价格体系提供了洞见。

我们进行的是对巨大选择集的高度有限的表述,这一点是非常明显的。货币的关键作用之一是充当有效的编码方式,大多数人利用它来减少我们安排未来经济规划的种种细节的范围。

我们可以将(1.2)式按照下面的三种方式具体化:

$$\sum_{t=1}^{T} U(x_{1t}, x_{2t}, \cdots, x_{mt})$$

$$\sum_{t=1}^{T} U_t(x_{1t}, x_{2t}, \cdots, x_{mt}) \tag{1.3}$$

$$\sum_{t=1}^{T} \beta_t U_t(x_{1t}, x_{2t}, \cdots, x_{mt})$$

第一个表达式中的个人对定义在所有的 T 期上的当期选择具有相同的可分的偏好，一次只能处理 m 个变量。第二个表达式考虑到了如下可能性：个人的偏好随着时间的推移会发生变化，并且是可分的。虽然该表达式没有说明这些变化是如何发生的，并且它的方程不是先前历史的显式函数，但这个表达式更符合生命周期假说（参阅 Modigliani and Brumberg，1954；Modigliani，1986）。毕竟，认为我们的口味和偏好是由我们先前的经历决定或改变的看法是合理的。作为理性化的动物，人类会学习到什么东西是局部可以得到的。第三个表达式引入了一个“自然贴现”因子，该贴现因子可以在各期之间保持不变，也可以发生变化。Koopmans(1960)已经给出了支持时间贴现思想的理论。但是，对人类而言这个贴现因子究竟意味着什么，还有很多实证方面的问题有待解决。建立在生命周期基础上的贴现因子（在某些年中可能大于 1）看来是最合理的。

个人试图通过“评估效用函数”和更新他们的财富从而在下一期活动中最大化价值函数的动态规划的模型化是一个在行为上有吸引力的对经济优化过程的模型化，这种模型化方法将未来加总到一个单一的货币项中：

$$v(W_t) = \max_{x_t}[u(x_t) + \beta E_v(W_{t+1})] \quad (1.4)$$

在(1.4)式中,拥有财富 W_t 的个人试图按照如下的方式在该期选出他们的消费:他们的总体规划是最优的。[5]

一旦考虑到信贷,如果经济体系能够演化到个人不能偿还他们债务的状态,就不得不考虑到违约条件。这需要对效用函数进行修正,我们将在第 11 章提到这一点。当我们考察多期模型时,就会出现新问题。如果效用函数具有(1.3)式的形式,违约金是否采用自然贴现率的形式?这个问题等价于如下假定:(贴现率为零时)推迟付款永远不会有害处,而且还可能有好处。策略方面来说,推迟付款给债务人更多的选择。进一步,当考虑到什么时候启动破产程序和如何重组时,有必要进行更具体的分析(关于多期背景下破产的讨论,请参阅第 2 章)。

代际考虑

在考虑代际时,150 年的时间周期远远地超过了一个人的生命期限。[6]因此,效用函数的时间跨度为几百年或者无限(不管通过什么方式)必然被解释为用来比喻“人类”或者几代人。[7]

Allais(1947)和 Samuelson(1958)的创造性的工作是引入了交叠的世代来模型化长期问题。建模者的潘多拉盒子充满了各种选择,每种选择都有不同的困难。当我们对个人进行模型化的时候,让我们的模型通过拥有一个定义好的开端和终点的上界从而是有限的(例如 200 年),这样做合理吗?如果我们构建多世代模型,假定存在一个最终世代是合理的吗?假定存在一个初始世代又是合理的吗?在后面我们将指出，经济活动的交叠世代模型要求区分外部货币或法币与内部货币或人们之间的信贷。另外，要定义好博弈，我们还需要区分具有有限生命期限的自然人和具有无限生命期限的机构法人，这些机构可能是由人为产生的博弈方。

在我们考察多期的问题之前，我们需要用复合式的、长生不老的经济主体来刻画无限期界模型。跨期效用的可能的表达式为

$$
\begin{aligned}
u &= U(\tilde{x}_1, \tilde{x}_2, \cdots, \tilde{x}_m) \\
u &= \sum_{t=1}^{\infty} U(x_{1t}, x_{2t}, \cdots, x_{mt}) \\
u &= \sum_{t=1}^{\infty} U_t(x_{1t}, x_{2t}, \cdots, x_{mt}) \\
u &= \lim_{T \to \infty} \frac{1}{T} \sum_{t=1}^{T} U_t(x_{1t}, x_{2t}, \cdots, x_{mt}) \\
u &= \sum_{t=1}^{\infty} \beta_t U_t(x_{1t}, x_{2t}, \cdots, x_{mt})
\end{aligned}
\tag{1.5}
$$

(1.5)中的第一个方程是最具一般性的，其中的每个 $\tilde{x}_j$ 代表无限的向量；因此 $\tilde{x}_j = (x_{j1}, x_{j2}, \cdots)$。人们可能希望，可以给这个方程赋予更多的结构。其余的方程更加具体一些。第二个方程每期都有可分的函数；如果期界是无限的，那么这个和也是无限的。第三个方程是对第二个方程的修正，该修正考虑到了个人的偏好有可能是依赖于时间的。

第四个方程给出了定义好一个最优化问题的方法，即使总效用可能是无限的。可能出现如下的情形：极限状态的平均每期效用是有限的。这个情形具有如下的有趣特征：对某

些神仙般长生不老的生物来说，他们在开始的 T 期（这里的 T 是有限长度的）中得到什么从来是无关紧要的，因为期限一长就会解决所有的问题。

第五个方程引入了“自然时间贴现”，该方程在增长理论和其他的多阶段经济模型中已经得到很多的应用。我们可以以两种迥然不同的方式来解释 β_t：一种是不考虑生存不确定性的对未来的内在的贴现，另一种是个人在该期存在的概率（Yaari，1962）。不论按照哪种解释，如果对 U_t 附加合理的条件，那么总的效用就是有界的，并且在数学上还具有很好的可处理性。在我看来，概率的解释比自然时间贴现的解释更好接受。

概率模型还有建模方面的优点和心理学方面的优点。尽管有或然性，概率模型还是给了我们希望和可能的长生不朽。总有有限的很小的概率还有明天；并且即使没人的寿命会超过150年，但也不存在逻辑上的道理将我们模型中的生命任意地截至30年或者150年。在任何年龄，每个人都有再多活10分钟的有限的概率。即使概率贴现看来是对迄今为止考察的效用的长期表述方面最好的刻画[8]，大多数的经济分析，不论是关于生命有限的个人，还是关于存活概率接近零的个人的经济分析还是需要交叠世代的模型。

图1.1描述了个人存在两期的简单的交叠世代的模型。箭头显示了代际的交易关系，而非家庭关系。Samuelson（1958，第467页）在他的讨论中没有过多地考虑孩子，而是将他们当成“父母的部分消费品”。对他分析目的来说，这是一个合理的简化，但是问题是如何将各代之间联系起来。我们将在下一卷中研究代际考虑、遗产、扶幼养老等方面的问题。在此需要指出两点。假定和代际联系的现实性可能会影响关于利率的结

果。在考察个人的策略性问题时，我们可以而且必须自然地将经济选择和政治选择融合起来。青年人、中年人和老年人之间的一个显著的区别在于，青年人无论在经济方面还是在政治方面的策略性的自由选择都是有限的，中年人在这两方面都有自由的选择，而老年人尽管在经济方面主要是作为消费者或者养老金领取人，但是仍然是重要的政治力量。

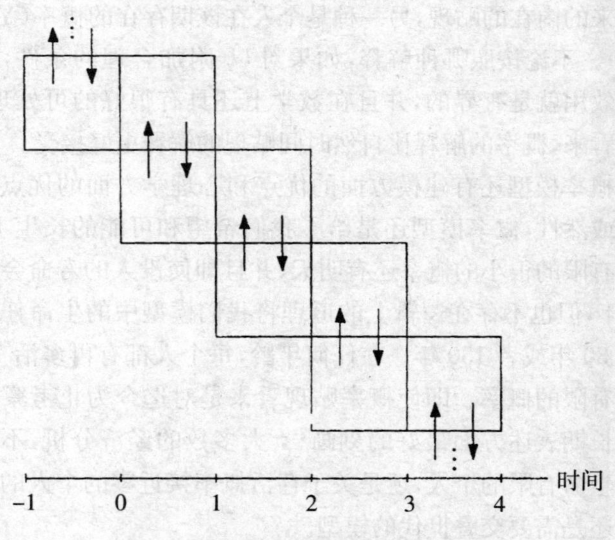

图 1.1　两期生命期限的交叠世代

偏好、价值和受托人

现代社会是一个拥有众多不同主体的有机体，在这个有机体中分工不同，责任迥异。很多经济活动和政治活动是委托他人实施的。我们采取完全新古典经济学的观点认为，所有的受托行为必须用个人有意识的最优化来解释。因此，诚实、慈善等概念必须建立在“这样做对我有什么好处”式的有意识的计算之上。抑或，经济学家必须将诚实程度、伦理准则和行为标准视为社会和政治给定的，无需用经济学原理来解释。

正式的和非正式的群体冒险行为如何与个人的冒险行为相比较，在社会心理学中是一个悬而未决的问题。“群体思维”的研究（参阅 Janis，1972）表明，群体决策的社会过程既非个人风险态度的简单函数，也非公开的博弈。

由于我们关心的基本问题是理解货币和金融制度，看来得到的很多结论不取决于关于某种形式的最优化的个人的假定的精确度。如果我们考虑到可以描述为受习惯影响的、马马虎虎的、“说得过去的”或者基本满意的行为，那么我们就需要制度（institution）。当我们接近于给出宏观经济政策方面操作性的建议时，合适的答案可能紧密地取决于消费者行为模型如何地刻画了消费倾向，也取决于我们的模型刻画公司管理者（corporate officer）的受托行为的准确度。不论哪种情况，对实证工作和理论工作都是最重要的一个问题可能是理解影响受托行为的文化的、社会的、心理的和经济的因素。

机构的目标

政府、营利性机构和非营利性机构在我们现代日常经济生活中无处不在。报纸上充斥着关于 IBM 公司的目标或者杜邦（Dupont）公司的规划，或者三菱（Mitsubishi）公司的长远打算。上述的比喻表明个人的偏好条件也适用于机构。只需一点逻辑思考和例子，比如孔多塞（Condorcet）悖论就能说明情况并非如此。经理的目标和股东的目标常常是不同的。即使股东之间的偏好也未必相似。

至少有三种方法可以模型化政府、公司或者其他机构。第一种方法是赋予机构某个社会福利函数，并将其视为目标明确的特别的经济主体，这种方法需要做出很大的假设(a great leap of faith)。第二种方法是将机构视为策略性哑变量(strategic dummy)，其中策略性的选择是预先设定的，因此偏好的描述无关紧要。最后一种方法，很遗憾也是最复杂的方法是将机构视为博弈中的博弈，其中一个子集的主体，如经理或者选民做出策略性的决策，这些决策导致了所谓“公司”、“企业”或者“政府”的机制的转换。

对时间的处理

在模型化经济活动时，我们可以不建立过程模型而研究均衡的存在性，或者只关注非构造性的存在性证明，这样可以忽略时间问题。或者我们也可以按照下面三种方式之一将时间模型化：(1)将它视为一个固定时段，这时常常用差分方程来刻画经济活动；(2)将它视为连续时间，这时可以用微分方程来刻画经济活动；(3)作为可变事件(variable-event)时间，这里行动通常是由随机事件引发的，这些随机事件的发生时间可能是不规则的。

这三种方式都明确地处理了动态学，并被用来强调经济过程或者其他过程的不同特征。例如，一个有机体的生物性成长或者利息的增长很自然地可以用连续时间来刻画，而出生、死亡、到来和离去最好用可变事件时间来描述。其他有规律发生的活动，如税收、节日以及其他在相对固定的时间发生的季节性事件则最好用离散的固定时期模型来解释;在这样的模型中,时间是有规律地更新的。这些时间间隔可以由天文方面的因素决定,如地球的自转、月球围绕地球的转动或者地球围绕太阳的转动等等。生命本身的复杂性不时地要求三种刻画方式,但从数学方面的简便性方面来说,连续时间和固定间隔时间是最容易模型化和最容易分析的。

很多经济学模型是建立在固定间隔时间的基础上的。很多经济活动是与小时、天、星期和年相联系的。很多生活中的有规律的活动,如吃饭、睡觉、上班、拿工资、缴税金发生的时间基本是固定的。但是每一种抽象都最多不过是对现实的某个方面的近似,抽象和简化会付出代价的。尤其是,固定时间间隔的偏好模型中常用的简化在解释与货币理论有关的时间偏好问题时会产生困难,因为后者与交易有关。

个人效用函数的固定时间间隔形式常常写成如下的固定贴现率形式:

$$u = \sum_{j=0}^{T} \beta^t \varphi(x_t) \tag{1.6}$$

相应的连续时间模型被写为

$$u = \int_{t=0}^{T} e^{-\beta t} \varphi(\dot{x}_t) \mathrm{d}t \tag{1.7}$$

其中 x 上的点特别地表明这里衡量的是流量。

如果我们考察方程(1.6)中所表示的单一时期——如一天或者一个月,那么当我们跨越两期之间的分界线时就会出现解释上的问题。在晚上 11∶59 与凌晨 12∶01 之间应该有一个不连续的跳跃吗?直觉上我们会认为答案是否定的。我们起码有两个补救措施。第一个是转向连续时间模型。第二个是将该模型解释为固定时间间隔模型,其中的时间间隔是一天。然后我们再利用如下的观察:大多数人习惯于每天睡七八个小时[9],并且大部分经济活动不会发生在晚上 8 点至早晨 6 点之间。这样,经济活动的日程就被实质性的停歇时间进行了分割。在有着这种结构的经济活动模型中,我们可以合理地假设一个情形,在这个情形中,个人对发生在一天中的活动没有时间贴现,但是在不同的日期之间有时间贴现。即使金融市场永不休息,这也会成立的。

如下的假说可能有利于验证:个人假设以一天之内都没有时间贴现的方式来行事,但是在不同的日期之间会有时间贴现。人们可以设计这样的检验,这个检验用来比较一天之内的某金融工具的开盘价和收盘价之差与当天与次日的开盘价和收盘价之差。[10]

如果我们同时考察日内交易和日间交易,那么我们就可以构建正式的有着有效交易的策略性市场博弈模型,该模型使用了期内的零利率贷款和跨期的正利率贷款(参见第 3 章)。这是由(1.6)式的效用函数的结构决定的,并为即使没有交易费用却存在和使用现金提供了一个合理的论证。

期货市场和现货市场

一般均衡交易和利率

在本书的第 1 卷第 12 章中,期货和保险被视为解决不完全市场的手段。虽然我们在那里建立了几个三次行动的博弈，但是我们当时的重点是处理不确定性，而非经济的多期方面的特征。由于存货是扩展交易者策略机会的生产过程的一个简单形式，所以一旦考虑到可储藏性，可以得到的策略机会就增多了。

可以通过将现货市场交易与期货市场交易区分开来，并将资产市场的交易与服务市场的交易区分开来，对纯交换经济分 T 期来分析。两种最简单的情形可能是要么只有一个资产现货市场，要么只有一个服务现货市场。

将可变的货币理论融入封闭经济中的问题与其说是一个数学问题，不如说是一个建模问题。该建模问题要规定存在什么市场，货币和信贷的含意是什么，货币、信贷和价格体系之间存在着什么关系，还要规定货币的流通速度。首要的和最简单的假定是，不论货币是什么，它的流通速度在每期最多是一次。

假定我们有一组满足一般均衡条件的价格 p^*。由于价格是彼此相对的，因此我们可以挑选出一种商品的价格作为标准价格(numéraire)，或以其他方式将价格标准化。无须提到货币的数量或者它作为支付手段的作用。我们可以将价格标准化使得记账货币的数量都是充足的。

价格 p^* 基本上是期货价格。该价格规定了任何日期的任何两个商品之间的交易比率。尤其是，如果我们引入了任意的货币利率 $\rho \geqslant 0$ 并将 t 期的期货价格乘以 $(1+\rho)^{t-1}$，那么我们就可以将新的价格视为货币利率为 ρ 的经济中的现货价格。期货价格是未来商品的当期价格。[11]

如果我们将第 1 期中的任何商品的价格设定为 1，我们就定义了一个标准价格。然后我们就可以考察以标准价格表示的比率货币。第1期的记账货币的“数量”是由标准价格和由其标准化的均衡价格衡量的交易额来决定的。

由于一般均衡的分析是没有考虑过程的，关于交易的制度细节是不重要的（隐含地，所有的交易在一个未清楚界定的清算所中得以出清），货币数量的概念和利率是无关紧要的。实际上，在几乎每个社会中，货币数量和利率对每期而言都是控制变量。由于策略性的市场博弈是过程模型，所以交易的作用、货币数量的概念和货币存在的原因必须明确。

策略性市场博弈、交易和信任

一般均衡模型没有明确地区分潜在的诸种市场和可能存在的信贷安排。将交易定义为可博弈的博弈需要对过程进行完全的描述。例如，为了描述价格形成，我们必须规定某种形式的交易技术。当我们将分析扩展到多期的时候，我们必须区分现货市场和期货市场、资产市场和租赁市场。但是，即使是粗略地考察这些市场上发生的交易也会发现，这些市场涉及不同程度的信任水平、监督和交易费用。尤其是，现货市场的现金交易对信任和簿记的要求不如信贷交易高。此外，期货市场需要更多的繁文缛节、规则、簿记和对法律体系的信任。

从一般均衡模型跨越到策略性市场博弈所需要的另外的规定在一期的模型中是看不出来的。但是一旦考虑到多期的交易，就牵涉到详细的过程，还必须明确一系列关于资产、市场和信贷条件的区分。

即使在运用商品货币的经济中，也存在借贷的原因。如果货币是借来的，那么就会出现内生的利率。与货币是惟一记账手段、从一期到下一期间没有物质上定义的数量的一般均衡模型相反，当货币是物质商品时，它的数量是由制约它产生和毁灭的物理定律所决定的。

非耐用品的多期交易

现在，我们既可以将本书第1卷第6章的模型扩展到有限的期界，也可以扩展到无限的期界。在证明很多后面出现的模型中的非平凡均衡的存在性方面，不存在基本的问题。[12] 我们关心的主要问题是不同的货币和信贷安排带来的经济方面的不同后果。

在很多情形下，不能做出自然的区分，除非让模型变得足够复杂。尤其是，如果不考虑交易费用或者外生的不确定性，那么就不能在操作层面上区分不同的货币安排和信贷安排。

在第1卷第6至12章中的单期模型中，我们没有区分耐用品和非耐用品，因此不到博弈的最后，就没有必要考虑破产惩罚。当有两期时，所有的这一切都发生了变化。大部分新现象出现，并且可以描述在有两期的经济中。有些现象，如货币供应量的变化，则需要三期模型。

有限期界的经济和无限期界的经济之间会出现重要的区别。如果货币在有限期界的模型中是耐用品，那么博弈规则必须规定在博弈结束时发生的事情。在无限期界模型中，由于博弈永远不会结束，就不需要这个规定。

在随后的模型中，我们作出了某些共同的简化的假定：

(1)除了货币之外的商品都是非耐用品;(2)除非另作规定,不存在在途票据损失(虽然交易必须用货币来支付,但是货币的接受者得到的实际上是该期货币的服务);(3)在每期中每种商品的交易次数最多是一次;(4)货币不会发生物理上的毁损;(5)没有交易费用的损失;(6)我们的这些规定仅仅限于本书第 1 卷第 7 章中所有商品现货市场的报价—出价机制。

在研究法币之前要区分时间偏好的有无,以及货币是耐用消费品还是可储藏的耐用品。

黄金还是烟草?使用商品货币的多期交易

情形 1:黄金(耐用消费品)

我们考察的第一个正式多期模型将黄金视为商品货币。

每个 i 类型的个人效用函数的形式为

$$\varphi_i(x_{11}^i, \cdots, x_{m+1,1}^i, \cdots, x_{m+1,T}^i) \tag{1.8}$$

t 期的新的禀赋为$(a_{1,t}^i, \cdots, a_{m+1,t}^i)$。

除了第 $m+1$ 个商品外,其余的商品都是非耐用品。第 $m+1$ 个商品在 t 期期末为它的所有者产生效用,但是它永不会毁损。

我们假定,用黄金支付时,对所有的商品而言只存在现货市场。

一般均衡解要求在如下约束条件下对(1.8)式进行最大化:

$$\sum_{t=1}^{T}\sum_{j=1}^{m} p_{j,t}(x_{j,t}^i - a_{j,t}^i) + \sum_{t=1}^{T} p_{m+1}, t(x_{m+1,t}^i - a_{m+1,t}^i) = 0 \tag{1.9}$$

这里 $a^i_{m+1,t}$ 等于 i 在 t 期拥有的耐用品的服务的数量，且 $x^i_{j,t}\geqslant 0$。

在多期的交换经济中，每个个体的收支常常不能相抵。通过惟一的预算约束得到的期货市场、租赁市场和借贷市场等，信贷可以隐含地得到扩展。可以得到信贷或者存在期货市场的任何策略性市场都要求明确管理破产或者不能交货问题的规则。博弈本身必须对所有的可行的交易加以定义（与均衡无关）。规定个人不能履约的后果的另外的规则可以用法律、诚信习俗和社会制裁来解释。抽象地讲，这些规则就是所需的博弈规则。

没有货币和期货市场、用商品货币支付的博弈不需要另外的规则，因为只存在用黄金支付的现货交易时，不存在信贷。因此，无需考虑破产问题，尽管每个交易者都满足 T 个预算约束。

我们将上面的观察解释如下：不存在信任的多期的交换经济除了约束现货市场交易的规则之外，不需要其他的规则。在这样的经济中，所有的交易都是以价值换价值。使用货币的以价值换价值的交易要求货币具有内在的价值。只有当货币是所有人都需要的商品时，这样的交易才是可能的。

如果商品货币足够多并且所有的交易者不受价值换价值和只要现金的约束从而能够达到有效率的交易的话，那么这个交换经济中就有“足够的货币”。这个条件可以更准确地重新表述为：只有现货市场交易的运用某种商品货币的多阶段策略性市场将有流通得当的、足够的货币，只要它有内在的NE，并且与相关交换经济的CE相重合。

令 M^i_t 表示 i 在 t 期期初时持有的货币的数量，令 A^i_t 表示 i 在 t 期期末持有的货币的数量。那么，当 $t=1$ 时，

$$M_1^i = a_{m+1,1}^i$$

$$A_1^i = M_1^i - \sum_{j=1}^{m} b_{j,1}^i + \sum_{j=1}^{m} p_{j,1} \max[(a_{j,1}^i - x_{j,1}^i), 0]$$

$$M_2^i = A_1^i$$

(1.10)

且

$$\sum_{j=1}^{m} b_{j,t}^i \leqslant M_t^i$$

是 i 在 t 期的货币出价总量。

用黄金支付 我们现在观察到在用黄金支付的经济中，即使总体上有充足的黄金，它也可能不是适当流通的。支付是当场的支付。为了强调个人策略的性质，我们与本书第1卷第7章的符号保持一致，尽管我们也可以将其当作修正的一般均衡模型的一个变体。i 类型的交易者的策略是选择 (q^i, b^i)，这分别表示 i 想在 $t=1,\cdots,T$ 期出售的易坏品的数量和 i 拥有的想在 t 期花费的黄金数量的百分比。

这里的最优化可以描述如下：

类型 i 交易者的策略是 $2mT$ 维的向量 (q^i, b^i)，使得

$$b_{jt}^i \geqslant 0, 0 \leqslant q_{jt}^i \leqslant a_{jt}^i, j=1,\cdots,m, t=1,\cdots,T \tag{1.11}$$

且对所有的 t，有

$$\sum_{j=1}^{m} b_{jt}^i \leqslant 1 \tag{1.12}$$

出价用百分比来表示是因为，在信息最少的博弈中，个人

i 在出价时可能不知道货币的数量，但是 i 仍然可以对每个市场赋予某一货币数量的百分比。[13]

类型 i 的交易者在 t 期末拥有的商品 j 的数量是

$$x_{j,t}^{i} = a_{j,t}^{i} - q_{j,t}^{i} + b_{j,t}^{i} M_{t}^{i} / p_{j,t}, \quad b_{j,t}^{i} \geqslant 0 \qquad (1.13)$$

$j=1,\cdots,m$ 且

$$p_{j,t} = \sum_{k=1}^{m} b_{j,t}^{k} M_{t}^{k} \Big/ \sum_{k=1}^{n} q_{j,t}^{k} \qquad (1.14)$$

其中，

$$x_{m+1,t}^{i} = (1 - \sum_{j=1}^{m} b_{j,t}^{i}) M_{t}^{i} + \sum_{j=1}^{m} q_{j,t}^{i} p_{j,t}$$

规定了个人 i 在 t 期末持有的黄金的数量。

定理 1.1 在多阶段的有限期界的现金支付经济(即 $t>1$)中，用作货币的耐用消费品通常[14]是低效率的，不论有多少这样的货币，除非它每期以线性可分离的项进入所有交易者的效用函数(该定理的证明见 Dubey, Geanakoplos and Shubik, 1992)。

对任何处在 CE 的个人 i，我们都得到了表明 i 理想的货币商品的(非货币性)、服务水平的序列。我们还可以计算出交易所需要的货币数量。使这两个序列保持一致要求每个 i 除了最优化条件外，还要施加 T 个方程。因此，虽然 $T=1$ 时，我们可以建立足够货币的一般条件，并且能够满足消费和交易需要；但当 $T\geqslant 2$ 时，却只有刀刃解。惟一的例外发生在耐用品服务作为线性可分离的项出现。

如果黄金和另外的耐用消费品是货币，那么用它作为标准等价物是自然的。但是如果黄金被用作等价物，那么运用资产就更为自然，其中价值不是它作为耐用消费品的一期服务的价值。当我们得到银元时，我们“购买”了资产；我们不是购买它单期的服务。[15]

在有限期界的模型中，虽然黄金可以连续用很长时间，但它还是会慢慢毁损的资产。最终它将变得没有任何价值。

定理 1.2 如果有限期界的经济将黄金作为货币，有着不变的易损品的供应，而且每期的（可分离的）偏好是不变的，那么价格相对于最终将上涨（正式的证明和讨论参阅 Sharan，1991）。

下面这个简单的例子可以说明两期经济中的物价上涨。考察两期中两种类型的消费者，每个类型的效用函数采取如下形式

$$\varphi_i = (x_1^i y_1^i z_1^i)^{1/3} + (x_2^i y_2^i z_2^i)^{1/3} \tag{1.15}$$

假定类型 1 的交易者的初始禀赋为(60，60，30；0，0，0)，类型 2 的交易者的初始禀赋为(0，0，30；60，60，0)。类型 1 的交易者拥有 60 单位的两种易损品和 30 单位的黄金，在第二期中则没有新的外生的禀赋。类型 2 的交易者没有易损品，在第一期中有 30 单位的黄金，在第二期中，每种易损品各得 60 单位，作为新的外生禀赋。

竞争均衡解对类型 1 和类型 2 的交易者的最终分配是(30，30，30；30，30，30)。第三个和第六个元素是利用耐用品黄金的一期服务的消费。按照黄金资产来衡量，所有易损品的服务的价格在第一期中为 1/2，在第二期中为 1。

如果可以用现金支付，那么 CE 就不会是 NE。值得注意的是，这一点与在途票据或者现金交易中的一期时滞没有任

何关系。这里我们假定在该期的期末持有黄金的个人可以得到黄金所带来的全部消费。不存在在途票据损失。

现在,我们修改效用函数,因此黄金是作为线性可分的项出现的。CE 解与前面的完全相同。NE 解是不同的,它的最终分配是,类型 1 的交易者为(30,30,60;30,30,0),类型 2 的交易者为(30,30,0;30,30,60);但它与 CE 产生的效用是相同的,而且除了黄金外,其他的商品都有相同的分配。由于黄金服务的效用函数是线性的,所以黄金的分配不影响效率。

小结 在多阶段,但是存在易损品和以耐用品作为货币、不存在黄金租赁市场的有限经济中,无论有多少黄金,除非黄金作为线性可分项进入效用函数,否则对所有的禀赋,我们都得到了基本是低效率的均衡。由于期界是有限的,而且黄金在期终是没有价值的,所以,以黄金作为标准衡量,易损品的价格是随着时间的推移而上涨的。

理想的价值储存手段是能够“保持购买力”不随着时间发生变化。准确地说,该商品必须具备三个特征:(1)该商品会发生自然毁损,或者存在储藏成本;(2)它应该是有着无限生命的耐用品,每期都提供有价值的服务,而且它应该作为所有个人效用函数线性可分的项而进入每个人的偏好。

如果存在这样的商品,而且供应充足,那么选择它作为支付手段就是理想的。[16]有了这种商品货币,所有的以商品换货币的交易都是价值换价值。货币是可转移效用的近似。[17]

没有证据表明存在完美的商品货币。在历史上,黄金和其他贵金属都充当过这种理想的商品货币。可能最接近于理想中的商品货币的是由一个得到充分信任的、永远存在的政府发行的记账货币(money of account)。在最好的可能的经济中,这种没有物理存在的低成本抽象将代表信任。这与Grandmont(1983)等人的如下观察是一致的:预期在维持货币的购买力方面发挥着关键的作用。如果所有的人都较高地预期下一期中,黄金(或者纸币)可以维持它在其他商品方面的购买力,那么它的确就能做到这一点。

情形 2:烟草(可储藏消费品)

可储藏消费品和耐用消费品之间的一个区别是,对耐用品而言,资产和它产生的服务的相对价值会发生变化;而对可储藏品来说,资产及其消费产生的价值在任何一期都是相同的。出人意料的是,足够多的可储藏品的存在条件与耐用品的恰好相反。如果可储藏品作为线性可分项出现,并且存在自然贴现率,那么它就应该马上被消费掉,因此就不能有效地在交易中得到利用。

定理 1.3 如果可储藏消费品被用作货币,并且以非线性的方式进入每期的效用函数,那么在多阶段的经济中将存在有着足够货币的初始禀赋,配置得当从而产生有效率的交易(证明参见 Dubey, Geanakoplos and Shubik, 1992)。

从直觉上来说,可以分析如下,总的效用函数是$(m+1)T$维的。设想可储藏的消费品如同其他商品,是易损的。现在我们可以设想,该博弈将在所有的时期中利用该商品作为货币。因此,该博弈可以被视为一系列的一期博弈,每个博弈运用第$(m+1)$种商品作为货币。如果在t期和$t+1$期中运用货币的边际效用比后面时期中的边际效用高,那么超前花费是合算的。但是如果第 2 期中有足够的货币进行交易,那么我们就可以增加该期的货币禀赋,同时仍然满足该期的足够货币条件。[18]随着货币数量的增加，它的边际效用就会递减；如果递减得足够多，那么我们就可以发现有着足够多货币的经济，其中货币的边际效用等于或者小于前期的水平。从 $t=1$ 开始，我们可以为每期选择货币的数量，从而使得每期的交易都有足够的货币，并且后一时期消费的边际效用不变或者降低。如果我们现在将各期的货币数量加总起来，并单一的可储藏消费品代替用作货币的 T 种消费品的独立禀赋，那么导致的策略性市场博弈将存在内部的 NE，在这个 NE 中，开始时较大的货币存量在每期中得到使用。

小结　虽然存在相当普遍的经济，在这样的经济中，足够理想的供给充足、流通良好的茶叶、烟草、罐装沙丁鱼或者香烟都充当过货币的角色；但是，要想用此类货币来维持现代经济的运行在实证上是不合理的。一小部分部落中间进行的贸易或者战俘中或者集中营内的短暂的交换可以用香烟或者沙丁鱼来维系，但是这仅限于此了。

商品货币分配不当时的多期交易

在第 1 卷第 9 章和第 10 章的单期模型中，当黄金被用于交易时，在两种情况下达不到有效率的条件：(1)黄金数量不足；(2)即使有足够的黄金，但它的流通较差。当我们考察多阶段模型时(两个阶段就足以说明问题了)，还有第三个原因。从时间上整体考察的体系中虽然存在足够多的黄金，但是由于每期的禀赋和偏好的差异，就会需要跨期的借贷。第 1 卷第 10 章中货币足够多时利率为零的悖论是如下条件的认为的结果：期终的货币所有者得到了该期所有的效用，而且只有一个时期。在一期模型中,放贷人可以贷出他们的黄金,并仍然可以得到它所有的消费价值。借款人借黄金只是为了交易用途,不是用来或者借来消费的。

一旦我们考察到两期或者两期以上的模型,我们就必须清楚地区分期内借贷、期际借贷和期际租赁(我们将在第 2 章详尽地讨论这个问题)。期内借贷(在最终持有者有使用权的条件下)只是为了交易的目的。在多期模型中,期际租赁是除了借钱和购买资产之外的另一种交易最小化的手段。

前面我们曾经指出,运用耐用消费品的有效率的交易是不能达成的。用可储藏的消费品作为货币可以实现有效率的交易,但是缺少实证上的可能性。修正交易条件使得用黄金(或者其他的耐用品)作为货币的有效率的交易既合理又可行的办法是引入黄金的借贷市场。

必须强调的是,租赁市场和借贷市场是不同的。在租赁市场中,租赁物在特定的时间放在租赁人那里。但在租赁期结束时,租赁人要归还所借的标的。在这个过程中,所有权并没有发生改变。在贷款市场上,所有权是发生了改变的。借款人是该资金的所有者,他可以把该笔资金转到第三方。在特定的时间,借款人必须偿还债权人一定数目的资金。由于货币是可以完全替代的,因此偿付的货币未必是当初所借的货币单位。⑲

贷款市场可以起到租赁市场的作用,但是租赁市场却起不了贷款市场的作用。如果引入黄金的租赁市场(这里资产服务的租金是由该资产的部分数量来支付的),那么个人就可以通过租赁并归还相同数量的黄金来满足他们对黄金消费的需要。但是该市场却不满足跨期贷款的需要。为此目的,可以借黄金并归还不同数量黄金的借贷市场就是必需的。

租赁与贷款类似，都比直接的所有权交换需要更多的信任。但是在租赁市场中，如果租赁者遵守博弈规则，那么租赁者一定要归还租赁物。[20]在借贷市场中，即使没有外生的不确定性，该体系也可能以如下的方式演化：即使借款人 i 遵守所有的规则，但他没有钱来还债。例如，i 将借来的钱用来购买存货，但是没有卖出任何东西。实际上，借贷市场上的监督方面存在很多问题。

当存在很多耐用品时，引入租赁市场会极大地减少借贷的需要。即便如此，第 9 章中的单期市场中遇到的关于黄金的数量和流通的条件在这里可能仍然是有效的。

没有足够商品货币的多期交易

从下面这个意义上来说，经济中可能没有足够的货币：不管货币如何流通，CE 可能不是一个 NE。这种情形如同第 1 卷第 9 章，不能达到有效率的交易，期内和跨期的利息率为正。期内贷款的利率是产量（数量）约束的纯粹影子价格，跨期贷款的利率既是由产量约束，也是由用作货币的资产的边际消费价值决定的。

注　释

① 例外如荷兰的 Zuider Zee 和很多城市的浅海的填筑。

② 如果偏好有改变，人们可能会用古董家具来装饰自己的办公室，家具折旧的同时却也在升值。

③ 一个便于计算的近似是“年数总和法”折旧。例如，如果折旧分三年，那么人们计算加法 1＋2＋3＝6，第一年折旧 3/6，第二年折旧

2/6,第三年折旧 1/6。

④ 有必要阅读美国税法关于折旧的相关部分。

⑤ 说比做容易多了。

⑥ 按照 1989 年的吉尼斯世界纪录,迄今为止正式证实的最高寿命是 120 岁零 237 天,是由 Shigechiyo Izumi 保持的。

⑦ 即使我们在效用函数中包括死亡的概率,但是有界价值、无限期界的模型还是有吸引力的。

⑧ 只要提前一期或者两期有预见,就会极大地减少范畴的数目。我们不可能清楚地表示如何对七八年后的支出作出评价,我们通常只会说"或多或少与今天相同,只是我的年龄更大了"。

⑨ 个人睡眠时间的非病理性需要差别很大,时间范围从 2 或 3 个小时到 10 或 11 个小时。

⑩ 感谢 Mark Wolfson 对这一可能性的讨论。

⑪ 即使考虑耐用品和生产,这一点也是正确的。

⑫ 这些模型都是 Shubik 和 Yao(1989,1990b)所给出的证明的变体。

⑬ 通过使用部分出价,我们可以在少量信息的条件下比较灵活地定义一个可进行的博弈,并且可以避免 Debreu 使用的不可进行的一般化博弈。

⑭ "通常"意味着"几乎总是",即在非常不可能的情况下,该命题才是错误的(对于测度为零的集合,它是不成立的)。

⑮ 我们必须区分购买资产、租一期资产和购买一期资产控制权(其中该资产或类似资产必须返还)。后面两项区分了租(所有权没有变化)和借(这会导致一定时期内的所有权变化)。

⑯ 如果它也具备了支付手段的一些性质,例如易于携带,易于识别,易于锻造等。

⑰ 可转让性并不意味着可比性。个体效用的定义并未超出由线形变换联系起来的一类函数。

⑱ 前提为第 1 卷第 7 章第 3 节的条件成立。

⑲ “借”也可以用于其他物品，例如“借给我这本书”，但是在大多数情况下，“借”的这一用法可以更准确地描述为“零租金出租”。所有权并没有转手并且假定相同的物品被返还。

⑳ 这里排除了外生不确定性，因而我们的讨论中也就不存在出租的房屋或汽车被毁坏的可能性。

商品货币和耐用品下的多期交易

有产者在法律诉讼中占上风。

为了分解我们的困难，我们现在主要考察有限期界、不存在借贷的多期市场。为了让交易的延续时间超过一期，我们需要区分易损品和各种形式的耐用品。这里回答的基本问题是，耐用品的出现对不存在信任的交易有什么含意？我们考察的基本问题是，耐用品如何被用作抵押品。

多种耐用品下的多期交易

对耐用品的全面理解需要一个关于生产的理论。这里只考察耐用性。在第 1 章中，我们考察延续 T 期的交换经济，其中只有当期的消费者商品是可以库存的。另一种（同样非现实）的极端情形是，所有的商品可以延续到 T 期期末。一般性的情形是，任何商品 j 都有任意的生命 $t(j)$。但是并非所有的可能的情形都有相应的经济安排，所以更有趣的（实证）问题是，商品的寿命结构在整个历史研究中如何？并且，我们社会的哪些重要的经济特征取决于这个结构？第 1 卷的表 2.3 至表 2.8 提供了某些信息。大多数产品的寿命不会超过四十年。

当交易的是耐用品时，在商品货币转移过程中出现的时间安排问题会同样出现在耐用品的转移过程中。它在运输途中要花费多少时间？在该期的使用是如何影响交易的完成的？在本章中，我们将避免这种额外的时间安排方面的困难。

现货、期货、资产和租赁市场

交易的一般均衡模型并不需要经济学家在计算存在多少个市场方面非常具体。隐含地假定，所有的市场都是存在的。如果接受博弈论方面的视角，那么必须规定市场的数量，必须描述价格在每期是怎样形成的。

为了简便起见，假定黄金具有无限的耐用性，并且所有的 m 种其他的商品都延续 T 期。① 如果这些商品都会发生毁损，t 年的商品可以视为与 t^* 年的商品是不同的。

一旦我们考察到两期或者更长的时期，那么市场的扩展就会是惊人的。一个简单的耐用性资产可以为三个现货市场提供基础。在存在着资产及其当期服务的市场，人们可以剥离它当期的服务（除权股息）而出售资产，也可以售出当期的服务，② 而非其资产；人们也可以租出该资产。

期货会造成更多的涉及合约的市场，例如在 t 期签约，约定 t^* 期付款、t^{**} 期交货。实际上，期货合约在 t 期会涉及定金的支付，然后在 t^{**} 期按照协议好的价格支付其余款项。

金融界的一个主导观念是新的金融工具和新市场的创造。在一般均衡理论或者不用明确地引入交易费用和外生的不确定性的策略性市场博弈的水平上，非常相近的替代性的金融工具之间的区别消失了；而且，在某种分析水平上，它是无关紧要的。但是即使在这个抽象水平上，资产市场和租赁市场之间的区别也是重要的。存在不确定性的情况下，上述情况尤其是对的；但是即使没有不确定性，它也是成立的。

运用信贷市场和期货市场的问题推迟到第3章分析；这里我们主要研究现货市场和有限的 T 期。当存在着延续时间超过 T 期的资产时，我们在有关投入品和残余资本(leftover capital)方面必须具体化。进一步，我们必须说明有限期界的模型能够回答哪些有意义的问题。尤其是，由于经济物品的不同性质会导致无信任交易中的不同的物理方面的特征，我们能否构建三个不同的经济——一个有着易损品，一个有着可储藏品，一个有着耐用品(所有的经济都有相同的CEs，但是它们的NEs不同)？

多种耐用品和商品货币下的多期交易

我们首先考察耐用品和易损品之间的紧密关系，然后再考虑可储藏品。一个能够持续 T 期并且它的所有者不随着所有者改变的耐用品从消费的观点来看，等价于它所提供的服务流。但是从保障(security)的角度来看，现在拥有的资产所提供的远远超出了对未来服务流的承诺。

假定存在所有的租赁市场。因此，人们可以购买资产，也可以无限期租赁资产。我们注意到，对这个博弈来说(没有外生的不确定性)，如果存在足够多的货币，那么达到最优并不需要借贷市场。如果货币是充足的，但是开始时没有很好的流通，那么就需要清算所(或者期内借贷市场)，但是不需要跨期的贷款。

从直觉上来说，当我们注意到如下事实时，上面的结论就是很显然的：为了使得模型与易损品交易模型严格地可比，我们必须在第一期引入资产，也要引入货币。但是这却意味着，所有的个人立即得到了他们所有的终生财富，存在着 $2m$ 个现货市场——一半是资产的现货市场，另一半是租赁的现货市场。所有资产和租赁市场的可获得性为出售或者租出提供了灵活性，从而可以满足下一期的需求。（正式的模型证明参见 Shubik and Yao，1993。）

资产的作用背后的直觉是显而易见的。因为资产都是价值的储藏手段，给定资产市场和租赁市场，在选择观察到的价值交换价值方面就有相当的灵活性，即使这会不时地交易资产。从根本上来说，资产，包括商品货币，充当抵押品（hostage）角色，以最小化贷款的需要。

有着可储藏品和商品货币的多期交易

在第 1 章考察的模型中，消费者商品都是易损品。我们现在修改第 1 章的模型，即用可储藏消费品来替代易损品。惟一的区别是，在第 1 章中，没有存货；现在我们问的是，策略选择的扩大是否影响所需的货币数量和贷款的需要。

无须发展详尽的正式的数学，通过两期模型，我们就可以看出，有着可储藏品的经济对最优化的约束条件相对较少。为了让模型有严格的可比性，这些模型必须有相同的效用函数和资源基础（resource base）。它们之间惟一的区别在于，对存在于有着可储藏品的经济中的商品 j 而言，初始供给将是（$a_{j1}+a_{j2}$）；而对存在于有着易损品的经济中的商品 j 而言，第一期的供给为 a_{j1}，第二期的供给为 a_{j2}。

基本而言，缺乏信任在 T 期的经济中对单个人的优化问题施加了($T-1$)个额外的约束条件。耐用品和可储藏品的出现放松了这些约束条件。如果一套约束条件的约束力严格弱于另一套，那么有着较弱约束力的体系的最优解将不小于有着较强约束力的体系的最优解。假定有三种经济，它们之间的区别在于商品的性质。在第一种经济中，每期只要 m 种易损品；在第二种经济中，有 m 种耐用品，其中每一种耐用品 j 延续 T 期，而且产生的服务组合恰好就是第 j 种易损品的 T 期投入品系列；在第三种经济中，初始禀赋是由 m 种可储藏品构成的，其中可储藏品 j 的供给等于第 j 种易损品 T 期投入品服务的总和。可储藏品交易体系上的约束条件少于有着现货租赁市场和资产市场的耐用品交易体系上的约束条件，后者的约束条件又少于只交易易损品的体系的约束条件。在可储藏品和耐用品体系中，在经济主体初始控制下的资产数量要大于易损品体系的资产的数量。

简单的例子可以说明易损品经济、可储藏品经济和耐用品经济灵活性方面的差别，还可以说明“足够货币条件”。我们将比较一般均衡模型的 CE 与相关的策略性市场博弈的 NE。效用函数由下式给出：

$$\begin{aligned} \varphi^1 &= 10\min[x_1^1, y_1^1] + \min[x_2^1, y_2^1] + g_1^1 + g_2^1 \\ \varphi^2 &= \min[x_1^2, y_1^2] + 10\min[x_2^2, y_2^2] + g_1^2 + g_2^2 \end{aligned} \tag{2.1}$$

效用函数中的自变量是商品或者服务的消费水平。

首先，我们考察易损品经济，它以黄金作为货币。类型 1 的交易者在第一期中拥有 4 个第一种易损品，0 个第二种易损品,M 单位的黄金作为初始禀赋,即(4,0,M;0,0,0);类型 2 的交易者在第一期则拥有 0 个第一种易损品,4 个第二种易损品,M 单位黄金,即(0,4,M;0,0,0)。如果商品是易损的,那么该模型的 CE 具有下列特点:每个交易者的最终消费为(2,2,M;0,0,M),类型 1 的交易者的效用为 $20+2M$,类型 2 的交易者的效用为 $2+2M$。如果在策略性市场博弈中要求所有的交易者用现金支付,且 $M\geqslant 2$,那么 CE 就可以成为一个 NE。

如果商品是可以储藏的,那么类型 1 的交易者的 CE 消费就变成了(2,2,M;0,0,M),类型 2 交易者的 CE 消费则变成了(0,0,M;2,2,M)。但是 NE 中的现金要求不再是惟一的。一种可能性是,两类交易者在第一期都从对方那里每种商品购买两个,单价为 1/2(用黄金作单位)。同样,他们也可以每人在第一期中购买 1 单位的商品,在第二期中购买 1 单位的商品。这两种情形下的现金流是不同的,有成本的库存问题可能是一个决定性因素。

如果商品是可储藏品,那么类型 1 的交易者有可比性的禀赋变成了(2,0,M;0,0,0),其中第一个数字表示 2 个单位的耐用品,该耐用品在第一期产生了两个单位的服务,在第二期又产生了两个单位的服务。第二类交易者的禀赋为(0,2,M;0,0,0)。可储藏品下的 CE 消费为:类型 1 交易者为(2,2,M;0,0,M),类型 2 交易者为(0,0,M;2,2,M)。NE 最低的现金要求服务的租赁,而非资产的购买。类型 1 的交易者以价格 1/2(黄金单位)从类型 2 交易者那里租借 2 单位第二种商品的服务。类型 2 的交易者在第一期没有购买任何东西。因此,经济中需要的黄金总量为 1 单位,而非 2 单位。

在两期模型中，黄金跌价提高了第二期服务的价格。这在无限期界中就不会发生，因此交易所需的货币就会绝对下降。

百分之百黄金担保(gold-backed)的贷款

上面的模型提到了不存在信任和借贷的多期交易。我们自然会问，没有信任，有没有借贷？在实际的交易中，大多数贷款都是通过某种形式的财产作为担保的。有时候必须在贷款和销售返销(sale-buyback)之间作出区分。问题是这两者在操纵层面上的区别有多大？

有抵押的贷款存在两个问题。一个问题是法律方面的(政治的和社会的)，另一个方面是经济的。如果有人用珠宝作为抵押，但是在贷款期没有被放贷者锁起来，那么在我们的抽象中隐含地引入了多少信任和守法呢？经济问题在于价格的变化。如果某人将交易价格为每股 40 美元的 AT&T 股票 1000 股作为 20 000 美元贷款的抵押，在贷款到期前，股票价格有可能跌至每股 5 美元。我们假定实施抵押安排的法律是给定的。

正式地说，除非人们限定价格体系的运动，否则就不会有百分之百完全抵押的贷款，下面的情形是个例外：交易者 i 从放贷人那里借了 v^i 数量的黄金，并在下一期作为 $(1+\rho)v^i$ 的抵押，这里 ρ 是利率。交易者 i 出于消费原因会借钱，因此 i 会持有借来的这些黄金，连同自己原有的足够的黄金，这样在任何情况下，i 都能够偿还他的债务。由于货币的价格不会发生改变，所以这样做是可行的。[③]

在抵押贷款的实践中，关于用作抵押的资产的价格“扣减”(haircut)的大小，有一个隐含的假定。例如，用自己住房现有价值30%作抵押被认为是相当保守的；用新成立的电子公司新发行股票的90%作抵押就不是保守的。抵押贷款中的信任水平是连续的，对涉及的足够的抵押物的估值会遇到传统的经济理论所缺少的专业知识。

抵押借贷和资产

没有信任的交易是简单的交易，这种交易的信息要求较低，交易成本也较低，而且比有信任的交易会涉及更多的匿名性。通过价值与价值相交换总可以进行没有信任的交换。在有资产的多阶段经济中，多期内不能消费的有价值的商品提供了一个经济机会，并提出了一个经济问题。这个机会是，它们可以充当抵押物；用于交换可以扩大无信任的交易或者以价值换价值的交易的范围。如果一个耐用品可以延续50年(例如房屋)，那么应该如何计算该耐用品的现值呢？如果我们早就做了不存在外生不确定性这一极为简化的假定，那么我们将进一步推迟介绍这里的思想(common sense)。如果经济主体是一个连续统，我们可以认为存在着神秘的理性预期，该理性预期能够准确地计算出预期的贴现的收入流。拥有资产、消费大于其手头资金的交易者可以抵押其资产进行借贷或者出售其资产而提高他们的购买力。

是什么因素以资产作抵押借贷和出售资产之间的选择呢？我们认为，在实际上，这种选择大部分取决于交易成本的微观经济细节和很多诸如房屋和大多数耐用品之类不可移动的物品的物理性质。对于很多经济分析而言，将房屋和汽车这样的物品视为可以替代作为一个一阶逼近是方便的；但是对于其他的目的,这个逼近是不够的。出租人与所有者的行为是不同的。很多的偏好是异质性的。人们可以更喜欢以自己的土地做抵押进行借贷,而不喜欢用回购条款将其卖掉。从目前的抽象来说,如果不考虑这些额外的交易费用方面的问题,那么在没有外生的不确定性和有着完美远见的世界里,抵押贷款及相关的销售、回租(leaseback)和回购(buyback)可以视为是等价的。

什么样的资产可以当作贷款的抵押物?哪些特征更重要呢?我们认为关于债务人逃跑、隐藏、盗窃、破坏、贬值和驱散资产的能力方面有几个重要的物理特征。不可移动性、较低或者没有物理贬值使土地变得有吸引力。在某个范围之内,业主所拥有的房屋是有吸引力的。由于其流动性和较高的贬值,汽车的吸引力就低得多。再稍微复杂地说,所有权票据,如1000股AT&T公司的股票可以很好地充当抵押品。

只要法律体系是有效的,地契或者可替换和买卖的股票所象征的大公司的部分所有权的票据是非常理想的抵押。票据的物理毁损和存货成本是非常小的。

实际上,用股票等作为抵押的困难是,由于评估其预期的贴现收入流方面的困难,人们不能准确地评价其价值。但是在假定的简化的世界中,这不会造成任何问题。在实践中,没有人有完美的远见。

经验告诉我们,某些资产的价值浮动范围远比其他资产要大,因此,抵押贷款方面的第二个惯例是“扣减”。因此,人们愿意以房屋估值的某个百分比将资金贷出,但对赛车却采用了不同的百分比。如果我们认为放贷者是谨慎的,并且价格可能是波动的,那么一个将这种谨慎模型化的方便准确的方式是对抵押贷款引入一个“扣减”参数。

关于抵押贷款，存在着一个类似 Modigliani-Miller(1958)定理的悖论性结果。从建立在高度简化的理论上来说，这个结果可能是正确的，并且在说明这些假定的推论方面还是有用的。但是，实际上，这个结果(如同 Modigliani-Miller 结果)可能就是错的。因此，它向经济学家提出了如下的挑战：必须放弃某些假定，从而能够建立更加接近现实的模型。

在如下的有限的生产和交换经济中：没有外生的不确定性，除了资本和消费品的初始资源禀赋外没有投入品，在均衡中，任何借贷都可以得到抵押；结果是，由于这些抵押贷款可以由销售、租赁、回购来代替，所以所有的借贷都是不必要的。

在对 T 期交换经济的通常的讨论中，一般假定个人在每期可以得到新的禀赋；而在增长理论中，土地、劳动和资本的禀赋，连同生产转换集通常都是给定的，然后才研究增长的动态学。给定和初始化条件后，可以用新发现或者开放经济中的政治、军事和其他“飞来横财”来解释进入经济的外部资源。要使这一点成立，在规定好了初始禀赋之后，我们排除了另外的投入品。

如果不考虑期内融资(即假定存在清算所)，那么这一点只不过是有着生产和股东的 Arrow-Debreu 模型的特例。从而马上就可以得出 CE 是存在的。由于我们要求经济的运作不存在债务，因此，个人每期的预算必须是平衡的。在均衡中，所有当期资产的价值一定等于收入流的适当贴现值。但是，这是每期最终消费的价值。因此，考虑到他们商品的初始价值和开始时持有的股份，所有交易者的资产都是在他们的终生预算上来估值的。这样，他们通过 Arrow-Debreu 的方式消费并且每期交易物质资产使得他们每期的预算都是平衡的，就可以得到最优的做法(optimal policy)。

为使上面的论点更加完整，必须考虑到的一个制度特征是劳动的处理。如果个人持有的惟一的初始资产是他们自己(从而还有他们的劳动)，那么出售这些资产就等于奴役或者契约性劳役。但是，历史地看，譬如在罗马，奴隶拥有自己的财产并将自己赎买出来是可能的。但一般而言，人力资本在经济学中的作用使得它不可能与钢厂或者压铸件一样得到同样的分析。

资产或租赁市场与效率

在本小节和下一小节中，我们考察无限期界与贴现效用下的交易的例子(这些例子来自于 Shubik and Yao，1990b)。在这一小节中，我们会举一个例子来说明如下的一般性命题：允许销售或者租赁资产的交易一般而言，比只允许销售资产的交易需要的货币少。并且，如果货币是一种具有其他用途的耐用消费品，没有租赁市场的经济的效率就会降低。这个命题多少是浅显的，但是一般性地证明它并建立一个即使是简单清晰的数学模型却不是那么容易。例 1 对该命题作了说明，但明白这个命题的人是可以跳过去的。下一小节中给出的例 2 不是那么浅显，而且还说明了在静态的经济中，有可能不存在静态的均衡。

给定两个不存在借贷市场的经济——一个只存在租赁市场的交易，另一个只存在资产市场的交易，如果占有商品货币可以产生效用，那么第一个经济有可能比第二个经济的效率高。我们选择一个在每个变量上都是凹的效用函数。只有服务(租赁)的经济是这样的:均衡从服务和交易的黄金上来说都是静态的。

第二个经济只允许一种资产的转换(资本品)。原先购买服务的交易者现在必然购买资产。在某些时期后,将存在基本上静态的非合作均衡(ESNE)④,因此,资本品重置购买政策就会多次进行;但是,最初时流向有着资本品的交易者的黄金将多于有着租赁品的交易者。由于效用函数是凹的,这种经济的效率将会低于完全静态的经济。资产的销售者受益于首次认购费(front-end load)。⑤虽然初始的较大的黄金流可能只延续几个时期,但是由于它们发生在开始阶段,所以在整个无限期界中都会有重要意义。

例1 有三种商品:商品 x 是延续3期的耐用品;商品 y 是易损的消费品;商品 z 是无限寿命的耐用品。

有两种类型的交易者 $\{i_i, i_2\}$,$i_1 \in [0, 1/2]$,$i_2 \in [1/2, 1]$。每个交易者的效用函数为

$$\varphi^{i_1} = \varphi^{i_2} = \sum_{t=0}^{\infty} \beta^t [(x_1 + x_2 + x_3)^{1/2} y^{1/3} + \log(1 + z)] \tag{2.2}$$

i_1 的禀赋为 $(2,2,2,0;A^1)$;i_2 的禀赋为 $(0,0,0,6;A^2)$,其中前三个数字是第一个时期中存在的每个年龄的耐用品的供给,第四个数字是第一期中易损品的供应,第五个数字(A)是无限延续的黄金的供应。每期 i_1 的新禀赋为 $(2,0,0,0,0)$,i_2 的新禀赋为 $(0,0,0,6,0)$;增加了两个新的耐用品和六个易损品的供应,给出了静态的禀赋。假定贴现因子是 $\beta = (\sqrt{5}-1)/2 = 0.618$。

情形 1　只有出售服务的交易

我们将所有的符号解释为一期服务的数量及其价格，一个例外是 $p_5=1$，它是无限延续的资产——黄金——的价格。

类型 i_1 交易者最优化的一阶条件为

$$\frac{1}{2}(x_1^{i_1}+x_2^{i_1}+x_3^{i_1})^{-1/2}(y^{i_1})^{1/3}=\frac{1}{1-\beta}\cdot\frac{p_j}{1+A^1}$$

$$(j=1,2,3) \tag{2.3}$$

这里 j 是耐用品的年限，并且

$$\frac{1}{3}(x_1^{i_1}+x_2^{i_1}+x_3^{i_1})^{1/2}(y^{i_1})^{-2/3}=\frac{1}{1-\beta}\cdot\frac{p_4}{1+A^1}$$

这里给出

$$\frac{p_1}{p_4}=\frac{3}{2}\cdot\frac{y^{i_1}}{x_1^{i_1}+x_2^{i_1}+x_3^{i_1}}$$

同样，我们得到

$$\frac{p_1}{p_4}=\frac{3}{2}\cdot\frac{(6-y^{i_1})}{6-x_1^{i_1}-x_2^{i_1}-x_3^{i_1}}$$

注意均衡贸易要求

$$p_1(6-x_1^{i_1}-x_2^{i_1}-x_3^{i_1})=p_4y^{i_1}$$

因此

$$x_1^{i_1}=x_2^{i_1}=x_3^{i_1}=1.2,\quad y^{i_1}=3.6;$$

$$x_1^{i_2}=x_2^{i_2}=x_3^{i_2}=0.8,\quad y^{i_2}=2.4$$

由(2.3)，我们可以看出价格水平与类型 i_1 交易者黄金禀赋的关系(类似的计算可以得出类型 i_2 交易者的数量)。

$$A^1=\frac{2(3.6)^{1/6}p_1}{1-\beta}-1,\quad A^2=\frac{2(2.4)^{1/6}p_1}{1-\beta}-1$$

我们还可以从交易的价值中知道，黄金的交易是 $2.4p_1$；因此，如果没有清算所，那么足够货币的条件要求

$$2.4p_1\leqslant\frac{2(2.4)^{1/6}p_1}{1-\beta}-1$$

成立，并且意味着

$p_1\geqslant 0.2735$，因此，$A^1\geqslant 0.773$；$A^2\geqslant 0.6574$。

给定黄金的这些数量，价格将是(0.29，0.29，0.29，0.193，1)，并且类型 i_1 和 i_2 交易者的静态均衡值分别是7.8618和5.6542。体系中的黄金总量为1.43。

情形 2　只有出售资产的交易

现在我们将符号重新解释为资产的数量和价格。黄金的价格还是 $p_5=1$。

一阶条件为

$$\begin{aligned}\frac{1}{2}(x_1^{i_1}+x_2^{i_1}+x_3^{i_1})^{-1/2}(y^{i_1})^{1/3}&=\frac{1}{1-\beta^3}\cdot\frac{p_1}{1+A^1}\\ \frac{1}{2}(x_1^{i_1}+x_2^{i_1}+x_3^{i_1})^{-1/2}(y^{i_1})^{1/3}&=\frac{1}{1-\beta^2}\cdot\frac{p_2}{1+A^1}\end{aligned}\tag{2.4}$$

$$\begin{aligned}\frac{1}{2}(x_1^{i_1}+x_2^{i_1}+x_3^{i_1})^{-1/2}(y^{i_1})^{1/3}&=\frac{1}{1-\beta}\cdot\frac{p_3}{1+A^1}\\ \frac{1}{3}(x_1^{i_1}+x_2^{i_1}+x_3^{i_1})^{1/2}(y^{i_1})^{-2/3}&=\frac{1}{1-\beta}\cdot\frac{p_4}{1+A^1}\end{aligned}\tag{2.5}$$

β 的不同的幂表示交易中商品的年限。

第 1 期之后，由于只交易新的耐用品，所以可以得到静态

的结果。因此，在第 2 期中：

$$(2-x_1^{i_1})p_1 = y^{i_1}p_4 \tag{2.6}$$

由(2.4)和(2.5)，

$$\frac{p_1}{p_4} = \frac{3}{2} \cdot \frac{y^{i_1}}{x_1^{i_1}+x_2^{i_1}+x_3^{i_1}}(1+\beta+\beta^2)$$

给出

$$x_1^{i_1} = x_2^{i_1} = x_3^{i_1} = 1, \quad y^{i_1} = 3 \tag{2.7}$$

由(2.5)、(2.6)和(2.7)，我们得到

$$A^1 = \frac{2(3)^{1/6}p_1}{1-\beta^3} - 1, \quad A^2 = A^1$$

第 2 期中黄金的交易等于 p_1。因此我们要求

$$A^2 = \frac{2(3)^{1/6}p_1}{1-\beta^3} - 1 \geqslant p_1 \Rightarrow p_1 \geqslant 0.5$$

第 1 期中黄金的交易要大得多，即

$$p_1 + p_2 + p_3 = p_1(2+\beta/2)$$

因此我们要求黄金新的禀赋满足

$$\frac{2(3)^{1/6}p_1}{1-\beta^3} - 1 - \frac{4+\beta}{2} \cdot p_1 \geqslant 0$$

$$\widetilde{A}^1 = \frac{2(3)^{1/6}p_1}{1-\beta^3} - 1 \geqslant p_1\left[2+\frac{\beta}{2}\right] \geqslant 0$$

这意味着 $p_1 \geqslant 1.44$，并且

$$\widetilde{A}^2 = A^2 + p_1 + p_2 + p_3 - 3p_4 =$$

$$\frac{2(3)^{1/6}p_1}{1-\beta^3}-1+\frac{2+\beta}{2}p_1$$

因此 $\widetilde{A}^2=5.2$ 且 $\widetilde{A}^1\geqslant 1.44$。所需的最少的黄金为 6.64，类型 i_1 和 i_2 的交易者得到的收益分别为 5.30334 和 3.65949。因此，即使所需的黄金多于租赁市场交易所需的黄金，所有的交易者都比租赁市场交易下的境况糟。

关于在途票据的附带评论　在上面的例子中，没有交易成本，没有在途票据损失，好像存在着完全有效的清算所。所有的人都支付黄金，但是人们支付得如此之快，以至于期末持有黄金的人得到了完全的信用，这些信用可以得到持有该数量的黄金到期可得到的任何效用。虽然在途票据损失和交易时间是真实存在的并且是重要的，但是这个例子不取决于这种类型的损失。⑥

资产市场静态均衡的不存在性

虽然上一节中的一个例子利用了有着资产市场的交换经济中 ESNE 的存在性，但是下面一个例子将说明有时候不存在 ESNE。

例 2　交易者 i_1 和 i_2 有不同的效用函数：

$$u^{i_1}=(x_1^{i_1}+x_2^{i_1})^{1/2}(y^{i_1})^{1/3}+\log z^{i_1}$$

$$u^{i_2}=(2x_1^{i_2}+x_2^{i_2})^{1/2}(y^{i_2})^{1/3}+\log z^{i_2}$$

令 $x_1^{i_j}$＝新的商品 1 的数量；$x_2^{i_j}=1$ 年期的商品 1 的数量；y^{i_j}＝消费者商品的数量；这些商品都由 $i_j(j=1,2)$ 持有。初始的禀赋为：$(2,2,0,A)(0,0,4,B)$。

结论 1　不存在非平凡的 **ESNE**。

证明　假定存在非平凡的 ESNE。假定，k 期后静态的配置为(a,b,c,A^1)和$(2-a,2-b,4-c,A^2)$，并且相应的价格为 p_1,p_2,p_3。

可以证明均衡必须满足

$$\begin{cases}\frac{1}{2}(a+b)^{-1/2}c^{1/3}=\frac{1}{1-\beta^2}\frac{p_1}{A^1}\\ \frac{1}{2}(a+b)^{-1/2}c^{1/3}=\frac{1}{1-\beta}\frac{p_2}{A^1}\end{cases} \tag{2.8}$$

和

$$\begin{cases}(6-2a-b)^{-1/2}c^{1/3}=\frac{1}{1-\beta^2}\frac{p_1}{A^2}\\ \frac{1}{2}(6-a-b)^{-1/2}c^{1/3}=\frac{1}{1-\beta}\frac{p_2}{A^2}\end{cases} \tag{2.9}$$

由(2.8)，$p_1=(1+\beta)p_2$；由(2.9)，$p_1=2(1+\beta)p_2$，这是一个矛盾(见 Shubik and Yao，1990b，引理 1，第 6 页)。

资产市场还是租赁市场？　上面的分析说明，从抽象的水平上来说，租赁市场要优于资本品市场。但是当我们观察任何经济时，我们都会发现这两种市场都有相当的比例。基本而言，租赁市场提供了更灵活的信贷和熨平现金流的方式。在实际经济中，其他这里没有模型化的因素的作用可能超过了这些因素。尤其是，所有权转移或者签署租赁还没有加以考虑。也许更重要的问题是关于财产维护的。所有者比租赁者会更关心维护方法。

预期、资产和世界末日

隐含在一般均衡交易中有限期的模型中的假定是关于

预期的。这些假定在只有易损品的世界里不是不可接受的,在那样的世界里,所有者的死亡没有给世界留下任何东西。如果有耐用品,那么在期终就会有很多商品留下来。隐含在有限交易模型中的这样的预期:剩余资产未来服务的价值为零。

对具有资产的有限模型的研究可以在实验博弈中进行,其中博弈的裁判或者控制者购入任何剩余的资产。裁判愿意支付的价格相当于实验者设定关于剩余资产存量的个人预期。这是一种模型化预期的自然方式。⑦

带有价值判断的话不知不觉会溜进经济分析;因此人们就用“理性预期”,好像在共同一致的预期中有某种有内在价值的东西,而不论它们整体上看是多么次优。需要对期末剩余资产未来价格的预期进行具体的规定,这样就可以定义个人的最优化问题。在有限模型中不是内在的,看来是关于人类行为的额外的假定。不能明确地说明假定并不意味着它就不存在。

货币,资产和信任

足够货币:一个回顾

我们信任的是上帝,其他人都必须支付现金。

——一个古老的美国民谚

在本书第 1 卷的第 6 章和第 7 章,我们讨论运用商品货币的有效交易所需的足够货币的概念。足够货币的技术性条件是存在内生的 NE，经济上的解释为有效但是没有信任的交易，其中常常以价值直接交换价值。但是起码三种水平的信任必须加以考虑。第一种也是最低水平的信任是要满足 Jevons 的需求双向一致(double coincidence of wants)。当交易是双边的而且碰巧吻合的条件得以满足时，就对每对交易的商品赋予了价值，而忽略价格体系的存在。信任的第二层次涉及市场和商品货币。人们认为，发展货币的首要目的是设计最小化对信任的需要或者最小化拟定额外游戏规则的交易体系。选取只能够与任何其他商品交易的商品是不够的，它还必须是所有人在交易中都需要的。

第 1 卷第 7 章考察了两个完全市场的模型。第一个模型是由 Shubik 提出来的，m 种商品有 $m(m-1)/2$ 对市场。但是，每个市场是与任何其他市场完全分离的。另一个模型(窗口模型)是由 Shapley 提出来的，考察了通过中央清算所联系起来的 $m(m-1)/2$ 个市场。当所有个人在苹果—橘子市场、苹果—书市场和苹果—x 市场对苹果进行报价后，所有的苹果、书籍、橘子和同类的其他商品都被加总在一起，然后中央清算所计算使市场出清的一系列交易比率。因此，在窗口市场，在商品 A 和 B 交易的市场上提供某些 A 商品的个人可以得到某些 B 商品，即使该市场上没有人提供 B 商品。在 Shubik 的机制中，也是不会发生的。杰文斯的三个商品、三个交易者的简单例子说明了这个区别。

交易者 1、2、3 交易三种商品 A,B 和 C。交易者 1 只偏好 A，交易者 2 偏好 B，交易者 3 偏好 C。初始的禀赋为(0,1,0)，(0,0,1)和(1,0,0)。虽然在完全市场下，存在着 A/B、

A/C 和 B/C 的交易可能，但是每种情形下，只有交易的一方是活跃的。由于 Shubik 的模型中没有中央清算所，所以没有交易。Shapley 模型中存在中央清算所，但是所有的市场上都提供(1,1,1)，而且该机制可以计算出一套市场出清价格，并达到帕累托最优的交易。两种情形下的交易都是通过价格体系——价值交换价值。加入清算所使得交易双方的需要恰好相符变得没有必要了。

第三种也是最高水平的信任涉及的是商品交换本票或者其他类型的票据——进而票据发行者的信任。该发行者可以是个人、私人机构或者政府。

与在价值交换价值的基础上直接交易的社会相比，有票据交易的社会要么一定有相当多的不动产存量来抵押该票据(参见第 2 章第 2 节)，要么必须有法律实体、社会信任和社会制裁来监督交易和承诺的兑现。

在第 1 卷第 6 章和第 7 章建立的策略性市场博弈中，交易机制要求，在决定市场价格的机制中，商品货币必须与另外的商品相交换。匿名交易中的个人仍然必须至少相信清算机制。虽然创造的在途票据可以被视为最低限度的信贷的隐性扩展，相比之下信贷的正式扩展需要更多的信任和法律。

扫一眼前几章就可以发现，我们已经引入了某种形式的一期的交易时滞——在宏观经济学中被称为“Clower 约束”，或者在当前的均衡分析中被称为“有收入时滞的逐期的预算约束”。但这里有一个基本的区别。交易的双方必须拿出商品和货币(或者信贷)的思想在逻辑上提出了一个必要的问题:必须从价格中得到交易的策略。只要没有消费损失发生，运动是否同时发生无关紧要。

交易的时间长度在理解货币的过程中是一个转移注意力的概念。它是决定交易技术的时间成本、在途票据、商品和货币的交付时滞方面的重要因素。如果周转率在某一期间是可变的,那么需要的交易约束也会发生变化。因此,如果没有信任,所有的交易必须满足价值交换价值的条件。[8]不但必须满足通常的预算约束条件,还必须满足某种额外的交易约束,该约束被称为“无信任约束”更恰当。该约束必须是该期交易总量的函数。

现在我们可以比较一类交换经济的竞争性均衡与相关的策略性市场博弈之间的非合作均衡。我们考察有着 n 类交易者的一系列一期经济,其中效用函数是给定的,交易 m 种商品($m>2$)。假定所有商品的禀赋为($a_1,a_2,\cdots,a_m$)。我们通过考察这些资产在这些类型的交易者中的所有可能的分布就可以构成一系列交易经济。与每种交易经济相联系,我们可以运用 m 种商品中的一种作为货币构建出 m 个不同的策略性市场博弈;也就是说,在第 i 个市场中,第 i 个商品充当货币,那么就会有($m-1$)个交易市场。

福利经济学的一个基本结果是,来自所有初始禀赋分布的竞争性均衡(CE)将构成交换经济的整个帕累托最优面。相应的非合作均衡(NE)将是包括整个帕累托最优面和非最优的 NE 的集合。非最优的 NE 在下面的意义上源自没有足够货币的策略性市场博弈:在均衡中,交易约束或者无信任约束将会有效地制约某些交易者的最优化行为。

不论选择哪种商品作货币,总存在某种禀赋的分布,对它而言能够达到最优贸易。这一点可以通过平凡地选择帕累托面上的禀赋看得很清楚,在这种禀赋上,最优点将不涉及交易;因此会满足所有额外的约束条件。

其 NE 与 CE 重合的策略性市场博弈既满足有效率的交易,也满足没有信任的交易。两者不重合的博弈要明确地引入信贷和相应的实施信贷合约的规则,还要规定违反这些规则的后果。

耐用品作为价值储存手段:股票市场和没有信任的交易

黄金类的商品货币显然是价值的储存手段,但在任何社会中它绝不是惟一的价值储存手段。所有具有持续经济价值的资产都是价值储存手段;因此,它们都可以被用于交易中来扩大没有信任下交易的可能性。

考察运用资产作为价值储存手段的一个简便的方法是,在每一期将每一种资产分割成两项内容——它在某一期提供的经济服务和没有当期服务的交易资产。如果有 m 种耐用品,我们可以考察 $2m$ 种经济商品。基本上说,耐用品交易通过改变价值储存手段的所有权最小化所需的信任,即使该价值储存手段不产生任何的效用。在缺乏信任的经济中,可储存的消费品和耐用品提供了抵押,它们可以被买进和卖出来提供流动性,而无须每个人去借贷。

我们已经注意到,用黄金作为货币且不存在借贷市场的情况下,黄金的服务需求和交易需求很少是平衡的,虽然给定足够多的可储藏消费品,只是为了避免信任的消费品的交易可以恰好提供平衡黄金的消费需求和交易需求所需要的额外的自由度。个人可以通过反复交易罐装的沙丁鱼或者其他资产来调整他们的头寸。可以得到的资产越多,无需信任而能达到平衡的机会集就越大。

一个比较耐用品和可储藏品的简单例子可以说明上面的内容。考察有着如下特征的经济,两种类型的交易者,交易三种产品:每期都可以获取的易损品"吗哪"(Manna,神赐食物),耐用品"黄金",可储藏的消费品——"罐装沙丁鱼"。其中资产黄金被用作货币。实际上,交易的商品有四种:吗哪、沙丁鱼、黄金的服务(我们称之为"珠宝的每期的价值")和作为实际资产的黄金。黄金资产是货币。

我们考察交易者拥有如下禀赋的两期经济:((8,2,0),(0,6,0))和((0,6,16),(0,2,0))。所有的交易者的效用函数为

$$\varphi_i = \sum_{t=1}^{2} (x_t^i y_t^i z_t^i)^{1/3} \qquad (2.10)$$

类型1的交易者第1期的初始禀赋为:8单位的黄金,2单位的吗哪和0单位的沙丁鱼。第2期的禀赋为:0单位的黄金,6单位的吗哪和0单位的沙丁鱼。类型2的交易者在第1期的初始禀赋为:0单位的黄金,6单位的吗哪和16单位的沙丁鱼。在第2期的禀赋为:0单位的黄金,2单位的吗哪和0单位的沙丁鱼。

这个交易见表2.1的表述。第1期中,以(资产)黄金计价的现货价格为(1,1/2,1/2,1/2),在第2期中为(1,1,1,1)。其中,第一个价格是资产黄金的价格,第二个价格是黄金使用的一期服务的价格,第三个价格是吗哪的价格,第四个价格是沙丁鱼的价格。作为可毁损的资产,黄金在第2期折旧一半。

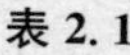
表 2.1

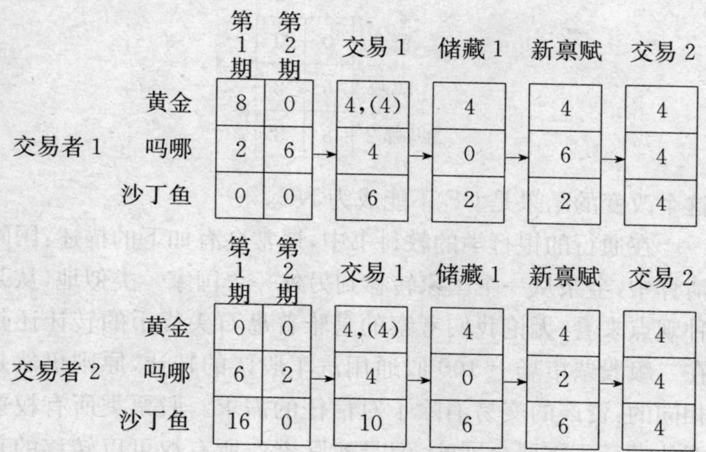

		第1期	第2期	交易 1	储藏 1	新禀赋	交易 2
交易者 1	黄金	8	0	4,(4)	4	4	4
	吗哪	2	6	4	0	6	4
	沙丁鱼	0	0	6	2	2	4
交易者 2	黄金	0	0	4,(4)	4	4	4
	吗哪	6	2	4	0	2	4
	沙丁鱼	16	0	10	6	6	4

在第 1 期交易中，类型 1 的交易者购买了 2 单位的吗哪，6 单位的沙丁鱼，其中 2 单位储藏。他们支付了 4 单位的黄金，消费了 4 单位的黄金服务；在第 2 期期初还有黄金。“4，(4)”这一项使我们注意到，既要把黄金视为耐用品，又要把它视为服务商品。经过消费后，类型 1 的消费者得到了新的禀赋，结转了 4 单位的黄金和 2 单位的沙丁鱼。

类型 1 的交易者在较早的阶段购买沙丁鱼为类型 2 的交易者提供了达到高效率所需的额外的流动性。这一点通过考察稍微不同的模型可以看得出来，在这个模型中，类型 2 交易者的禀赋发生了如下的改变：对 CE 没有影响，但是却影响了 NE。假设不存在可储藏的消费品，但用第二种易损品——“吗哪 2”代替了沙丁鱼。上面例子中的所有内容都不发生变化，不同之处仅仅在于，类型 2 交易者的初始资源现在变成了

	1	2
黄金	0	0
吗哪	6	2
吗哪 2	8	8

这个改变的结果是 CE 不能成为 NE。

在通行的银行学的教科书中，通常会有如下的描述：国际清算中，金条从一个国家转移到另外一个国家。类似地，从某种观点来看，无论我们考察的是雅普岛石头货币的转让还是在二级股票市场上 100 股通用汽车股票的转让，原则仍然是相同的：资产的交易消除了对信任的需求。股票类所有权票据的发行不需要合同法，但是实际资产所有权可以转移的直接表示需要的信任小于债务的发行所需要的信任。

大机构的不可移动性和基本上不可分割性这两个物理方面的特征使社会创造了以股票的形式交易、而无须转移物质资产的所有权票据。但是这种可能性，加上缺乏信任的交易环境说明，在没有外生的不确定性但是在交易者之间缺乏信任的经济中，将股票形式的所有权票据反复的交换是合理的。

关于货币和金融机构的完整的理论必须说明，不同类型的票据在什么地方出现，为什么出现。在这个阶段，即使不考虑外生的不确定性，由于技术的和金融信任的原因，所有权票据、抵押品、抵押贷款和股票市场也会出现。

在有着充足资产的经济中，通过交换资产的所有权可以在没有信任的情况下达到有效率的交易。但是，对于社会中的很多资产而言，不可分性和不可移动性是一个实际存在的经济问题。资产的主要价值不在于可以替换的动产中。如果

A 在纽约将得克萨斯州的某块农田卖给 B，B 不能将这 160 英亩地卷起来放进口袋。相反，地契可以易手，而且非常可能的是，租赁放牧权和采矿权的同一个人可以持续这样做。类似地，当 A 想购买工厂或者机器这类东西时，A 会出售公司中的股票来为 A 的购买筹资。

现代经济中的资产是由自己或者总体上可流通的所有权凭证代表的。只要所有权和用途不是必然吻合的，那么即使没有信贷的多阶段经济中的交易也会用到票据。

资产、债务和经济

“人品、能力和抵押”这个古老的银行规则有三个要素，其中两个要素是同方向变化的，第三个要素则与前两个反方向变化。调查一个人的人品和能力需要深入了解本人及其业务背景。但是，如果个人具有有价值的可以由债务人轻松获得的抵押物，那么对其人品和能力的调查的深入程度就会小于他没有任何资产的情形。因此，授予信贷的数量和对详细信息的需求与有助于提供该贷款的资产的可获得性反向变化。虽然在现代民主社会中，最有价值的社会资产是它的人力资本，但是人力资本的资产价值作为贷款的抵押不会超过扣发的债务人工资的数额。

即使在简单的理论层面上，几个粗略的总量统计指标也可以用来理解以下直觉：货币支付是无需信任的交易，而且在社会中很多交易是匿名的，通过劳动分工在特别的金融评估部门分工集中信贷评估和抵押保证可以极大地提高效率。运用 1992 年的美国统计简报（SAUS，1992）并进行一些简单计算，我们可以推测美国用来抵押贷款的资产的可获得性，以及货币和信贷结构(参阅表 2.2)。

表 2.2

资本资产(10 亿美元),1991 年

	合计	私人	政府
土地	1 543	1 089	454
可再生的资本	14 900	12 400	2 500
人力资本	29 800	29 800	0
合计	46 243	43 289	2 954

资料来源:*Statistical Abstract of the United States* (1992)。

土地 土地是不可再生的、不会贬值的资产。美国的土地总面积为 3 536 000 平方英里。美国商务部(1991)对农业用地的近期估价是每英亩 682 美元;中心城市地区的土地每英亩超过 40 000 000 美元。如果我们按照农业用地的水平来评估整个美国,我们会得到 3 536 000×640×682(美元)= 1.543(美元)$\times 10^{12}$,其中联邦政府占 29.2 个百分点。

可再生的资本 1992 年美国统计简报(SAUS,1992,表 735)给出的可再生的资本总额为 1.490×10^{13} 美元,其中 2×10^{12} 美元是耐用消费品,1.01×10^{13} 美元是其他私人持有的资产,2.5×10^{12} 美元是政府持有的资产。

人力资本 对 Kendrick 1965 年对美国经济的可布—道格拉斯估计运用外推法,可以得到人力资本为 2.98×10^{13} 美元。考虑到工作人口规模(123 500 000)、平均工资(23 600 美元)、平均的工作年龄(45 岁),并且将 20 个百分点的支出作为非生产性的投入品,我们可以得到一个不同的(更粗略些的)估计,即 2.63×10^{13} 美元,或者人均劳动力人力资本价值

212 000 美元；对整个人口加以平均，这相当于人均 104 000 美元。如下的数字是以 1991 年的美元作为标准的。

信贷市场债务(10 亿美元)：

政府	3 569
公司	2 194
个人	5 377

公司债(10 亿美元)：

债券	1 174
抵押贷款	118
银行贷款	536
公开市场票据	99
其他	170

与之相比的公司净值为 42 070 亿美元。个人债(10 亿美元)为：

抵押贷款	3 887
消费者信贷	793
政策贷款	71
银行贷款	196
免税	95
其他	296

相对的个人房屋净值为 50 800 亿美元，耐用消费品价值为 20 000 亿美元。

我们注意到有 76 000 亿美元的非政府债务，相应地有大约 136 000 亿美元的私人所有的资产，不包括人力资本。假定存在着清算的竞争性市场，即使资产比例接近 2∶1；但是破产术语如“美元百分之十”提醒我们，资产可能会耗散，可能只是针对某个稀薄的市场，或者清算成本很高。美国企业近期的破产率在 0.75 个百分点和 1 个百分点之间，并且在 1990 年，破产企业的负债大约为 640 亿美元(SAUS,1992,表 845)。

在现在可能被称为“老式”银行业务中，人品和能力是很重要的，在发放新贷款方面甚至还超过了抵押品。在现行法律体制下，即使扣发某些债务人的工资是可行的，但即便是百分之五的人力资本本身作为抵押也是不可能的。对诚实、人品和能力的估价可能比能够扣发的债务人工资这种抵押的价值要高。

这些大致的数据说明美国的资产结构使得某种水平上的抵押贷款是可行的和可能的。在通常的贷款中，假定一定的稳定状态，这会在很大程度上减少对个人进行仔细调查和评估的需要。遗憾的是，当新的和前所未有的企业必须获取融资时，经济中最有活力的这部分中却并非如此。

政府债务与私人债务有相当大的区别。这种证券是强制力、习俗、充分的信念和中央政府信贷的混合体。

作为价值储存手段的黄金和土地

黄金和土地是两种典型的几乎有着无限生命、因此从不贬值的消费者—生产者耐用品。经济学家关于效用或者价值的概念，在心理学上是非常粗糙的，是不考虑价格、交易和生产的理想的定义。因此，虽然工业中间品没有直接的消费者价值，它们作为生产过程中间的投入品最终能够生产出消费者产品，所以也创造了价值。

现代有组织的经济中的参与者基本上是社会化的个人，

他们的价值概念是在经济体系的背景中形成的。另一方面，Robinson Crusoe 关于黄金或者土地效用的概念只用效用理论就可以刻画出来。对 Crusoe 来说，不存在这样的市场，即他可以出售对他没有任何价值，但是对别人却有很大间接价值的商品的市场。

作为消费者价值的直接的原始的源泉，几英亩土地和几磅(或者盎司?)黄金就可以满足 Crusoe 的直接的欲望。所有者都有可能从来看不到的大宗的资产的所有权，必须从权力、社会地位和隐含的储藏价值方面加以考虑。由于使用资产要求时间和某种形式的维护和责任，所以人们就可能会感到餍足，至少对 Robinson Crusoe 来说如此。如果可以自由处理资源或者可以使资源闲置不用，那么我们就可以边际效用为零作为一个下界(否则，必须考虑负的边际效用)。

先验地说，对个人关于较小数量的黄金和土地的效用函数或者偏好映射的具体形状，不容置喙。考虑到土地和黄金的自由处理，我们就可以预想在黄金和土地之间存在着一个饱和面(其他资产保持不变)。图 2.1 描述了这个偏好图。在 OS_gS_l 围成的长方形中，黄金和土地都没有偏好的饱和。S_g 是黄金的最低饱和点，S_l 是土地的最低饱和点，S^* 是两者同时饱和的最低点。在 S^* 的右上方，无差异面是浓厚的，交叉线的阴影部分说明了这一点。

如果存在土地和黄金的竞争性市场，并且两者的供应足够充分，从而使需求达到饱和，那么价格将跌至零。但是如果总供应小于饱和水平，那么将会有正的价格。因此，预见到某些人持有的黄金和土地的供应超过了饱和点的水平是合理的，这时持有黄金和土地是为了储藏价值，通过租赁或者出售

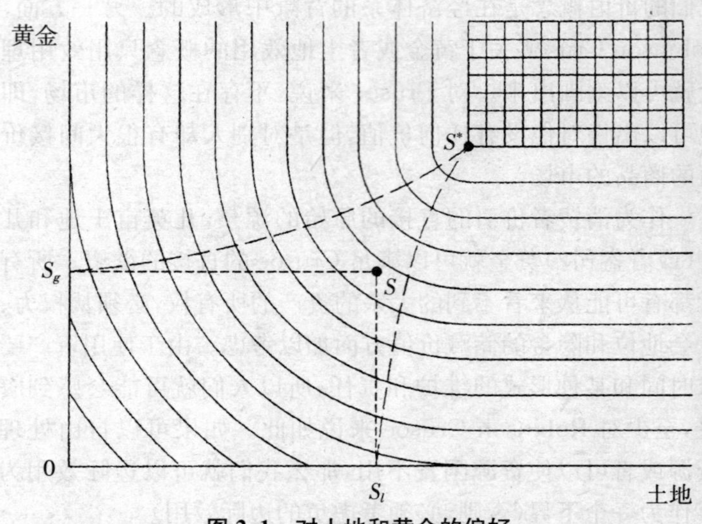

图 2.1　对土地和黄金的偏好

资产可以得到收入。

截至 1987 年，世界上大约有 50 亿人口。地球土地的总面积大约为 5 200 万平方英里，1987 年世界上矿藏黄金大约为 10 万公吨。计算到所有的土地(不论其位置和生产力)，人均土地大约为 6.66 英亩。如果只考虑经济上具有生产力的土地，那么粗略的估计是大约 10%到 15%的土地具有某些经济价值。⑨因此，人均估计的具有生产力的土地大约在 0.65 英亩到 1 英亩之间。

1 公吨等于 32 148 金衡制盎司。对于离群索居的个人而言，三四盎司的黄金和五到十英亩的土地就可以作为估计的饱和点。有了这些(或者更高的)估计，土地和黄金不足以使所有的经济主体的偏好发生饱和；因此黄金和土地的价格都是正的。但是，即使我们可以预见到个人拥有的黄金和土地的数量远远超过了他们的饱和点；作为价值的储藏，黄金和土地都可以被有效地借贷和租赁。只要偏好的饱和不是普遍的，黄金和土地都可以充当商品货币（参见 Shubik and Yao，1990b）。

对商品货币交易的一个小结

1. 在单期的交易或者没有在途票据损失的情况下，无需在耐用品和可储藏品之间进行区分；但是在多期贸易中，必须区分可储藏消费品和耐用品。

2. 具体博弈中的足够的货币意味着充分的内生 NEs；单阶段的交易中，这会允许 NEs 和 CEs 相重合。

3. 只有资产市场的多阶段的经济中的耐用消费品一般不会满足内生的 NE 的足够货币条件。不能满足的原因是，对耐用消费品货币而言，同时满足交易需求和最优的消费条件一般来说是不可能的。

4. 虽然在较强的条件下运用可储藏的消费品作为足够货币是可行的，但是这是不合理的。这需要逐期减损的较大的存量。供应是变化的，但只是在一个方向变化。

5. 其供应可以很容易地增加或者减少的货币，例如嵌入在较大的竞争性世界中的较小经济中用作货币的黄金，效果可能更好。

6. 商品货币下的交易除了交易规则外，不需要信任。即便如此，也需要对市场进行监督，这一点可以从任何国家的商法，或者从市场的发展史中看得出来。

7. 虽然逻辑上不是不可能的，但是理想的商品货币看上去并不存在。一个替代物是票据。但是票据可以在三个信任水平上加以考虑：(1)对政府发行法币的信任；(2)在大部分银行交易和清算交易方面对非人格化的大众机构的信任；(3)与互相认识的个人间的双边承诺相联系的信任。

8. 由于我们关心的问题主要是大众市场，所以我们的下一个问题是在多阶段的贸易模型中用法币形式或者银行货币形式的纸币代替商品货币。（我们将在第 3 章解决这个问题。）

9. 纸币的发行需要某种形式的信任。但是人们也可以用耐用品作保证来发行纸币，同时可以使用该耐用品。仍然需要合约法，但是需要的信任要比“赤裸裸的货币”需要的信任少。从信任方面来说，土地和其他不可移动品在作为抵押方面可能会优于黄金，因为人们很难将它们偷走，并且具有更广泛的用途。土地和专门性的机器的一个不利的因素是，对它们进行估价和标准化都比较难，这与黄金不同，而且它们不具有替代性。

10. 货币的概念基本上是策略性的。由于其作为价值储存手段的内在特征，任何折旧很轻的耐用品，即使大量供应都具有相当的可运输性和价值，因此可以充当商品货币。

11. 如果在一个社会中有很多耐用品和可储藏消费品，但货币不足(一般均衡体系中的 CEs 不等价于只有现货市场的策略性市场博弈)，那么货币的短缺对耐用消费品的交易模式的变化和可储藏品之间消费模式的变化都会产生实际影响。

12. 耐用品服务的租赁市场比只有资产的交易提供了更多的策略性机会，但是却需要不同程度的信任和管理水平。

13. T 期的一般均衡模型隐含地要求相当多的信任。没有信任的交易只要求商品货币和现货市场。如果需要借贷，那么我们可以预期会出现不同的机构，来处理信任和评估打借条的方式偿债的可能性。

14. 资产富余的社会通过交易资产，无需信任就可以扩大它的可行的交易集。这种资产的交易可以充当提供抵押的方法。这种活动的一个明显的例子是股票市场中的交易，这种交易在逻辑上可能与外生的不确定性和观点的分歧无关，但是它还是一种最小化信任的方式。

15. 有着足够的资产从而可以达成无信任的有效率的最优交易(排除了人身奴役)在实证上是不可能的。没有足够资产的社会的一个解决这个问题的办法是接受部分未抵押的信贷，但是这种信贷至少需要个人信任或者可实施的法律。

注 释

① 在证明中，我们通常使用不同的生命期限。

② 在当前的抽象水平上，这等同于一期资产租赁，但是在购买服务和租赁资产以提供同期服务之间存在法律差异。

③ Shubik 和 Yao(1990b)已经证明了当 β(“自然”贴现因子)充分逼近 1 时，在使用黄金作为货币并存在有担保贷款的无限期界交换经济中，存在静态纳什均衡。

④ 我们说“基本上静态的”是指除了几个初始项，均衡都是静态的。

⑤ 也就是说，买者必须预先支付他们在一段时间内将得到的全部服务流，而不是按照需要随时购买服务。这样所要求的资金就多得多。

⑥ 在途票据在何处？其规模如何？谁能靠其获得盈利？这些都是货币理论中令人困惑而又极少能解释清楚的问题。在每一个一期间

接交易中，参与 A 支付 B 的货币使用过程的至少有四方。他们是 A、B、中间人和“过渡地点”或传输系统。当我们使时间期间越来越短时，我们可以通过不同路径来逼近连续时间的极限。排除一些方式是逻辑问题；但是要刻画正确的取极限过程则是一个实证问题。

⑦ 如果你希望维持一定水平的不确定性，那么可以使博弈方被告知回购价格是随机得到的。

⑧ 在仅包括成对交易者的双边交易中，A 与 B 直接交换商品而无需中介。当市场和清算所存在时，即使匿名机制比较迅速，它还是需要一定的信用。

⑨ 在 1 亿 1500 万平方公里的土地中，13%为耕地。估计有 6400 万平方公里的森林，其中 15%已被转化为耕地；2800 万平方公里的草地，其中 20%已经被耕作；1600 万平方公里的沙漠，其中 2%已变为耕地。

商品货币和信贷下的多期交易

多期交易的微观经济结构

当今世界大部分情况下用的是象征性的货币，黄金在国际支付中也有一定程度的运用。几乎所有的国家都有它们自己的通货和中央银行。在政治学和经济学之间存在着紧密的联系。政治—经济变动的趋势是最终会出现世界性的中央银行和某种形式的全球性象征性货币。给定法币的存在，为什么人们会不嫌麻烦使用商品货币呢？这有几个原因。历史地看，好几个世纪以来，形形色色的商品都充当过货币。渐渐地，随着通讯技术、计算技术和符号处理方法的改进，纸币或者抽象的象征就占据了主导地位。对包括时间、内在价值的商品货币特征以及生产和破坏的全面理解有助于初步理解下面这种象征性货币：不存在消费中的内在价值，生产和破坏的意义不再与制造和熔铸金币那样明显。

在第 1 章和第 2 章中，我们扩展了第 1 卷第 6 章和第 7 章的模型，从而可以考察多阶段经济中无信任交易的可能性。无信任的经济意味着只存在现货市场。但是运用商品货币的现货市场为了最优化的需要,要求一系列的现金流条件。尤其是,直接的“价值换价值”交易或者商品货币交易施加的最优化约束的性质取决于商品和货币的耐用性和消费效用。最起码,也要区分易损品、可储藏的消费品和耐用品。

考察无信任的多期交易会出现几个关键的经济观察。如果经济的一般均衡模型描述的时间超过一期,那么这意味着存在信任和信贷。进一步(下面将会描述),当考虑到耐用品或者可储藏品时,交易的一般均衡模型不足以规定从一期到下一期的交易,因为资产可以被租出、售出或者回购,这样就会在相同的最终的消费分布的情况下产生不同的现金流。由于耐用品和可储藏品在一般均衡中是不能区分开来的,在有限的 T 期期末可能还存在剩余的资本存量这个事实是通过隐含地规定它的价值为零来处理的。

在第 1 章和第 2 章,我们已经考察了作为货币的可储存的消费品和耐用品。历史在很大的程度上已经证明了耐用品更为优越。运用易损品作为货币在逻辑上是可行的,但是却需要每期新发行货币。进一步,如果个人在交易中运用成熟的芒果[①],他们在交易之后,芒果腐烂之前,能够有机会吃到芒果吗?历史和技术因素都不利于使用易损品。如果很多干预性的现金流约束都不起作用,那么无信任的交易只会产生有效率的结果。尽管存在有着适当资源分布的稳定经济集合,在这些经济中这是可行的;但是,在很多情形下并非如此。在第 1 卷第 9 章中,我们观察到,如果存在足够的货币但是分布不当,那么引入借贷市场就可以适当放松现金约束,就可以得到有效率的结果。如果引入时间长度为 1,…,T 期的货币市场，或者存在能够推迟还款的一期的货币市场，这仍然成立。如果考察到耐用品的租赁或者销售，那么就需要稍微不同的变化。

本章第 2 节刻画了多阶段经济中“货币不够”的新含意。贷款市场的存在不足以恢复效率。货币供应必须变化，并且还需要外部银行。

一系列的模型

前两章、本章和后面几章中采用的方法是按照越来越复杂的一系列模型来考察货币的作用。我们首先研究一般均衡模型，并会发现用它来描述动态的经济是不够的。我们转而研究以商品货币交易的多阶段策略性市场博弈，并发现我们可以描述无信任的交易，并且可以对无信任的交易扩展一期“足够货币”的定义。在第 4 章，我们将从商品货币转到有限期界经济中使用的法币，并会发现，对于有限期界模型，有两种概念上不同的建模方法。一种模型要求，在博弈结束后，货币应该回归到博弈中的裁判。这与货币是个人对整个社会或者裁判的债务的观点是相符的。另一个模型不需要归还货币，这与法币是类似黄金的资产的观点是一致的。在归还货币的情形下，可以观察到，NE 等价于 CE 的最优解是可以得到的，除了一期外，几乎所有的时期都会发生货币储存(hoarding of money)。当外部银行接受存款并以正的利率贷款从而引入贷款市场时，货币供应就可以有效地变化，并且不存在货币储存。

我们观察到，贷款和存款可以分成两部分：(1)整个交易融资需要的额外的贷款或者存款；(2)用来为跨期的交易融资的贷款或者存款。第一部分需要外部银行，而第二部分则可以通过货币市场或者竞争性的银行体系融资。只要由于信任的原因还需要货币，就还需要货币供应量的变化。

迄今为止论述的大多数模型在支付和收入之间有一个一期的时滞。虽然这个时滞便于说明问题，但对理解货币的作用，它却是不必要的；而且由于它不能区分短期的交易需求和长期的跨期交易，它甚至还会起到误导的作用。关于交易的一个关键的观察是，如果在单一的市场上没有某种形式的信贷，报价必须先于价格的形成。人们可以引入某种弱形式的信贷，如清算所或者某种配套交易发生的其他形式的在途票据；但是只要交易不是严格即时的，那么在所有人与他们的商品和货币分离的时刻和他们接受新的货币和商品的时刻之间就会有一个差距。

即使没有在途票据的现货交易的搭配是完美的，但它也不能排除对规模大小会变化的跨期贷款的需要。如果所有的个人都可以发行他们自己的借条作为按面值被普遍接受的票据，那么就没有必要存在普遍标准化和可接受的货币。（第 5 章考察了创造货币替代品的细节。）

初始条件，终点条件和守恒定律

货币的交易用途是一个事实，而且第 1 卷第 6 章到 12 章已经建立了准确的数学模型。目前几章的任务是建立准确的数学模型，该模型能够在较为具体且不低于一般均衡模型逻辑一致性水平上说明货币的微观经济用途，同时不会放弃现有经济的内在动态结构。为此目的，这里的基本方法是构建定义好的可以博弈的博弈，在这种博弈中，状态空间的每一点都是定义好的。

我们只关心定义好的有限的可以博弈的博弈[②]，能够描述具体细节的一系列模型应该特别地注意到经济中的如下特征：

1. 必须详细地规定市场结构，然后加以推广。
2. 必须规定价格形成机制。
3. 必须在资产和资产的服务之间进行区分。
4. 必须规定初始条件和模型与其历史相关的方式。
5. 必须规定终点条件和模型与其未来相关的方式。
6. 必须给出关于所有金融工具的创造、使用和破坏的规则。
7. 如果政府或者其他的机构（如公司）也作为经济主体参与博弈，那么必须在它们与“真人”之间进行区分。

在只存在易损品并且经济主体在博弈开始时出生、并在博弈结束时死亡的世界里，过去和未来都不重要。如果我们想在有限期界的模型中刻画有着世代交叠人力资本存量和非人力资本存量的世界中的某些重要特征，那么至少必须关注初始条件和终端条件。

规定初始条件将有助于我们理解资本存量融资和关于历史遗产和历史的意义的假定。需要终端条件来理解下列条件，在这种条件下，纸币可以被视为不像黄金和烟草的资产。进一步，有限博弈中终端条件的规定与我们关于预期的假定有关。

对守恒定律什么地方适用什么地方不适用的初步考察有助于简化对货币和金融工具的研究。例如，破产会破坏某些债务工具，但是它不会破坏实际资产或者法币，破产只是对它们进行再分配。

历史,预期和敏感性分析

第 1 章和第 2 章的分析是,在交易中,商品货币作为价值的储存手段为其自身提供了保证。许多其他的资产也是价值的储存手段,但是它们不具备作为交换手段的特征。在多阶段经济中,如下情形在技术上是不可能的:没有租赁市场和货币的借贷市场时,存在能够达到有效交易的令人满意的商品货币。尤其是,如果商品货币可以同时满足可变消费和生产需要,那么就有必要随着时间的推移变动它的供应量,而且它作为价值储存手段单位价值的变化必须加以考虑。

本著作始终强调的重点是,在研究经济动态学之前,建立能够描述交易技术、信贷授予和货币创造的有效结构。检验这些模型的一个方法是求解能够提供有用经济洞见的均衡条件,即使它们可能只是经济行为的过分简化。适当的敏感性分析可以极大地提高研究这些均衡条件的价值。尤其是,在初始条件的参数化中可以反映历史的重要性,包括具体的历史发挥重要作用的时刻。对终端条件的规定是更加灵活的,因为很多终端条件取决于博弈过程。尽管如此,还是存在很多对博弈不敏感的终端条件,它们有助于决定博弈的本质。

看上去存在很多个人形成预期的方式,也存在很多社会决定破产规则的方式。但是,即使不涉及详细的实证分析,建立这些特征作为粗略的参数出现的模型也是可能的,这些参数可以在一定的范围内取得,从高度悲观的到乐观的,或者从宽大的到尖刻的(参阅第 1 卷第 12 章中对破产处理的例子)。如果不陷进只在某一特定时刻与特定社会有关的制度性的细节中，我们可以建立关于这些特征的正式的模型。

商品货币、贷款和存款下的多期交易

现在可以扩展第 1 章和第 2 章的分析，从而可以分析有限期界。[③]我们关心的首要问题是不同的货币安排和信贷安排的经济差别。

有些情形下，不对模型进行更复杂的分析就不能做出某些自然的区分。尤其是，如果没有交易费用或者外生的不确定性，那么几种不同的货币安排和信贷安排在操纵的层面上是不能做出区分的。但是在引入这些复杂的分析以前，我们要剖析有着现金流考虑的多阶段模型中一系列的不等式(cascade of inequalities)。(在第 4 章中，我们将准确地做到这一点。)在本章第 2 节中，由于更有意义的模型是有着法币的模型，所以我们只对商品货币模型进行粗略的启发式证明。我们将只限于分析如下经济：没有外生不确定性，有着商品货币和货币市场的有限期界。

一般均衡交易没有定义好

第 4 章建立了一个三期的一般均衡模型，作为将经济模型化为有着法币的策略性市场博弈的基础。但是，即使在我们考察象征性经济之前，注意到如下事实是有价值的：由于在一般均衡模型中，没有明确的交易，即使讨论资产的价格都是不必要的——这些价格隐含在消费的商品和服务的价格之中。进一步，由于没有规定市场的结构，关于实际的交易流或者信贷没有给出多少说明。

与一般均衡模型相反，对多期的策略性市场博弈的完整的刻画要求对所有的市场进行规定，包括贷款市场、商品市场、期货市场和其他信贷安排。虽然实际的市场取决于一系列的制度性细节、历史事件、交易费用，但是至少对短期分析来说，可以给定市场结构。给定市场结构和所有商品的交易都必须用商品货币作支付的公设，在使用商品货币作为支付手段的经济中，交易被分成“商品换货币”市场上没有信任的交易和欠条可以兑换为货币的信贷市场上的有信任的交易。

分配不当的足够货币:所有的借贷市场

在第1章中，我们考察了没有信贷的交易。在考察纸币之前，我们考察在交易中欠条可以兑换为商品货币的中间情形。

第1卷第9章第3节指出过，如果在单期的交易中有足够的商品货币，但是该货币分配不当，那么就可以通过货币市场来校正这种分配不当。第1卷第10章第2节证明过，如果没有足够的货币，那么有着比例储备制度的单个内部银行就可以得到有效率的结果。在单期模型中，对货币的惟一需要是为在途票据融资或者连接商品买卖的时间差。我们能够证明，由于在单期的模型中不存在贴现，所以即使贷款方面的时间损失与该贷款的最终消费价值没有冲突，也会出现零利率。

这里我们考察多阶段交易的货币市场，并且证明，在什么条件下货币市场能够促成有效率的无须信任的以商品换黄金或者可储藏的消费性货币。如果这是可能的，那么信贷问题和交易问题在形式上是分离的，信贷交易不需要信任、政府强制力或者法律来规定货币市场上黄金与借条交换的合约条件，交易可以是匿名的和没有信任的。

在实践中，交易用途的贷款和过渡性贷款常常不是免费的，日常交易中涉及的分分秒秒都会占用某些资源。因此，第1卷第9章的零利率贷款模型只是一个抽象，这种抽象在时间损失和资源损失可以忽略不计的特殊条件下是成立的。在下面的讨论中，忽略或者抵消不涉及连接两个以上时期信贷的交易，就可以反映这一点。（对交易用途的贷款的具体讨论将在第5章进行。）

在耐用消费品作为货币的 T 期的经济中，我们引入 T 个期内贷款市场、$(T-1)$ 个另外的单期信贷市场、$(T-2)$ 个两期的市场，等等。我们还在每期引入了几种新的金融工具，包括 t 期的欠条——t 期到期的债务凭证。为了简便起见，我们考察有着时间分离效用的(time－separable utility)的经济，尽管这种分析可以扩展到存在时间互补性的经济。

假定

$$\varphi=\sum_{t=1}^{T}\beta^{t-1}u_t(x_{0t}^i, x_{1t}^i, \cdots, x_{m+1t}^i) \tag{3.1}$$

这里 $x_{m+1,t}^i$ 是 i 在 t 期所用黄金服务的数量，x_{0t}^i 是 i 欠的在 t 期末到期但是违约未偿还的债务。违约对违约者带来的价值是负的。有 n 种类型的交易者，所有类型的交易者都是较小的。

图3.1描绘了信贷市场的时间结构。在单期内开始和结束的箭头表示短期贷款、交易用贷款、过渡性贷款和在途票据信贷扩展。每期中间的点表示商品市场的集会。较长的箭头表示一期的跨期货币市场，该市场可以包括两个市场阶段，因为 t 期的借贷者需要在 $t+1$ 期出售某些资产来还债。最长

的箭头表示两期和三期的贷款。

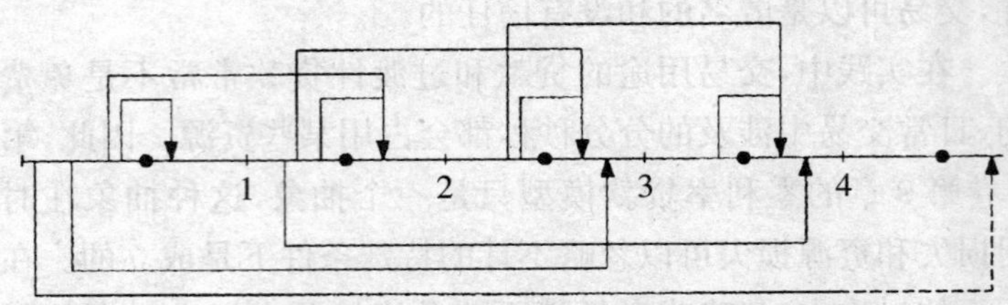

图 3.1　期间和期内贷款:所有市场

如果我们考虑到同一期的交易可以通过清算所来进行交割,我们就可以排除在期内交易中使用黄金的可能性——信贷的扩展只是为了弥补交易时间滞后的贸易。即使对直接的收入和支出进行交割,跨期的交易也会涉及信任,并需要法律来监督信贷的隐性授予。

为了强调信任的缺乏,至少是商品市场上信任的缺乏,我们设所有对商品的净支付为黄金支付;也就是说,任何时期其销售收入不能满足购买支出的所有个人必须以黄金交割。在当期和先前的经济中,商品市场的匿名性实际上比信贷市场的匿名性更强。交易的重复性越强、期限越长、交易越人格化,那么将交易和信贷的授予混合起来的概率就越高。在下面的正式模型中,我们只考察一期或一期以上的贷款市场。

博弈开始于在所有的货币市场上欠条的报价(bids of IOU notes)($v^i_{1,1+k}$),$k=1,\cdots,T-1$,还有黄金的出价($u^i_{1,1+k}$)。交易发生在贷款安排之后。为了定义好该博弈,我们必须在贷款的偿付方面规定好优先程度。例如,我们可以假定短期贷款必须先得到利息支付。对定义好的博弈而言,优先条件必须包括部分偿还;也就是说,可得的资金方面会有某些限制使得优先的债权人得到了百分之百的偿付，而下一个债权人可能接近于一无所获。图 3.1 所示的金融市场结构足以允许有限数量的再融资或者贷款的转滚（rollover），因此在 $t+1$ 时期的开始，个人可以借款以偿还 t 期借的、$t+1$ 期期末到期的借款。

令

$v_{t,t+k}^{i}=i$ 在 t 期开始时在 k 期贷款市场上提供的欠条；

$u_{t,t+k}^{i}=i$ 在 t 期开始时在 k 期贷款市场上提供的黄金的数量；

$b_{jt}^{i}=i$ 在时间 t 在第 j 种商品现贷市场上提供的黄金数额；

$q_{jt}^{i}=i$ 在时间 t 在第 j 种商品的现货市场上提供第 j 种商品的数量；

$a_{jt}^{i}=i$ 在时间 t 持有的 j 商品的初始禀赋；

$A^{i}=i$ 在博弈开始时持有的黄金的初始禀赋；

$A_{t}^{i}=i$ 在时间 t 开始时持有的黄金的禀赋，因此 $A_{1}^{i}=A^{i}$；

$\widetilde{A}_{t}^{i}=$在时间 t 结束，支付前持有的黄金的禀赋；

$\rho_{t,k}(\rho_{t,k}^{*})=$时间 t k 期融资的事前利率（违约或者偿还后，事后的利率在 $t+k$ 期是相关的）；

$\mu=$破产惩罚。

个人 i 的策略具有如下形式

$(u_{1,1}^{i},v_{1,1}^{i},\cdots,u_{T-1,T-1}^{i},v_{T-1,T-1}^{i},b_{11}^{i},\cdots,b_{mT}^{i},q_{11}^{i},\cdots,q_{mT}^{i})$

我们有 $0\leqslant q_{jt}^{i}\leqslant a_{jt}^{i}$；$0\leqslant u_{t}^{i}\leqslant A_{t}^{i}$，$0\leqslant b_{jt}^{i}$，其中，

$$u_{t}^{i}=\sum_{k=1}^{T-1}u_{t,t+k}^{i} \tag{3.2}$$

文字表述如下，在每一期，个人必须偿还到期的贷款，然后才安排各种期限的贷款，接着再在商品市场上进行买卖。

更新方程要把各种贷款和偿付加总起来。如果没有违约，那么这些方程就比较直观，尽管单调乏味。如果存在违约，那么更新(updating)就变得相当复杂了，正像第3节所表明的那样。这里我们的评论仅限于有着如下特征的经济中：(1)破产惩罚力度足够大，因此在均衡中，没有选择破产的策略性激励；(2)我们无须发展全面的符号就可以定性地描述利率结构和足够货币的含意。我们只限于讨论刻画耐用商品货币和利率的时间结构的四个因素：(1)足够货币的含意；(2)T期经济高效率的条件；(3)耐用品商品货币下传染性通货膨胀的作用；(4)利率的时间结构。

1. 如前面一样，“足够货币”的含意是，至少一个NE是内点解。任何期间内只反映了放弃的黄金的边际效用的利率下债务的需求总量一定不大于其供给。如果任何期间内没有足够货币，那么期内利率将反映数量约束溢价(capacity constraint premium)。

2. 在有着耐用消费品货币的延续T期的多期经济中，NE的有效率的条件是两期条件的直接推广；也就是说，黄金必须以线性可分项的方式进入所有人的效用函数，而且黄金的供应必须是充足的。

先验上，即使在线性可分的效用下，我们也不能说出为了达到效率，我们需要多少个有着不同长度的贷款市场，虽然构建需要($T-1$)期贷款市场的T期的简单模型并不困难。

3. 只要期界T是有限的，并且货币是耐用的，如果货币被选作标准等价物，那么相对于每期出售的易损品，货币必然会贬值的；这是因为资产（相对于其服务）的价值一定是下跌的。

4. 在黄金作为货币的多期经济中，当有足够货币时从 t 期到 $t+1$ 期的黄金借贷利率是由 t 时期黄金资产和它在 $t+1$ 期的价格比例：

$$1+\rho_t=\frac{p^*_{m+1,t}}{p^*_{m+1,t+1}} \tag{3.3}$$

决定的，并且货币的利率不过是该期放弃的货币服务的边际价值。

黄金贷款的单期价格将隐含地包括"自然贴现率"这个因素，因为它反映了该期放弃的消费服务的边际效用。如果是沙丁鱼而不是黄金被用作货币，那么这个价格是可容忍（forbearance）的边际价值，也就是说，将消费推迟一期的价值。

有几种方式可以考虑长期信贷，一种是引入长期市场，另一种是让个人从一期的借款中转滚债务。实证上会遇到长期市场上的借贷和短期市场上的转滚。决定个人实际做法的因素是很多的，交易费用也不同。在文书工作和法律费用方面也会有相当的区别。在有着不确定性的世界里，风险溢价也会不同。这里我们抽象掉这些实际特征，并问一个简单的问题。当没有外生的不确定性时，在短期贷款的转滚和长期借款之间有什么区别吗？答案是有区别。正式的博弈模型是不同的，这些博弈模型会涉及不同的策略集、市场数量和偿付规则。尤其是，通过施加贷款到期了就必须偿付这个规则，通过允许没有外生不确定性的经济中的任何期限的贷款，我们避免了蓬齐博弈（Ponzi game）和安排贷款谈判的次序的困难。在实践中，个人经常就贷款的延展或者转滚与他们当前的债权人进行再谈判。他们通常不会进入匿名的货币市场借贷来偿付贷款。

我们可以用三期、三类交易者的模型来说明对超过一期的贷款的需要，在该模型中，黄金作为货币，而且有两种易损品。假定每个人的效用函数采取如下形式：

$$\varphi_i = (x_1^i y_1^i z_1^i \beta x_2^i \beta y_2^i \beta z_2^i \beta^2 x_3^i \beta^2 y_3^i \beta^2 z_3^i)^{1/9} \quad (3.4)$$

类型1交易者的新禀赋为(12,12,0;768,768,0;0,0,0)；类型2交易者的新禀赋为(0,0,0;768,768,0;12,12,0)；类型3交易者的新禀赋只有黄金，或者(0,0,12;0,0,0;0,0,24)。这些序列表示新的投入品。每个三元组中的第3项是进入体系的新的黄金数量。由于假定黄金是不贬值的资产，在第1期有12单位，在第3期则增加了24单位，所以期末的黄金数量为36。假定$\beta=1$。

经过一些努力，我们可以验证该经济的均衡价格是(1,1,1;1/128,1/128,1;1,1,1/3)；运用这些价格，我们可以验证每个交易者的预算约束是相同的，其价值为36。存在一个惟一的CE与具有如下分布的NE重合：(4,4,4;512,512,4;4,4,12)。我们想知道的是，如果所有的交易都是商品与货币的交易，并且商品的卖者不能赊销，那么这些行为是如何得以融资的。

上面给出的价格只是资产服务的一期的价格，而非资产本身的价格。当我们将其变成资产价格时，它们就变成了(1,1,7/3;1/128,1/128,4/3;1,1,1/3)。但是每期的现货价格单位都是以货币为单位的——货币是自然的标准等价物。因此，如果我们在每期将货币标准化为1，那么我们就会得到

(3/7,3/7,1;3/512,3/512,1;3,3,1)。利率是由期货价格和现货价格之间的关系决定的。第 1 期和第 2 期之间的一期跨期利率为

$$
\begin{aligned}
4/3(1+\rho_1) &= 7/3 \\
1/3(1+\rho_2) &= 4/3
\end{aligned}
\tag{3.5}
$$

我们可以验证类型 3 的交易者(我们可以将其视为金融家)借给类型 2 的交易者 52/7 单位的黄金,并且支出 24/7 从类型 1 的交易者那里购买。类型 2 的交易者也支付了 24/7 单位的黄金,从类型 1 的交易者那里购买。这样做使类型 1 的交易者得到了超出他们消费需求的 20/7 单位的剩余。由于不存在在途票据损失,所以他们可以按照跨期利率将黄金借给类型 3 的交易者。类型 3 的交易者需要借入黄金,因为他们已经从他们的 84/7 单位的黄金供应中借出和花费了 76/7。他们的个人使用就需要 28/7,而类型 1 交易者 20/7 单位的存款就给了他们这个数量的黄金。

虽然我们的模型还没有丰富到足以解释金融家或者银行家作为信任和能力评估者的作用,除了某个特殊的群体愿意用借条兑换黄金,只是要求所有的交易用黄金清算;但是还会出现融资模型。

对这个例子进行敏感性分析可以说明其他几个特点。尤其是,尽管我们有意地选择在时间上不可分离的效用函数,但这些效用函数还是有时间贴现的。我们对 $\beta=1$ 求解。如果我们对 $\beta<1$ 求解,那么类型 2 交易者的禀赋就会相对下降,而且自然贴现因子就会明确地作为利率的决定因素出现。在模型的第 3 阶段会有黄金的流入。黄金流入的影响是会在第

2 期导致以黄金计价的价格上涨，还会出现较高的利率。如果没有黄金的流入，价格将会是(3/7,3/7,1;3/512,3/512,1;1,1,1)，而且第 2 期的利率将是 0。

所有货币市场的商品货币不足

假定经济中使用黄金的个人发现，即使有货币市场，他们至少在某些时期没有足够的货币来为有效率的交易融资，货币市场可能仍是活跃的。如果破产惩罚力度足够大并且边际效用是有界的，那么就会出现策略性的违约。但是黄金的缺乏不会扭曲价格。尤其是，当黄金短缺时，易损品的价格将会反映货币数量约束决定的边际效用关系。

我们注意到消费者可储存品和生产进程的出现导致的核心区别，并可以与只有易损品出现导致的区别相对比。有两种方式可以策略性地来对付货币短缺：通过将资产的交货时间提前，或者通过提高利率。因此，货币的数量影响资产的跨期配置。

总之，有着货币市场、足够的商品货币和连续统的交易者，但是没有外生的不确定性的策略性市场博弈(其中货币的现货市场价格被标准化为 1)，就可以决定每期的利率和与交易经济的 CE 相关的每个 NE 对应的利率序列。如果货币不足，仍然可以决定利率，但是 NE 不再与 CE 相重合，而且不是充分的。

有着部分抵押票据的共同的内部策略性哑银行

在没有足够黄金的经济中，人们可以找到一个折中方案——形成共同银行来持有黄金，或者签发由黄金作部分抵押的银行券。但是,这样会使银行家的储备打上折扣,并且用下面的交易替代了它:纸币部分是由实物作抵押,部分由法律、强制力和习俗作抵押。

如果没有策略性的破产,为了考察多期问题,我们需要修改第 1 卷第 10 章第 5 节中的部分储备银行模型。由于我们在第 4 章中将会研究纯法币下的货币体系,由于第 1 卷第 10 章第 5 节中已经研究了部分储备结构,我们在此不提供正式的多阶段储备银行的模型。

每个人都是有着商品货币或者信贷的竞争性的银行家吗?

一个流行的观点是,授予信贷中的公开的竞争可以有效地改变货币供应,并且对银行和银行规制的过分依赖未必会阻碍自由贸易。这个论点是建立在如下命题之上的:所有人显然都有权利对任何愿意接受他们信贷的人直接授予信贷。Arrow-Debreu 模型基本上可以被解释为所有的个人可以授予或者接受个人信贷的模型。个人跨期的净交易缺乏平衡就清楚地说明了这一点。虽然这种解释在数学上是一致的,但是更准确的表述也许是,它是从对描述信贷机制的问题中抽象出来的。

当人们试图构建几十个人(更不用说几百万个人)之间进行的可博弈的博弈时,这种机制就会说明按照一种快速和有效的方式清算个人欠条和信用证存在困难。正式地说,规定有着如下特征的没有黄金或者外部货币的可以博弈的博弈相对比较容易:在这个博弈中,所有的人提供他们以标准的等价物计价的票据,而且破产惩罚或者违约惩罚是按照标准等价物和某些功利主义的标准而非直接的经济标准衡量的。为了使得这个博弈是可行的,我们必须假定所有的欠条都被视为等价的,所有的“名字”(name)是相同的。这个假定忽略掉了信贷评价的现实性。

我们可以单独考察“每个人都是银行家”这个概念的最简单的模型是其中所有人都可以创造任意多数量信贷(如第1卷第9章第2节)的模型。这样的模型可以被视为所有的期货市场都有着完全有效的清算所的博弈,这样个人欠条就会达到均衡,而且在交易中不用普遍性的货币。(我们到第4章再研究纯粹的票据体系或者象征性交换体系。)

由于在本章中,我们只考察有着商品货币的经济,我们必须规定约束支付和信贷的博弈规则。运用商品货币交易的经济可以有信贷市场;贷款是借款人的欠条与放贷者的黄金作兑换,而非现代银行贷款中的借款人的欠条与银行的欠条作兑换。除非放贷者至少借出了他们自己的一部分票据,并且在交易中这种票据被接受为商品货币的替代物,否则就不会创造任何货币。如果没有创造任何货币,那么即使贷款对现有的货币进行了再分配,货币的总供应量也是不会发生变化的。运用商品货币的多阶段经济常常会在每期要求不同数量的货币,这样就使得在零利率下存在着有效的现货价格;除非竞争性利率的改变能够弥补固定的货币供给。(我们在第5章第3节回到内部货币市场。)

利率的期限结构

在上述的例子中,两个一期的贷款市场和一个两期的贷款市场都是活跃的。在均衡中,由无套利条件得出的长期贷款的利率是短期利率的积,平均利率则是短期利率的几何平

均数。因而,对该例我们有

$$(1+\rho_1)=7/4$$
$$(1+\rho_2)=4 \tag{3.6}$$

从而

$$(1+\rho)^2=(1+\rho_1)(1+\rho_2) \tag{3.7}$$

或者

$$(1+\rho)=\sqrt{7}$$

这里没有下标的 ρ 表示两期贷款在每期的复合利率。在没有外生的不确定性的经济中将短期利率转换成长期利率的简单的算术会得出一个期限结构,这个期限结构反映了某些时期货币短缺的商品货币经济中的变化。但是,如果存在外生的不确定性,我们就会遇到利率的期限结构方面的基本问题。

足值货币的神话

在我们考察有着法币或者票据信贷的经济之前,让我们最后一次考察商品货币和法币之间的关系。关于商品货币及其用途的通常理论是,商品货币是足值的,也就是说,它本身就可以作为消费者商品的保证,但在实际上,很少是这样的。只要商品货币在交易中被别人接受了,那么它的交易用途就会超过它的消费用途。因此,我们可以想象用茶叶这样的商品作为货币,这里茶叶的交易价值等于或者超过它的消费价值。如果习俗和法律都得以很好的确立,那么我们就可以用象征性的茶叶代替实际的茶叶。

假设一个社会决定用茶叶作为它的货币。每个人开始都拥有 2 单位茶叶。我们考察有三种易损品、三种交易者、没有信贷市场、以茶作货币的 T 期模型。我们假定交易者的效用函数采取了如下的形式:

$$\phi^1 = \sum_{t=1}^{T} \beta^t \left[2\sqrt{x^1 y^1} + z^1\right]$$

$$\phi^2 = \sum_{t=1}^{T} \beta^t \left[2\sqrt{y^2 w^2} + z^2\right] \tag{3.8}$$

$$\phi^3 = \sum_{t=1}^{T} \beta^t \left[2\sqrt{w^3 x^3} + z^3\right]$$

其中 x,y 和 w 是每期消费的三种易损品的数量。类型 1 的交易者每期得到了 2 单位的第三种易损品的禀赋;类型 2 的交易者得到了 2 单位的第一种易损品;类型 3 的交易者得到了 2 单位的第二种易损品。所有的交易都是现金交易。

现在我们考察茶叶只是作为商品的经济中的 CE。稍加思考,我们马上发现这个 CE 产生了每期每个交易者偏好的易损品的分布,并且每个效用函数是

$$\varphi^i = 2\,\frac{[1-\beta^{T+1}]}{[1-\beta]} + 2$$

这个效用函数考虑到如下观察:个人在第 1 期消费掉了所有茶叶,因为它将来的边际价值会下降。但是,在相应的"没有信任"的非合作博弈中,每个交易者在第 1 期只消费 1 单位茶,只用 1 单位茶来购买易损品,并储蓄 1 单位的收入来应付下一期的购买。如果博弈是有限的,所有的主体在最后都会

有令人满意的一杯茶，并且收益为

$$\varphi^i = 2\frac{[1-\beta^{T+1}]}{[1-\beta]} + 1 + \beta^T$$

茶叶显然可以充当任何数量的价值储藏手段，但是由于某些茶叶必须被用于没有信任的交易，所以这部分直到博弈结束之前是不能消费殆尽的。它有助于完成需求的双向一致，它是一个策略去耦（decoupling）工具，这使它可以容易地在大众匿名市场中用于出价。

在无限期界下，交易所需的茶叶是永远不能消费掉的。如果我们现在用“象征性的茶叶”代替实际的茶叶，那么我们就既有了交易用的茶，也可以将它消费掉！但是这种手法用对政府实施合约权力的信任代替了以价值交换价值的现货交易。这里的论点类似第1卷第13章第2节的讨论，但是不尽相同，在那里黄金被视为货币。

正式地，我们可以构建不再用茶作为货币的新博弈，而是引入纸币形式的新资产。在老的博弈中，初始禀赋为(0,0,2,2)，(2,0,0,2)，(0,2,0,2)，其中前三个项是三种易损品的（每期的）供应，第四项是茶在第1期的供应。在新的博弈中，茶叶不再作为货币，初始的禀赋为(0,0,2,2,2)，(2,0,0,2,2)和(0,2,0,2,2)，其中的第五项为法币的初始供应。

这个模型中的一个重要的观察是，法币看起来是每个人拥有的资产，它不是债务。从操纵层面来讲，虽然想“平衡账目”的会计师可能会坚持抵消项应该出现在联邦储备局或者其他银行的账户上；但是除非确实存在最后的清算日，否则它就不是需要清偿的债务。[④]

注　释

① 我们之所以选择成熟的芒果作为易损商品是因为我们需要一个边际效用总是足够大的商品，而不论其供给情况，成熟的芒果显然满足这一需要。

② 尽管在这一模型和其他模型中，由于我们考虑交易者连续统而偏离了严格的博弈可进行性，在一个可进行的博弈中，经济主体的集合还是有限的。

③ 我们并不证明在下面的各种模型中非平凡均衡的存在性。一般来说，问题在于有太多的均衡点，而非均衡的存在性。但是正式的多期有限博弈方策略市场博弈是有些难以处理的。对于有交易者连续统而无原子式博弈方的模型来说，与一般均衡变体相关的存在性证明可得自 Dubey 和 Shapley（1994），Dubey 和 Geanakoplos（1989）以及 Shubik 和 Yao（1989，1990b）。

④ 给定存在法币的无限期界模型，法币的价值可以由预期的其他人的接受程度来确定（参阅 Kiyotaki and Wright，1989）。

4

法币和信贷下的多期交易

从商品货币到票据

商品货币产生的困难

第1章、第2章和第3章论述到，作为价值储藏手段的商品货币本身就提供了交易中的保障。很多其他的资产也是价值储藏手段，但是它们不是交换手段。在多期经济中，如下情形在技术上是不可能的：没有租赁市场和货币借贷市场情况下，存在着能够开展有效率交易的商品货币。尤其是，如果商品货币要同时满足可变的消费需求和生产需求，那么它的供应必须随着时间的变化而变化。

货币的一个理想特性是，它易于生产和破坏，并能保持它的单位储藏价值。一些粗略的数字可以说明为什么现代经济没有用黄金、茶叶或者其他的物质商品作为货币。1990年美国的GDP是55 140亿美元；为这些生产进行融资的货币或者准货币的数量是(SAUS，1991，表802，单位：10亿美元)，

通货	267
旅行者支票	8
活期存款	289
其他可开支票的存款	333

这三种货币口径的总数为

M1	898
M2	3 439
M3	4 989

在第1章中，我们考察了用黄金或者茶叶作为通货的经济。世界上的黄金储量大约为100 000金衡制吨。据称，美国1991年的货币储量为111亿美元(SAUS，1991，表1318)，每金衡制盎司黄金的价值为42.22美元。按照现在360美元左右的市价进行调整，我们就得到了951亿美元；如果粗略地认为政府只持有40%多一点的美国现有黄金量，我们就得到了大约228亿美元，这个数量稍微低于美国的通货总量。

美国人均茶叶消费的上限是2磅；如果每磅价值5美元，那么我们就得到了大约25亿美元的价值。在小范围内黄金作为货币也许是可行的，但是茶叶的可能性就不大了。

黄金的生产是昂贵的，而且在封闭的体系中，是不会被损坏的。理想的货币是“神奇的效用丸”(magic utility pill)，除了在某些电子会计核算体系中，它最好不要有物质的表现形式，并且生产和破坏的成本都尽可能低。但我们却在某种程度上信任这种特殊的商品。这意味着要有对政府、银行和个人联合设计和实施的将票据和实物联系起来的规则的信任，从而最小化所需的信任。

货币的三种主要用途

在没有外生不确定性的经济中，货币主要有三种不同的用途。第一种用途为即时的交易融资，是制度性的而且深受制度现实和技术细节的影响。这种用途包括在途票据现象和对过渡性贷款的需求。一言以蔽之，它是商业交换车轮上的润滑剂。在价格可以立即形成和调整的完美体系中，这种需求会趋于(但不会等于)零。[①]第二种用途是为跨期交易融资，第三种用途是为社会的资本存量融资。

一个好的理论必须涵盖这三种用途。我们指出的第一种用途不断地变动，是制度性最强的，很难模型化。(本章和第5章对交易需求的考察都是公理性的；在第10章和第11章中，对这些假定将进行微观经济上的解释。)第二种用途是最清楚的。第三种用途要理解存续时间超过了其所有者的资产所需的初始条件和终点条件。本章对这一点的论述是概要的，因为完整的理解需要同时考察生产方面和交叠世代(overlapping generations，OLG)方面，而本章中不涉及这一点。

第四种用途：流动性

货币还有第四种用途，这种用途在有着外生不确定性的动态经济中是特别重要的。这就是流动性。流动性的概念在寡头性、不确定性的金融世界中非常重要，但在大众市场和没有外生不确定性的世界里是不会出现的。在没有增长和不确定性的世界里，商品货币的价值是它作为商品的价值，它在均衡中会平衡交易中的价值。如果交易不涉及时间，并且存在足够货币，那么运用商品货币的机会成本将是零。

在有外生不确定性的经济中，就会出现额外的机会成本。持有货币提供了保险。由于本章集中关注没有外生不确定性的经济中的信贷问题，所以没有强调对流动性的讨论。对流动性的完整的研究需要沿着第1卷第15章第1节或者Makowski的一篇有洞察力的文章中提供的思路构建策略性市场博弈。它至少还需要交易者的两个行动，这两个行动的区别在于选择的随机变量不同。概要地说，流动性与在市场不完全的货币经济中的对交易者的货币的长期或者短期锁定(locking up)有关。

在银行方面还有相关的局部均衡的文献(参阅Baltensperger，1980；Santomero，1984；Shubik and Sobel，1992)。对流动性含意的全面理解不仅需要局部均衡分析方法，还需要政府的货币政策要么是给定的要么是博弈的一部分的封闭的模型。

货币的这第四种用途，作为对风险的规避，可以认为是对Keynes持有现金(或者具有高度流动性的资产)的谨慎动机和投机动机的形式化。最后这个特征在Bewley(1980，1986a)的著作中得到了说明，也在Karatzas、Shubik and Sudderth(1994)的策略性市场博弈的背景中得到了论述。

对利率的追寻

在第1卷的第9、10和11章中，出现了货币的利率，并且(毫不奇怪)在有着足够货币或者法币、没有策略性违约的单期模型中，我们得到了零利率的结果。正的利率要么是作为货币数量约束(capacity constraint)的影子价格，要么是作为破产成本的准备金(reserve)而出现的。在这里考察的模型中，我们期望出现的货币利率不仅与很多经济主体长生不老的模型中出现的“自然时间贴现率”有关，也与总体生产的增长有关。我们的主要目的是对所谓的实际利率和货币利率进行比较。[②]

如果引入叠代，就不会出现基于时间贴现率上的理论。[③]因此，我们得到的增长率将不仅取决于商品，而且取决于人口，它们既包括消费者，又包括生产性的资本存量。

虽然上面的论述与 Allais(1947)、Samuelson(1958)、Solow(1988)和很多其他人的洞见和分析一致，但是我们必须加上更符合 Keynes 思想的一点。由于纸币或者电子货币是社会的发明，而非物质商品，所以将货币利率和控制货币体系的规则决定的价格联系起来的因素是任意的。换言之，单是个人经济动机就可以弱化这种正式的体系。体系中的这个多出来的自由度产生了一个必须从竞争性市场以外来决定的变量。必须规定货币量或者利息率。

货币利息率的概念仅仅是每期需要的在 t 期和 $t+1$ 期之间的跨期交易需要的跨期交换率，这里所有的价格都是以每期当期货币作为标准的。从更加策略性的观点来看，货币利率是某期为策略性控制单位货币的运用所支付的价格。这个价格取决于经济的复杂性水平，它反映了很多不同的因素。全面理解这个利率的作用需要理解每个单独的因素，也需要理解这些因素之间的相互作用。

在没有违约、交易需要时间和利用其他资源的经济中，法币利率将反映货币性交易的机会成本。如果货币是一种商品，那么这种利率同时还反映了贷款下货币的消费者服务所放弃的消费。

当不存在交易费用但存在违约可能性的情况下，利率将反映策略性违约溢价。在有着策略性违约的多阶段经济中，利率还必须反映债权人—债务人清算规则中公正分配的内容。

在有着商品货币而没有违约的经济中，如果没有足够货币（即 NE 解不是内点解），那么利率将反映产量约束的影子价格。在有着生产、但是没有不确定性和违约的经济中，货币利率和增长之间必然存在着某种关系。但是，除了在线性的技术下，增长是很难简单地定义的。

在有着耐用品的多期经济中，对任何经济而言，有限期界最多是一个糟糕的近似。如果我们运用这种近似，那么赋予博弈结束时残余资产某种形式的残余价值（residual worth）是合理的。但这相当于考虑或者参数化最终资产的残值，这种残值有助于交易者形成关于他们最终存量的预期。因此，利率会受这种预期的影响。

从策略性的观点来看，控制货币供应并规定货币利率的政府不能完全控制增长，或者不能控制按照不同的借贷形式出现的最终利率。生产者、金融中介机构和消费者的行动将影响政府行动的结果。在运用货币并且政府和私人经济主体都有策略性力量的经济中，不存在“自然利率”。相反，不同形式的信贷有着有效的价格，这些价格产生自控制货币机制的政府和经济中其他主体的相互作用。

研究利率的第一种方法是考察将物质商品用作货币但不存在货币的贷款市场体系的利率。在这种体系中，由于跨期或者期内的商品货币贷款，纸币以欠条（IOU）的方式进入经济。由于纸币是人们发明的商品，所以当它被引入经济中时，政府就得到了一个控制变量，而且为了封闭(close)经济，必须控制数量或者价格。

对负名义利率的附带评论　一个众所周知的事实是，在通货膨胀的经济中，名义正利率会导致负的实际利率。但是我们必须考察名义利率为负的可能性。在有着交易费用但没有增长的世界上，很容易构建名义利率为负的例子。如果黄金被偷的可能性足够高，那么个人会愿意支付保管费(safe-keeping fee)来储藏他们的黄金。如果不存在储藏费用并且货币是一种耐用品，并且个人通过库存或者储藏货币而非按照负的利率借贷而永远可以得益，那么在均衡中就不会出现负的货币利率(尽管这种可能性在先验上不能排除)。

有法币却没有贷款情况下的多期交易

本节和下一节中的论述仅限于有着连续统的主体的多阶段有限期界市场博弈。这些论述的目的是将这些博弈与相关的一般均衡模型进行比较，并且研究在全面界定交易的结构及其对价格体系的含义方面出现的新问题。经过一定的努力，可以表示有着如下特点的一般经济：经济主体是一个连续统，不同的经济主体的类型有任意 n 个，m 种商品，T 个时期。由于这样的模型有着如下良好的性质：选择集具有紧性、连续性和凸性，所以证明存在着纯策略非合作均衡看来是很容易的。经济分析中有意义的地方在于刻画交易结构带来的变化。这里的分析表明，三期模型的复杂性足以理解使用法币的经济的基本特征和货币供应的变化产生的问题。由于这个原因，这里的研究仅限于几个具体的三期经济，这种经济刚好能够说明使用法币的多期经济中出现的新问题和新特征。

尽管对商品不同的策略性作用的全面的基本理解需要三种商品：一种易损品、一种可储藏消费品和一种耐用品，但对大多数分析目的而言，下文我们只运用了一个具有一种可储藏消费品的模型。分析跨期借贷和内部货币市场的可能性起码需要两种类型的经济主体；改变货币供应需要引入互助银行(mutual bank)或者外部银行(outside bank)。

三期的一般均衡经济

由于我们想具体地研究货币供应的变化，所以我们选择了能够说明资金流和市场结构的最简单的例子：有着两种类型个人的三期模型，其中所有的个人有着对数效用函数。我们假定类型 i 的每个个人在 t 期的拥有每期拿来出售的 A_{it} 个易损的“吗哪”，其中 $t=1,\cdots,3$。可储藏品的初始供应为 C_{i_1}，耐用品的初始供应为 B_i。易损品必须在其存在时间内消费掉，可储藏品在被消费前是被库存的，并且(理想的)耐用品为每期提供了要么被使用要么浪费掉的服务流(我们避免了如下策略性的情况：通过调整消费比率使耐用品毁损)。

由于我们想与有着不同市场结构的经济进行比较，所以我们使用一般均衡模型作为三期、三种物品经济的一个基准。在我们将这种结构当作策略性市场博弈时，我们运用了更加简单的、非策略性的符号表示。

在下面的讨论中，除非另外明确说明，我们考察的价格都是消费的商品或者服务的期货价格，但非耐用品的价格。我们可以评估消费给每人在每期中的价值，但是我们没有说明交易数额。

我们使用的符号如下：

A_{it} =经济主体 i 在 t 期拥有的易损品的禀赋；

B_i =经济主体 i 拥有的耐用资产的初始禀赋；

C_{it} =经济主体 i 在 t 期拥有的可储藏消费品的禀赋；

I_{it} =经济主体 i 在 t 期开始、但在得到禀赋之前储藏的耐用消费品；

β=贴现因子；

α_t =易损品效用函数的参数；

δ_t =可储藏消费品效用函数的参数；

γ_t =耐用服务效用函数的参数；

x_{it} =经济主体 i 在 t 期消费的易损品；

y_{it} =经济主体 i 在 t 期消费的耐用服务；

z_{it} =经济主体 i 在 t 期开始时的耐用资产库存水平；

α_{it}^{+} =经济主体 i 在 t 期购买的耐用资产的数量；

α_{it}^{-} =经济主体 i 在 t 期出售的耐用资产的数量；

s_{it}^{+} =经济主体 i 在 t 期购买的耐用服务的数量；

s_{it}^{-} =经济主体 i 在 t 期出售的耐用服务的数量；

w_{it}^{+} =经济主体 i 在 t 期购买的可储藏消费品的数量；

w_{it}^{-} =经济主体 i 在 t 期出售的可储藏消费品的数量；

c_{it} =经济主体 i 在 t 期消费的可储藏消费品的数量；

p_t = t 期易损品的价格；

p_t^{G} = t 期耐用品的价格；

p_t^{GS} = t 期耐用服务的价格；

p_t^{C} = t 期可储藏消费品的价格。

我们假定可储藏品的保存时间为 3，耐用品的“某期突然失效"持续时间为 3;也就是说,它以完好的形态持续三期,然后就化为碎片。人们在第 1 期的资源禀赋只有耐用品;因而结束时不会留下任何东西。

博弈方 i 的最大化是由下式给出的:

$$\max\sum_{t=1}^{3}\beta^{t-1}\left[\alpha_t\ln(x_{1t})+\delta_t\ln(c_{1t})+\gamma_t\ln(y_{it})\right]$$

$$\text{s.t.}\quad \sum_{t=1}^{3}p_t x_{it}-\sum_{t=1}^{3}p_t A_{it}+\sum_{t=1}^{3}p_t^G(\alpha_{it}^+-\alpha_{it}^-)$$

$$+\sum_{t=1}^{3}p_t^{GS}(s_{it}^+-s_{it}^-)+\sum_{t=1}^{3}p_t^C(w_{it}^+-w_{it}^-)=0$$

$$\begin{aligned}
&I_{i1}=0 \qquad\qquad\qquad\qquad\qquad\qquad\qquad\qquad\qquad (4.1)\\
&I_{it}=I_{it-1}-c_{it-1}+w_{it-1}^+-w_{it-1}^-+C_{it-1},\quad t=2,3\\
&I_{i3}-c_{i3}+w_{i3}^+-w_{i3}^-+C_{i3}=0\\
&y_{it}=z_{it}+\alpha_{it}^+-\alpha_{it}^-+s_{it}^+-s_{it}^-,\quad t=1,2,3\\
&z_{i1}=B_i\\
&z_{it+1}=z_{it}+\alpha_{it}^+-\alpha_{it}^-,\quad t=1,2\\
&\alpha_{it}^-+s_{it}^-\leqslant z_{it},\quad t=1,2,3
\end{aligned}$$

Quint 和 Shubik (1995a,1995b)给出了所有这些方程及解的直接推导。经济主体面对的最优化问题如等式 4.1 所示为最大化他们的个人"效用、得分或收益",约束条件为预算约束。

由于一般均衡模型中没有货币并允许在交易模式中存在若干自由度,因而不可能明确指出潜在的现金流约束。例如,如果一种商品是可储藏消费品,比如说十罐沙丁鱼,交易者 i 拥有它们,并且想在期间 1 和期间 2 各吃五罐,那么他可以现在将十罐沙丁鱼都卖出去并在每期购买五罐，或者他可以吃掉五罐并保存五罐，他还可以吃掉五罐，卖出五罐并在下一期购买五罐。所有这些交易模式都产生不同的现金流模式，但是在具有完全信任、不考虑时间性的静态一般均衡中是不对它们作出区分的。因为在下面存在仅使用现金的现货市场的三期交换经济模型中，我们说明了一般均衡结构的一个隐含结构，所以我们可以考察在三期模型中出现的六种不同的总现金流模式。

没有借贷但有偿还的策略性市场博弈

为了突出个人选择的策略性特征，我们现在变换符号。模型按照形成价格的经济主体的报价(bid)重新构造。而且，我们还明确地对经济中的交易方式施加了某种交易结构。

一般均衡模型可以被视为如下交易技术的最极端的特例：每人都使用记账货币，每人都有一本普通支票簿，所有人都接受所有开出的支票。惟一的约束为在交易结束时保持账目平衡。在另一方向的一个例子为所有的消费都必需经由市场，这意味着要消费所有的易损品，必须将它们拿到市场上出售。

个人可以直接消费耐用品的服务，他们也可以出售耐用品或者出租它们带来的服务。他们可以直接消费可储藏品，也可以为了消费或者库存的目的而买卖。这个模型是对经济现实的合理近似。有一些自家生产的蔬菜是不进入市场的易损品，但是其他情况下几乎所有的易损品都要进入市场。在我们的社会里，市场一个重要的潜在源泉和避税来自于人们不会赋予自给自足的服务和汽车之类的耐用品任何价值。

正如政府控制的一个极端情形一样，我们可以考察一个这样的经济，在这个经济中，所有的资产和服务必须经过市场。这就要求，想使用他们自己的耐用品的个人必须在市场上提供资产和资产的当期服务，并购买他们想消费的任何服务。有很多日常的现实细节使得这种行为是不可行的或者是不方便的，但是这却是征税人梦寐以求的事情，可以通过实验博弈来进行。

我们引入了被称为“货币”的制度性内容，人们用货币来购买商品或者服务。在下面的数学模型中，我们指出，由于价格是由报价来形成的，在模型中，支出和收入之间引入了一期的时滞。虽然熟悉宏观经济学文献的人可以看出这点类似 Clower 约束，但是时滞的时间长短和严重性都受信贷技术结构的影响（正如第 5 章中指出的那样）。清算所的存在、三十天的发票、银行信贷和许多其他的支付安排都会改变约束。对于货币经济或者信贷来说重要的不是收入和支出之间的一期的时滞，而是用票据工具替代直接价值的支付——还有合约世界隐含的整个评估、实施和信任结构。在这里的模型和下一小节中，我们在数学上对货币可以当成实际资产的经济和货币不能当作实际资产的经济进行了区分。

假设交换经济被模型化为有限的几期。如果货币被当作物理上不毁损的耐用品（纯粹的抽象会提供一个好例子），我们必须规定货币或者其他剩余（left over）资产的终端条件。有两种自然的方法可以做到这一点。我们可以设想法币和所有其他剩余资产没有残值。在这种情形下，货币与其他资产一样也是一种资产。初级的逆向归纳就可以使我们确信所有人在最后一期都会支出其所有货币，这是因为此后货币就没有任何价值了。而且,所有的耐用品和储藏品都会被其所有者使用,这是因为不必在最后一期中提供出售的商品就不会被提供出来。

与"没有残余价值"规则形成鲜明对照的是,博弈结束后,我们可以将法币视为经济主体与政府或者裁判之间的欠条的交换。因此,博弈结束后,经济主体必须归还他们在博弈开始时得到的法币。在这种情形下,货币不应视为资产。由于我们想强调经济中的策略性方面,自然会问的一个问题是如果个人不归还政府起码相同数量的法币,那么将会出现什么后果。我们考察如下情形,对不能做到这一点的人施加某种惩罚。在一般均衡模型中,这一点隐含在预算约束中。在第1卷第2章第2节中,终端条件类似于预算约束。随着时间界限的延长,一个需要考虑的关键问题是,需要对偏好和资源施加什么条件才会使得这两种不同的模型给出趋向相同的或者不同的极限的解?

我们将上一小节中的一般均衡模型重新构建成只有现货市场交易的策略性市场博弈。为了简便起见,我们只考察可储藏消费品的交易,而且在这种交易中,所有的消费都是货币化的,也就是说,所有的交易都是通过市场进行的。个人的策略采取了如下的向量形式(b_{i1},w_{i1},c_{i1},b_{i2},w_{i2},c_{i2},b_{i3},w_{i3},c_{i3}),这里 $b_{it}s$ 是购买可储藏品的货币出价,$w_{it}s$ 是待售的可储藏品。

我们使用如下符号:

M_i=经济主体 i 的初始货币禀赋;

C_{it}=经济主体 i 在时间 t 拥有的可储藏消费品的禀赋;

I_{it}=经济主体 i 在得到禀赋前在时间 t 的可储藏消费品

的库存；

β=贴现因子；

δ_{it}=时间 t 内经济主体 i 关于可储藏消费品的效用函数的参数；

c_{it}=经济主体 i 在时间 t 消费的可储藏消费品；

p_t=时间 t 内可储藏消费品的现货价格；

b_{it}=时间 t 内个人 i 对可储藏消费品的出价；

w_{it}=i 在期间 t 待售的可储藏消费品的数量；

d_{it}=t 期末 i 库存的增加。

其中

$$d_{it} = \frac{b_{it}}{p_t} - c_{it}, \quad c_{it} \leqslant \frac{b_{it}}{p_t}$$

模型 1　我们的第 1 个模型刻画了类型 i 的经济主体的最大化问题：

$$\begin{aligned}
&\max \delta_{i1}\ln(c_{i1}) + \beta\delta_{i2}\ln(c_{i2}) + \beta^2\delta_{i3}\ln(c_{i3}) \\
&(\lambda_i)\quad \text{s. t. } M_i - b_{i1} + p_1 w_{i1} - b_{i2} + p_2 w_{i2} - b_{i3} \\
&\qquad\qquad + p_3 w_{i3} - M_i = 0 \\
&(\lambda_{iA})\quad b_{i1} \leqslant M_i \\
&(\lambda_{iB})\quad b_{i2} \leqslant M_i - b_{i1} + p_1 w_{i1} \\
&(\lambda_{iC})\quad b_{i3} \leqslant M_i - b_{i1} + p_1 w_{i1} - b_{i2} + p_2 w_{i2} \\
&(\lambda_{iD})\quad w_{i1} \leqslant C_{i1} \\
&(\lambda_{iE})\quad w_{i2} \leqslant C_{i1} + C_{i2} - w_{i1} + d_{i1} \\
&(\lambda_{iF})\quad w_{i3} \leqslant C_{i1} + C_{i2} + C_{i3} - w_{i1} - w_{i2} + d_{i1} + d_{i2} \\
&(\lambda_{iG} - \lambda_{iI})\quad c_{it} \leqslant b_{it}/p_t
\end{aligned} \tag{4.2}$$

将它与上一小节中的模型相比，我们就会发现，整体预算约束看上去基本上是相同的（对符号的不同加以调整）。不同的地方在于，预算方程的开始是 M_i，预算方程的结尾是($-M_i$)。而且，价格是现货价格；虽然稍加思考就会发现，如果没有贷款市场，那么在这个模型的解中，现货价格和期货价格就会是相同的。

由于交易在这里是很重要的，所以要把十个不等式和两个等式加起来，从而既可以说明现金流约束，也可以说明存货约束(Quint and Shubik，1995b 给出了解的细节)。在此我们仅限于解释这个解并阐述可能出现的不同类型的现金流。

稍加思考并经过某些计算就可以说明，有着现货市场的策略性市场博弈中消费的配置与相应的一般均衡模型中的配置是相同的。一般均衡中的价格定义域为开区间$(0,\infty)$；也就是说，价格水平可以乘以任意的常数。策略性市场博弈中的价格定义域为半开区间$(0,p^*]$，这里 p^* 是由 $M=M_1+M_2$，即货币的数量(也是初始分配)与每期销售的货物数量确定的。[4]总是存在足够的纸币，但是其流通数量随储藏水平变化。如果我们指明一个适当的有限违约惩罚，那么价格区间为$[p_*,p^*]$，其中下界由违约的边际成本决定。

在三期经济中，我们通常会遇到六种不同的总现金流形式，尽管还存在第七种不太可能出现的情形，即在每一期所有的现金流都是相同的。我们将最大的现金流记为“高”，中间的记为“中”，最低的记为“低”。七种曲线分别为，情形 1:“所有期间都相同”；情形 2:“低 中 高‘增长型’”；情形 3:“低 高 中”；情形 4:“中 低 高”；情形 5:“中 高 低”；情形 6:“高 低 中”；情形 7:“高 中 低‘下降型’”[Quint 和 Shubik(1995a)给出了所有图形，其中不仅包括总现金流，而且还包括类型 1 和类型 2 交易者的现金流]。在这里所有的交易者都使用法币，但是到第 5 章第 2 节我们会注意到可以使用内部信贷代替法币。

大多数增长理论都讨论情形 1、2 和 7，在这些情形下，货币供给是不需要变化的。只需要基本相同的货币数量。如果我们限于分析两期，那么我们能够看到的情形只有恒定、增长和下滑。要提出货币供给变化中的一般问题，则至少需要考虑三期模型。可能存在对存货、出售商品和回购商品之间进行选择，这就会产生不同的现金流，为了完整地定义现金流，我们施加额外的交易惯例，这些惯例在实际中由诸如存货运送成本、运输和会计簿记的交易成本决定。[5]

没有借贷关系的策略性市场博弈

在本小节中，交易者拥有的结构与前面第 1 小节中的结构完全相同。数学建模要在总预算约束中去掉（$-M_i$）。法币现在成了其所有者的全部资产。这个模型的解将与上一小节中博弈的解有着相当的不同。由于在第 4 期（即"交割期"）剩余的货币不必归还、没有进一步的价值，所以通过逆向归纳法可以知道，所有的交易者将在第 3 期花完他们的法币。这样就完全确定了价格水平；这与一般均衡模型形成鲜明对比，在一般均衡模型中，$(0,\infty)$区间内的任何价格水平都是可行的；与有还款的策略性市场博弈也形成鲜明对比，其中$(0, p^*]$区间内的价格水平都是可行的。

这里在建模和与现实相吻合方面出现了一个基本问题。在提供三种不同的分析时，我们强调模型本身；并且由于这个原因，在期终"没有未来"的任何有限期界模型都是关于现有经济的糟糕的模型。

模型 2　如果我们建立与模型 1 具有直接可比性的模型,那么新的模型(用同样的符号表示)仍然可以由类型 i 的经济主体的最大化问题来刻画:

$$
\begin{aligned}
&\max \delta_{i1}\ln(c_{i1})+\beta\delta_{i2}\ln(c_{i2})+\beta^2\delta_{i3}\ln(c_{i3})\\
&(\lambda_i)\quad \text{s.t.}\quad M_i-b_{i1}+p_1w_{i1}-b_{i2}+p_2w_{i2}-b_{i3}=0\\
&(\lambda_{iA})\quad b_{i1}\leqslant M_i\\
&(\lambda_{iB})\quad b_{i2}\leqslant M_i-b_{i1}+p_1w_{i1}\\
&(\lambda_{iD})\quad w_{i1}\leqslant C_{i1}\\
&(\lambda_{iE})\quad w_{i2}\leqslant C_{i1}+C_{i2}-w_{i1}+d_{i1}\\
&(\lambda_{iF})\quad w_{i3}=C_{i1}+C_{i2}+C_{i3}-w_{i1}-w_{i2}+d_{i1}+d_{i2}\\
&(\lambda_{iG}-\lambda_{iI})\quad c_{it}\leqslant b_{it}/p_t
\end{aligned}
\tag{4.3}
$$

我们注意到,模型 2 和模型 1 之间惟一的区别在于,预算约束(λ_i)发生了改变。这个变化使约束(λ_{iC})成为多余;因此,就消除了这个约束。但遗憾的是,给定代理人是一个连续统,对于下一节的第 5 小节中选择的例子来说,由于没有存货能够延续到最后一期,所以会有一个古怪的解;因此,第三期的受益是 ln(0),尽管对连续统的经济主体来说在均衡中会出现$-\infty$。

我们可以设计其他几种方法使得存货可以延续到最后一期。我们可以施加如下的博弈规则:某些经济主体在最后一期必须有新的禀赋。一个可以进行的博弈有解的具体(ad hoc)条件是,在最后一期,每个人的消费都不能超过他们想出售的数量。这个条件可以表述为

$$C_{i3}\leqslant C_{i3}+I_{i3}$$

这种或者那种在物理上将商品往前推的惯例,产生了一

个具有不是非常病态的 NE 解的可进行的博弈,可以用如下的证明来理解:极限处的博弈的值可以用博弈的极限值来逼近。如果是这样,那么这里使用的惯例最差不过是一个用来研究无限期界的数学技巧。

最令人满意的“修正办法”(也是很著名的办法)是,对第四期中剩余的货币和商品赋予一个正的残值。这个残值可以参数化处理为在新的博弈中货币的预期的使用价值。例如,Grandmont(1983)就强调了,货币具有预期的价值可以证明他的模型中的均衡的存在性。

有两种简单的方式可以引入货币的预期价值。我们可以在效用函数中加入第四项,也可以增加额外的约束。等式(4.4)使用的是第一种方法:

$$U_i = \delta_{i1}\ln(c_{i1}) + \beta\delta_{i2}\ln(c_{i2}) + \beta^2\delta_{i3}\ln(c_{i3}) + \hat{\mu}_i m_{i4} \tag{4.4}$$

其中

m_{it}=类型 i 的个人在 t 期开始时持有的货币的数量;

$\hat{\mu}_i$=博弈结束时单位货币对类型 i 的个人的价值

不同于修改收益函数的另外一种方法是在博弈结束时引入额外的约束——至少要求剩余一定的货币。令

$\hat{M}_{iT+1}$=博弈结束时类型 i 的个人持有的理想的货币数量的下界,其中

$$m_{i,4} \geqslant \hat{M}_{i,4} \tag{4.5}$$

将条件(4.5)与(4.3)中的第一个约束结合可以得到关于第 4 章第 2 节的模型(4.2)给出的预算约束的修正版:

$$M_i - b_{i1} + p_1 w_{i1} - b_{i2} + p_2 w_{i2} - b_{i3} - \hat{M}_{i4} = 0 \quad (4.6)$$

我们将(19.6)写成等式是因为均衡中的最优化条件要求：$m_{i4} = \hat{M}_{i4}$。

如果 $\hat{M}_{i4} = M_i$，模型 2 就变成了模型 1。

为了保持一致性，要得到均衡，我们必须要求 $\sum \hat{M}_{i4} = M = \sum M_i$。大致来说，一个动态的经济模型拥有的变量的数量是均衡模型刻画的变量的两倍；动态模型中的这些变量是事前(预测)值和事后(实现)值。均衡理论的一致性要求减少了变量的数量。

有着法币和借贷的多期交易

上面提及的三个模型的区别说明，如果交易不受隐含存在的充足的信贷所限，那么从每期都必须满足的一系列不等式中可以得出一个信贷的影子结构。在一般均衡模型中，任选价格标准化(price normalization)可以看作等价于引入影子法币来充当违约罚金的等价物(numeraire)。这一点可以通过需要偿还初始货币和存在着贷款的外部银行的策略性市场博弈来充分加以说明。这个模型在下面一点上与一般均衡模型是有紧密联系的：博弈中的 NEs 与一般均衡中的 CEs 中的商品和资源的分配和相应的期货价格都是相同的。必须强调的是，现金流约束提供了信贷、项目评估、尽职调查(due diligence)的控制结构，并提供了动态企业制度的动态变化的结构。

对偶解:价格水平、储藏和利率

在接下来的两个模型中,我们考察引入外部贷款和存款便利的影响。从建模和分析中得到的结论是,每个经济中都有两个解,一个解用储藏(hoarding)来调整跨期的价格,另外一个解运用外部贷款市场。无借贷的模型和有借贷的模型之间区别的一个简单的数学解释是,对前者而言,货币的初始数量 M 是固定不变的,相对价格由存货来加以调整,并且所有的现金流条件基本上都是不等式;而对后者而言,货币利息率为正,没有人会保留闲置的头寸,因此,有着借贷的现金流条件将作为等式进入,而流入和流出经济的货币将会流出或者流入中央银行。从时间上来说,货币供应将严格地服从现金流的规律(contour)。下一节我们将指出,内部货币市场提供了一个中间情形。

有着借贷和偿还的策略性市场博弈

这里,我们通过如下方式来修改本章第 2 节中提出的模型:引入一个外部银行,该银行每期外生地固定了一个货币利率 ρ。可以在$(0,\infty)$的范围内任意地固定 ρ。令 $\rho=0$ 会出现一个特例,在这个特例中,会出现建模和策略集有界的问题,而且储藏(hoarding)与借贷不容易区分开来。

有没有可以竞争性地得到 ρ 的方法?或者有没有可以施加在可以确定利率的模型上的"自然的"条件?存在着可以用来确定利率的额外的外生条件:在任何两个或者更多的时点上得到相同的物理状态的任何经济中,现货价格应该是相同的。这要求 $\beta(1+\rho)=1$。这是一个无通货膨胀或者无通货紧缩的条件。它对政府选择中央银行利率作为控制变量施加了政治经济方面的限制。

我们这里所用的符号与模型1和模型2(本章第2节的第2和第3小节)的符号是相同的,但下列符号是新的:

u_{it}=类型i的个人在时期t存在银行的货币;

v_{it}=类型i的个人在时期t从银行借出的货币;

ρ=外生的(存款和贷款)利率。

我们将类型i个人的策略表示为:$u_{i1}, v_{i1}, b_{i1}, w_{i1}, c_{i1}, u_{i2}, v_{i2}, b_{i2}, w_{i2}, c_{i2}, u_{i3}, v_{i3}, b_{i3}, w_{i3}, c_{i3}$。

模型3　我们按照如下方式修改最优化模型1(本章第2节):

$$\max \delta_{i1}\ln(c_{il}) + \beta\delta_{i2}\ln(c_{i2}) + \beta^2\delta_{i3}\ln(c_{i3})$$

$$\begin{aligned}(\lambda_i)\quad \text{s.t.}\quad & M_i + v_{i1} - u_{i1} - b_{i1} + p_1 w_{i1} \\ & + (1+\rho)(u_{i1} - v_{i1}) + v_{i2} - u_{i2} - b_{i2} + p_2 w_{i2} \\ & + (1+\rho)(u_{i2} - v_{i2}) + v_{i3} - u_{i3} - b_{i3} + p_3 w_{i3} \\ & + (1+\rho)(u_{i3} - v_{i3}) - M_i = 0\end{aligned}$$

$$(\lambda_{iA})\quad b_{i1} \leqslant M_i - u_{i1} + v_{i1}$$

$$(\lambda_{iB})\quad b_{i2} \leqslant M_i + \rho(u_{i1} - v_{i1}) - b_{i1} + p_1 w_{i1} - u_{i2} + v_{i2}$$

$$\begin{aligned}(\lambda_{iC})\quad b_{i3} \leqslant & M_i + \rho(u_{i1} - v_{i1}) - b_{i1} + p_1 w_{i1} + \rho(u_{i2} - v_{i2}) \\ & - b_{i2} + p_2 w_{i2} - u_{i3} + v_{i3}\end{aligned}$$

$$(\lambda_{iD})\quad w_{i1} \leqslant C_{i1}$$

$$(\lambda_{iE})\quad w_{i2} \leqslant C_{i1} + C_{i2} - w_{i1} + d_{i1}$$

$$(\lambda_{iF})\quad w_{i3} = C_{i1} + C_{i2} + C_{i3} - w_{i1} - w_{i2} + d_{i1} + d_{i2}$$

$$(\lambda_{iG} - \lambda_{iI})\quad c_{it} \leqslant b_{it}/p_t$$

如果没有破产,那么这意味着个人存款得到的利息与他们借款所付的利息相互抵消了。但是给定利率,这个条件足以确定价格水平。简言之,在整个经济存在期间,每个交易者得到了一个无息贷款的补贴。正如本章第 3 节的第 5 小节指出的那样,这会影响价格水平。

有借贷但无偿还的策略性市场博弈

模型 3 和模型 4 之间的数学关系与模型 2 和模型 1 之间的数学关系是相同的:都从总的预算等式中去掉了 $\alpha-M_i$。在模型 2 中,个人被迫"浪费"他们在第 3 期支出的货币;在这里的模型中,个人要确保在第 4 期清算时,他们每人都欠外部银行 M_i 的利息支付。因此,在博弈结束时,所有的货币都被支付额外借款所占用。

在没有借贷的有限博弈中,如果所有的经济主体在模型 1 中必须将货币归还给银行,但在模型 2 中不必归还,那么清算期(第 4 期)的收入就具有与不能偿付的罚金有关的价值。

有着外部银行的策略性市场博弈中的 NE 与 CE 重合的可能性是由零测度集给出的。如果存在着对货币的在途需求(float need),那么这种可能性微妙地(而且多少有点不合理地)取决于所有人开始拥有适当数量的货币。其他情况下,在零利率下进行在途票据贷款(float loans)可以达到最优(第 6 章第 1 节将会进一步地讨论这一点)。

我们的符号与模型 3 中的符号是相同的。我们将类型 i 个人的策略表示为 $u_{i1}, v_{i1}, b_{i1}, w_{i1}, c_{i1}, u_{i2}, v_{i2}, b_{i2}, w_{i2}, c_{i2}, u_{i3}, v_{i3}, b_{i3}, w_{i3}, c_{i3}$。

模型 4

$$\max \delta_{i1}\ln(c_{i1})+\beta\delta_{i2}\ln(c_{i2})+\beta^2\delta_{i3}\ln(c_{i3})$$

$$
\begin{aligned}
(\lambda_i) \quad \text{s. t.} \quad & M_i + v_{i1} - u_{i1} - b_{i1} + p_1 w_{i1} \\
& + (1+\rho)(u_{i1} - v_{i1}) + v_{i2} - u_{i2} - b_{i2} + p_2 w_{i2} \\
& + (1+\rho)(u_{i2} - v_{i2}) + v_{i3} - u_{i3} - b_{i3} + p_3 w_{i3} \\
& + (1+\rho)(u_{i3} - v_{i3}) = 0
\end{aligned}
$$

$$(\lambda_{iA}) \quad b_{i1} \leqslant M_i - u_{i1} + v_{i1}$$

$$(\lambda_{iB}) \quad b_{i2} \leqslant M_i + \rho(u_{i1} - v_{i1}) - b_{i1} + p_1 w_{i1} - u_{i2} + v_{i2}$$

$$
\begin{aligned}
(\lambda_{iC}) \quad b_{i3} \leqslant\ & M_i + \rho(u_{i1} - v_{i1}) - b_{i1} + p_1 w_{i1} + \rho(u_{i2} - v_{i2} \\
& - b_{i2} + p_2 w_{i2} - u_{i3} + v_{i3}
\end{aligned}
$$

$$(\lambda_{iD}) \quad w_{i1} \leqslant C_{i1}$$

$$(\lambda_{iE}) \quad w_{i2} \leqslant C_{i1} + C_{i2} - w_{i1} + d_{i1}$$

$$(\lambda_{iF}) \quad w_{i3} = C_{i1} + C_{i2} + C_{i3} - w_{i1} - w_{i2} + d_{i1} + d_{i2}$$

$$(\lambda_{iG} - \lambda_{iI}) \quad c_{it} \leqslant b_{it} / p_t$$

注意这个模型和模型 3 的惟一区别是，在这个模型中我们已经从约束(λ_i)中消除了最后的一项$-M_i$。

价格水平、有限期界和破产约束

在上面的模型中，我们没有明确地模型化破产条件而走了捷径。本书的第 1 卷第 9 章、第 10 章和第 11 章已经指出，在有借贷但是没有外生不确定性的博弈中，不存在最优的破产法，并且在均衡中没有人会破产。但是，在构建可以进行的博弈中，应该规定破产规则；这样，一旦出现不是完美协调的行为，就可以得到逻辑上的完备性并可以处理实际的破产。

看来任何正数量的货币都可以维持有效的交易。但是我们没有明确货币数量和将货币供应与个人的偏好直接联系起来的违约罚金之间的关系，这是因为罚金与货币形式的违约是有关的。

在我们的大多数讨论中，我们已经将时间 t 的违约罚金描述为 $\mu\min[\mathrm{Debt}_t,0]$ 可分离的一项，这里债务是在时间 t 到期但未偿付的数量。⑥数量 μ 给我们提供了一个关于罚金的简单形式，该罚金直接的经济学解释类似于 Hicks 的收入的边际效用(加上一个负号)。直到我们引入外生的不确定性并期望发现有着实际破产的均衡，由于在破产的边际上单位货币违约的价值将小于或者等于 μ，这种函数形式可以任意地一般化。

在有着借和贷的策略性市场博弈的一期模型中(本书第 1 卷的第 11 章和第 12 章)，我们已经发现不同价格水平上策略性破产的可能性取决于货币数量和违约参数，即数对 $[M,\mu]$。认识 Arrow-Debreu 模型的一种方式是，违约罚金和货币供应都是无穷大。结果是价格水平定义在开区间 $(0,\infty)$ 上。当个人可以通过出价用单纯的标准等价物单位表示的欠条来货币化他们的债务，违约罚金也用标准等价物来标示，那么价格水平就定义在半开区间 $[p^*,\infty)$ 上。当发行有限量的货币 M，而且必须要偿还时⑦，价格水平就定义在闭区间 $[p_*,p^*]$ 上，这里一般而言 $p^*>p_*$。但是可以证明，存在违约罚金使得价格水平可以完全确定下来。下面将会指出，对 $k>0$ 而言，任选 $(kM,\mu/k)$，都会完全地确定价格水平。从直觉上看，M 提供了价格水平的上界，μ 则提供了没有策略性违约情况下可以维持的价格水平的下界。价格水平越低，边际货币单位的价值越高，从而人们违约的激励就越大。通过减少货币供应知道价格水平使得收入的

边际效用恰好等于 μ，(M,μ) 对将确定惟一的价格。[8] 将线性可分的黄金当作货币，没有信贷市场且具有惟一的价格水平的博弈，如果存在外生的不确定性，一般而言是不可能的。

将这里的分析拓展到本章论述过的多阶段博弈是很简单的，但是效用函数的可分性和时间贴现因子却提出了某些新的问题。尤其是，在解释违约罚金及其与法币的关系时，就会出现新的考虑。举两个简单的例子可以说明这一点。我们考察两个经济，每个经济都有法币 M，并且每期都得到新的静态的易损品的供应。这两个经济之间惟一的区别在于违约罚金的性质。效用函数的形式为：

$$\varnothing^{i} = \sum_{t=1}^{T}\beta^{t-1}\varphi(_{t}^{i}) + \mu\min[0,\mathrm{debt}] \tag{4.7}$$

或者为

$$\varnothing^{i} = \sum_{t=1}^{T}\beta^{t-1}[\varphi(_{t}^{i}) + \mu\min[0,\mathrm{debt}]]$$

在第一个效用函数中，破产罚金不受 β^{t} 引起的递减效用的影响；在第二个效用函数中，破产罚金受其影响。如果选择罚金使得在两种情形下，价格水平在第 1 期都是惟一的并被标准化为 1，那么对时期 t 中的第一个效用函数而言，β^{t} 到 1 之间的任何价格水平都是可以维持的。0 到 $1+\rho=1/\beta$ 之间的内部货币市场利率都会相匹配。具有第二种违约罚金的博弈有惟一的现货价格水平和内部货币市场或者贷款市场利率 $1+\rho=1/\beta$。

尽管本书第 1 卷第 11 章的破产罚金可以较好地说明在

1期博弈中引入支付手段,但现实的经济是,实际的破产或者违约罚金只适用于清楚界定有限期界的债务偿付问题。这一点不适用于法币。

对五个模型的比较

表4.1简要地比较了一个三期的一般均衡模型和四个策略性市场博弈模型的基本特征(计算的细节见 Quint and Shubik,1995a, 1995b)。我们只考察六种总量现金流情形中的一种情形。[9]我们假定对所有的模型而言,$\delta_{11}=\delta_{21}=100$;$\delta_{21}=\delta_{22}=400$;$\delta_{13}=\delta_{23}=600$;$\beta=0.5$;我们还假定新的禀赋为(200,200,0)和(200,0,0)。CE没有明确数量的法币。我们假定,任何其他情况下,$M_1=M_2=1\ 000$。模型3和模型4要求确定利率,我们令$\rho=0.2$。

表4.1　五个模型比较

	CE	SMG1	SMG2	SMG3	SMG4
p_1	$(0,\infty)$	$(0,7]$	4.17	8.43	20
p_2	$(0,\infty)$	$(0,7]$	5.56	10.11	24
p_3	$(0,\infty)$	$(0,7]$	未定的	12.13	28.8
c_{11}	88.9	88.9	142.2	85.1	85.1
c_{12}	177.8	177.8	210.3	170.2	170.2
c_{13}	133.3	133.3	0	127.7	127.7
c_{21}	44.4	44.4	97.8	48.2	48.2
c_{22}	88.9	88.9	146.7	96.3	96.3
c_{23}	66.7	66.7	0	72.2	72.2

在表4.1的表头中,"CE"代表一般均衡模型,"SMG1"表示有着现货市场、没有借贷且在市场关闭后要归还货币的策略性市场博弈。"SMG2"表示有着现货市场、没有借贷且在市场关闭后没有归还货币的策略性市场博弈。"SMG3"表示有着现货市场、有着借贷和外部银行存款且在市场关闭后要归还货币的策略性市场博弈。"SMG4"表示有着现货市场、没有借贷且在市场关闭后没有归还货币的策略性市场博弈。

对这五个模型的比较是按照如下两个标准来进行的:它们均衡中的价格范围;一般均衡模型的CE上的消费水平和其他四个模型中的NE之间的关系。假定每期货币的流通速度总是不会超过1,尽管每期引入多于1的交易可以修改这个假定。模型1(SMG1)给出的消费的分布与CE是相同的。价格水平可以是一定范围内的任意位置,因为所有人都会决定增加储藏或者减少储藏。除非修改在期终使得货币没有价值的边界条件,模型2(SMG2)多少有点不合理(pathological),模型3和模型4(SMG3和SMG4)就可以避免这种不合理,因为愿意借贷的外部银行的存在使它们可以避免"浪费"资本或者利息所得,虽然以借入额外的法币的形式存在的信贷的可得性会导致更高的价格。

当引入货币的残值对SMG2加以修改时,解会发生改变;但选择货币的边际效用等于CE的边际价值会给出相同的实体解。类似地,对模型SMG3和SMG4也可以加以修改,从而可以既包括违约罚金,也可以包括货币最终所有权的残余价值。

货币市场或外部银行

内生的利率或者货币数量

在模型 3 和模型 4 中，外部银行确定了利率，竞争的力量则通过外部银行的借贷行为来改变货币供应。在下一小节中，我们考察如下情形：外部银行可以确定货币数量，并且在货币市场上，竞争的力量会改变每期的利率。

T 期的模型有 T 个自由度。在非随机的世界里，由于最优价格之间的关系，确定所有时期利率或者货币数量的外部银行使得竞争性市场基本上可以确定不同的货币流通数量或者 T 期的利率。[10] 当经济中有随机因素时，如果每期有随机因素并且政府有一个目标，那么调整利率或者货币供应的政府必须每期都进行调整。这基本上就是我们观察到的中央银行调整银行利率时所做的。

选择利率或者货币供应作控制变量有什么区别吗？在有着现货市场和"全部出售"(sell-all)的策略性市场博弈的水平上，很明显，两者会产生同样的结果。但是在实际上，我们观察到固定利率的倾向。当利率是由竞争决定的时，就会存在 $\rho_t=0$ 和储藏的时期；而当货币供应是竞争性决定的时，不存在储藏。[11]

固定的货币供应和货币市场

这里构建的模型应该与其对应模型 SMG4（本章第 3 节）

对照起来进行研究。我们假定类型 i 的个人拥有 M_i 单位的货币。令

M_{it}＝个人 i 在 t 期开始持有的法币的数量；

M＝经济体系中货币的总数量；

u_{it}＝t 期提供的用作贷款的法币数量；

v_{it}＝i 为贷款提供的欠条。

我们有：

$M=\sum_{i=1}^{2}M_{it}$，对所有的 t 成立

$$1+\rho_t=\sum^{2i=1}v_{it}\Big/\sum_{i=1}^{2}u_{it},\quad \text{当}\sum_{i=1}^{2}u_{it}>0\text{时}$$
$$=1,\qquad \text{当}\sum u_{it}=0\text{时}$$

我们将类型 i 的个人的策略表示为 $u_{i1}, v_{i1}, b_{i1}, w_{i1}, c_{i1}, u_{i2}, v_{i2}, b_{i2}, w_{i2}, c_{i2}, u_{i3}, v_{i3}, b_{i3}, w_{i3}, c_{i3}$。

$$\max\delta_{i1}\ln(c_{i1})+\beta\delta_{i2}\ln(c_{i2})+\beta^2\delta_{i3}\ln(c_{i3})+\mu_i m_{i4}$$

$$(\lambda_i)\quad \text{s.t.}\quad M_i+\frac{v_{i1}}{1+\rho_1}-u_{i1}-b_{i1}+p_1w_{i1}+(1+\rho_1)u_{i1}$$
$$-v_{i1}+\frac{v_{i2}}{1+\rho_2}-u_{i2}-b_{i2}+p_2w_{i2}+(1+\rho_2)u_{i2}$$
$$-v_{i2}+\frac{v_{i3}}{1+\rho_3}-u_{i3}-b_{i3}p_3w_{i3}+(1+\rho_3)u_{i3}$$
$$-v_{i3}-M_i=0$$

$$(\lambda_{iA})\quad b_{i1}\leqslant M_i-u_{i1}+\frac{v_{i1}}{1+\rho_1}$$

$$(\lambda_{iB})\quad b_{i2}\leqslant M_i+\rho_1\left(u_{i1}-\frac{v_{i1}}{1+\rho_1}\right)-b_{i1}+p_1w_{i1}-u_{i2}+\frac{v_{i2}}{1+\rho_2}$$

$$(\lambda_{iL}) \quad b_{i3} = M_i + \rho_1\left(u_{i1} - \frac{v_{i1}}{1+\rho_1}\right) - b_{i1} + p_1 w_{i1}$$

$$+ \rho_2\left(u_{i2} - \frac{v_{i2}}{1+\rho_2}\right) - b_{i2} + p_2 w_{i2}$$

$$(\lambda_{iD}) \quad w_{i1} \leqslant C_{i1}$$

$$(\lambda_{iE}) \quad w_{i2} \leqslant C_{i1} + C_{i2} - w_{i1} + d_{i1}$$

$$(\lambda_{iF}) \quad w_{i3} \leqslant C_{i1} + C_{i2} + C_{i3} - w_{i1} - w_{i2} + d_{i1} + d_{i2}$$

$$(\lambda_{iG} - \lambda_{iI}) \quad c_{it} \leqslant b_{it}/p_t$$

运用与前五个情形中相同的参数，我们对有外部银行的模型（SMG4；本章第 3 节）与拥有货币市场而没有外部银行的这个模型进行比较。在这些值下，有一个解为没有运作的货币市场。

时间、货币和利率

本章的分析在很大程度上是建立在最简单的模型结构之上的；在这个模型中，变动货币供应会出现定性的特征：在三期的经济中，有两种类型的交易者，每期有一种待售的商品。将这些模型推广到 n 种交易者、m 种商品、k 个时期和证明非合作均衡的存在性，是一目了然的，但是却没有提供新的一般性的洞见。相反，将交易结束时要归还期初发行的法币的模型与不归还期初发行的法币的模型进行比较会带来某些新的特征。

两种模型的极限处的行为

这里对存在外部银行提供的贷款市场情况下的模型SMG3和SMG4进行对比(本章第3节)。三期的交易经济被周期为3的一系列经济所代替。要对模型进行扩展,我们必须定义可储藏消费品和耐用品的使用寿命的极限。最简单的假定为,它们的最长寿命为这些周期的长度;也就是说,没有商品从$3t$期转到$3(t+1)$期。

本章第3节指出过,在期终必须归还法币的经济中(SMG3),如果给出了违约罚金但是没有经过贴现,并且时间界限足够长,那么所有人都愿意违约。SMG3和SMG4在它们的无限期界版本中可以看作是相同的。如果货币的初始分配与在相关的竞争性均衡模型中CE上估算相对财富成比例,那么在全部出售的情况下,CE就会是SMG3或者SMG4的解(参阅Quint and Shubik, 1995c)。如果外部银行想采取无通货膨胀或者无通货紧缩政策,那么它会将它的利率定为$1+\rho=1/\beta$。

除了考察三期的经济并对期进行复制以外,我们可以考察k期的经济(k为任意有限的数)。这时,不是本章第3节提到的六种情形,而是出现了$k!$种现金流模式。如果可储藏品和耐用品的寿命和投入都有适当的界限,那么考察周期为k的经济仍会得出前面的(周期性)的静态。[12]

一个有着线性收益函数的简单模型

本章考察的多阶段的经济自然地被模型化为一系列平行的动态规划,这些规划问题一般很难加以求解,而且一般不能得出显式解。幸运的是,运用两种类型交易者的简单经济模型(每种有着如下的线性效用函数:$u_i=\sum_{i=1}^{T}\beta^t x_{it}$),我们大致可以说明有着法币经济中的货币的影响。

假定经济中每期只有一种易损品,不存在借贷,而且投入品周期性地按照 2,1,3,2,1,3,…变动。我们比较如下的两种情形:(1)$M_1=M_2=3$;(2)$M_1=0$,$M_2=6$。为了便于比较,我们首先考察对易损品的所有权都相同的情形,也就是说,每种类型的交易者的所有权数量为 2,1,3,2,1,3,…。每种交易者的度量为 1/2,因此总的货币供应为 3。

在不需要货币的 CE 经济中,所有的人都消费他们自己的产品,因此

$$u_i=\frac{2}{1-\beta^3}+\beta\frac{1}{1-\beta^3}+\beta^2\frac{3}{1-\beta^3}=\frac{2+\beta+3\beta^2}{1-\beta^3}$$

当交易者必须以货币进行交易时,如果 $M_1=M_2=3$,容易验证,如果 $\beta\leqslant 1/3$,那么所有人在每期都会将货币花费殆尽。他们在 $3t+1$ 期和 $3t+2$ 期($t=0,1,\cdots$)将花费殆尽,并且现货价格为 $p_{3t}=3/2$,$p_{3t+1}=3$,$p_{3t+2}=1$。如果 $\beta>1/3$,那么在 $3t+1$ 期,经济主体储藏 $h=(3\beta-1)\beta$,价格变成了 $p_{3t}=3/2$,$p_{3t+1}=1/\beta$ 和 $p_{3t+2}=1$。

策略性市场博弈和 GE 模型给出了相同的实体解,但是价格是不同的,即使按照第 1 期的方式将价格标准化。

我们现在考察 $M_1=0$,$M_2=6$ 的情形。这时货币是一种资产并且类型 2 的交易者具有了一种优势。在这个简单的例子中,我们可以测量这种优势的大小。假定 $1\geqslant\beta\geqslant 1/3$,并且告诉经济主体现货价格将为 $3/2,1/\beta,1,3/2,1/\beta,1,\cdots$。由

于收益函数是线性的，类型 2 的主体立即花费掉所有的货币是合算的。他们将得到第 1 期存在的所有商品。因此，人均收益将为

$$u_1 = \frac{2+\beta-3\beta^2}{1-\beta^3} - 2, \quad u_2 = \frac{2+\beta-3\beta^2}{1-\beta^3} + 2$$

对效用函数 $\varphi(\cdot)$ 来说，最优政策要求将多余的货币(excess money)在一系列行动中花费掉，这些行动将取决于具体的函数。我猜测，对一种商品的模型而言，对任何周期性经济，始于任意货币分布的平行的动代规划一般会收敛到 CE 财富分配。(在第 6 章第 2 节中，我们还会回过头来讨论无限期界的模型。)

改变无限期界经济中的货币供应

在上一小节中，我们提供了一个有着固定货币供应的无限期界经济。为了与 SMG2 进行对比，我们这里按照 SMG4 重新考察同样的例子。我们观察到，存在一系列静态的价格 $p_{3t}=p$、$p_{3t+1}=p$ 和 $p_{3t+2}=p$，利率 $1+\rho=1/\beta$，从而每期流通中的货币使得现金流条件要么是松弛的，要么是紧的；也就是说，流通中的货币恰好等于需要的货币。

在这个例子中，在静态的三周期经济中，我们注意到中央银行的利息支出和流入每三期是平衡的。表 4.2 比较了 $\beta=1/2$ 时这个简单的无限期界经济的 SMG2、SMG4 和 SMG5 的解，这里 $M_1=M_2=3$ 且 $m_t=$ 时期 t 流通中的货币总量。我们注意到，SMG2 和 SMG5 的解是完全相同的，因为如果所有的交易者相同时，内部货币市场将不会发生作用；因此价格必须通过储藏来加以调整。

表 4.2　不存在借贷但存在外部银行和货币市场贷款的交易

	SMG4	SMG2	SMG5
m_1	84/26	3	3
m_2	42/26	3	3
m_3	126/26	3	3
p_1	42/26	3/2	3/2
p_2	42/26	2	2
p_3	42/26	1	1
p	1	—	—
p_1	—	—	—
p_2	—	—	—
p_3	—	—	—
u_1/v_1	6/26	—	—
u_2/v_2	−30/26	—	—
u_3/v_3	24/26	—	—
h_1	—	0	0
h_2	—	1	1
h_3	—	0	0

基本的非对称性

乍开始时有一个大的银行创造法币。随着经济的发展，借贷在不断地增加，直到最后所有的法币都被用光；所有的运动终止了，时间消失了，经济也恢复了对称性。

——论法币的宇宙论

如果在产品售后得到收入的有限期界经济中存在外部银

行,那么按照动态规划中标准的逆向归纳法,所有预计收入在 $T+1$ 期到来的个体欠的债恰好是 $T+1$ 期的收入。

如果我们使用通常使用的效用函数

$$\Phi=\sum_{t=1}^{T}\beta^{t-1}\varphi(x_t)$$

那么,从博弈论的战略性视角来看,我们必须在这个方程上再加上另外的($T+2$)项,每期有一项表示对到 t 期不能偿付债务的人征收的破产罚金,还有一项表示在清算日——$T+1$ 期剩余资产的价值。对上面的收益函数,我们做如下修改

$$\Phi=\sum_{t=1}^{T}\beta^{t-1}[\varphi(x_t)+\mu_1\min[\mathrm{Debt}_t,0]]$$

$$+\beta^{T}\mu_1\min[\mathrm{Debt}_{T+1},0]+\mu_2\max[\mathrm{Asset}_{T+1},0]$$

有最小化的第一项是每期对破产的罚金。在最简化的水平上,这一项表示破产会产生令人不愉快的后果。最后的两项表明博弈结束时破产的成本和剩余资产的价值。为简单期间,μs 可以被视为简单的数量。

最后的破产项之前的 β^T 项表示,对于较大的 T,破产项是非常弱的,甚至是微不足道的。这使我们可以在以下两者之间做出区分:一方面是新的法币,或者有可能被引入的一期之后要偿还的短期贷款;另一方面是法币的初始供应,它可以被视为一项资产或者被视为博弈结束时才偿还的贷款。但是对长期的博弈来说,上面两种情形之前的差别可以任意地小。一个贴现到遥远的未来的破产罚金实际上很难说是惩罚,将破产罚金加到收益函数马上得到了一个推论:从来不需偿还的债务就是资产。

说明期末的剩余资产价值的项在动态规划里有时候被称为“残值项”。另一种解释是它反映了人们的预期。

我们现在面临着一个悖论。如果我们考察的是无限期界，我们就看不到这个关于破产的额外的终点条件，也看不到剩余资产的价值。通过验证有限期界问题的极限行为是否接近极限处的行为，我们可以解决这个问题。幸运的是，情况的确如此。

情形 1　有限期界，没有外部银行　我们用一个简单的模型加以说明。考察如下 T 期的经济：在这个经济中，所有人都像上文表明的一样要最大化他们的效用函数。每人开始时拥有 1 单位法币，并且得到销售 1 单位易损消费品的收入，所有的这些易损消费品每期都是放在那里待售的。[13]

个人 α 的策略是如下形式的向量

$$b^{\alpha} = (b_1^{\alpha}, b_2^{\alpha}, \cdots)$$

价格是由购买这些数量商品的货币数量形成的：

$$p_t = \int b_t^{\alpha}/1$$

从 $t+1$ 期开始，每人得到数量为 p_t 的收入，它等于销售商品的所得。这个例子有一个简单的初级解。所有人在所有时期都将他们的全部货币用于出价。这等价于

对于所有的 α、t，$b_t^{\alpha}=1$

对于所有的 t，$p_t=p=1$

每人得到 $\sum_{t=0}^{T}\beta^t\varphi(1)$。

在这个框架中，由于所有的交易者在 $T+1$ 期的开始从上一

期 T 资源的被迫出售中所得的收入一钱不值，所以会出现“世界末日”的反常病态。

情形 2　有限期界，有外部银行　引入外部银行，其储备为 $B=1$。除了个人可以在外部银行借款或存款外，这里描述的经济与上文是相同的。外部银行外生地设立利率 $1+\rho=1/\beta$。

假定在均衡中，每期价格为 p。我们假定在时间 t，个人借或贷（+/−）的数量为 Δ_t。因此，我们有 $T+1$ 个方程式：

$$1+\Delta_1=p$$

$$1-\rho\Delta_1+\Delta_2=p$$

$$\cdots$$

$$1-\rho\sum_{J=1}^{t-1}\Delta_j+\Delta_t=p$$

$$\cdots$$

$$(1+\rho)\Delta_T=p$$

求解 Δ_t 和 p，得到

$$\Delta_t=\frac{(1+\rho)^{t-1}}{(1+\rho)^T-1}$$

我们观察到当 $T\to\infty$ 时，$\Delta_T\to\beta$，$p\to1$。该经济体系趋于完全静态，而且不需要银行储备。对任何有限的初始时间序列，借入的金额可以任意接近零，而且有外部银行和无外部银行的解会趋于相等。

对任何有限期界来说，有外部银行的体系没有静态的解。行为是时间依从的，取决于结束之前的时期的数量。但是对无限期界的经济来说，会存在无时间性的静态，而最初发行的

货币则处于流通中。简言之，由于注入了法币作为资产，而没有抵消性的金融工具，整个金融体系是不对称的。

注 释

① 必须正好在零处有断点。如果我们认为个体行动形成了市场交易价格，那么这些行动必须发生在价格形成之前。

② 之所以使用“所谓的”一词，并不是出于贬义，而是为了表明除了在增长（包括人口）为一次齐次的经济中，实际利率至多只是一个近似，而货币利率则是准确数字。诸如费雪效应等项目只是出现于货币控制和技术与生物增长的比较中。

③ 它在静态中表现为部分驻波（standing wave）。

④ Quint 和 Shubik（1995b）讨论了如何得到准确界限的问题。

⑤ 存在许多可能的交易惯例。参阅 Quint 和 Shubik（1995a，1995b）的讨论。

⑥ 在更高的精确程度，我们应当区分无清偿能力和破产，但是对于当前问题并无此必要。

⑦ 假定货币的流通速度是有界的。

⑧ 更精确地，我们需要个体惩罚。因而当惟一的价格系统由合适的$(M, \mu_1, \mu_2, \cdots, \mu_n)$保证时，$(M, \mu)$就足够了，其中$\mu = \max[\mu_1, \mu_2, \cdots, \mu_n]$。

⑨ 即使对于有三个期间的经济，计算所有的情形也是冗长费力的。Quint、Rutherford 和 Shubik 进行了联合研究，修改了通用代数建模系统（GAMS）程序来对策略市场博弈进行计算机计算。

⑩ 对于非随机经济，我们不需要考虑多于一期的存在延期支付的货币市场，这是因为所有长期利率都是这些利率的复合。在随机经济中，事情则复杂得多。

⑪ 对于非随机经济，这是正确的，但是对于存在随机因素的经济就不一定正确了。

⑫ $k \to \infty$的情形没有讨论。这既存在数学问题，又存在建模问题，例如，有无限使用期限的商品集是什么，它是土地、黄金还是其他物品？什么样的投入、产出和保存条件是可能的？

⑬ 如果我精确地使用符号，我会区分密度和有限测度。我们假定主体是非原子式的(nonatomic)，因此他们的资源以密度表示。中央银行则是原子式的(atomic)。因为这些例子极为简单，从背景应该可以明确地知道意义。

第Ⅱ部分

交易和无限期界

多期交易：交易与在途票据

为在途票据融资

可以认为，我们前几章构建的模型是为了从经济均衡中逃脱出来的初步模型。但是，我们离能够充分地分析动态学还有一段距离。尤其是，这里提到的模型只考察了交换经济，尽管我们经济的基本动态方面显然不仅涉及生产，也会涉及创新。在我们能够加入这些新的特色之前，在多期交易的因素中我们仍可以观察到很多的结构。本章讨论某些必要的微观经济细节。

消费和交易的分离

在真实世界中，消费和交易在大部分情况下显然是分离的。在很多场合下，我们购买冰淇淋或者食物，或者去看电影；我们一般是立即就支付清了（对冰淇淋、带走的快餐或者电影，是在消费前支付；对一般饭店里就餐，是在消费后支付）。的确，大部分我们学到的经济理论（如本书的第1卷第6章里用到的 Edgeworth 盒形图）假定，交易和消费是紧密联系在一起的。但当我们试图模型化诸如流通速度(velocity,参阅第1卷第15章)之类的概念时,显然交易和消费应该分开来考虑。一旦将它们分开来考虑,不论从买者还是从卖者的角度来看,交易技术显然是生产技术的一部分。因此,我们必须明确时间和时序的作用,并且重新定义效率的性质(参见本章第2节)。

作为纸黄金的生息的纸币

至少在高度抽象的水平上,在研究贷款和货币时,我们只需考察两种时段:瞬时的和跨期的。当我们将时间视为连续变量时,在极限状态,同时行动的策略性市场博弈要求,对于测度为零的时间,个人有应对交易的金融承诺(financial commitment)。简言之,为交易进行的融资必须是跨期的,这种融资在极限状态则有可能是瞬时的。

实际上,交易只需有限的时间。人类神经系统的速度会给出流通速度(velocity)的有限下界。即使计算机的工作速度接近光速,人类处理数据的速度也会慢得多,因此,即使是最理想的同时行动博弈也会花费若干秒时间来实施交易并对该实施加以验证。

本书第1卷第6—10章中理想的一般均衡世界和一期的策略性市场博弈没有摩擦力和交易费用。既没有出现较高的信息成本,也没有出现物理的交易成本。

如果我们在心中记住"其他条件不变"的重要意义,经济理论采用的抽象方法就是值得运用的。我们可以建立并分析高度简化和抽象的模型,看看在没有与其他"现实"方面相混淆的情况下,会出现什么现象。事实上,制造和流通纸币的成本是相当高的(参见第1卷第11章第5节);市场常常是昂贵的,信任的替代品的生产也是有成本的,诸如搜寻和易货交易等替代方式的成本可能更高。

在多期的、竞争性的、价格导向的经济中:纸币成本为零,没有物理交易成本,但交易需要花时间,在这样的经济中,交易能够在帕累托资源最优配置的意义上有效地得到融资吗?即使在这个抽象水平上,我们发现答案也是否定的,除非我们能够硬性地接受隐含在第1卷第9章和第2卷第1章中的更加不自然的一个假定①,即当借贷商品货币时,消费价值不发生损失。某人得到了作为耐用消费品的商品货币的服务流。没有在途票据损失。在有法币的经济体系中,等价的假定考察的是利率和什么时候得到利息。连续支付利息的特别的法币类似作为耐用消费品的商品货币。虽然现金通常不会得到利息,但是在逻辑上没有理由反对这样的货币。

法币与信贷或者内部货币相比,更加接近商品货币。存在的法币的数量可以是正的,无需存在其他人拥有的抵消性的金融工具(参见第4章第2节)。我们可以通过引入政府或者外部经济主体使得他与博弈中的其他人对称,像第4章第2节一样来安排一个形式上的账簿平衡。持有美钞(dollar bill)、银元、茶砖货币的是其所有者,无需另外的人持有抵消性的金融工具。初始条件不要求持有者以欠条交换政府的钞票。

有效率的在途票据融资

很多研究经济增长和长期问题的经济学家运用了如下形式的效用函数:

$$u^i = \sum_{t=0}^{T} \beta^t U_i(x_{1,t}^i, x_{2,t}^i, \cdots, x_{m+1,t}^i) \quad (5.1)$$

这里时期之间有足够长的间隔，从而有“自然贴现率”——当时期足够长的时候，它就会发生作用。另外的一些经济学家如 Modigliani(1986)则提倡生命周期模式，而非“自然贴现率”。从 OLG 文献开始众所周知的是，由于贴现的影响被静态人口的跨部门给出的驻波代替，所以从整个社会的意义上来说，贴现所给出的数学上的吸引力(它得出了有界的效用)在 OLG 中丧失殆尽。

动态过程的研究中出现的一个方法论方面的争论是关于选择有限期界的模型，还是选择连续时间的模型。因此，很多问题既可以动态地建模(有明确的时期)，也可以连续地建模(例如，可以参阅 Merton1990 年关于金融的书)。如果我们选择连续时间，那么(5.1)式中的效用函数是

$$u^i = \int_{t=0}^{T} e^{-\beta t} U_i(x_1^i(t), x_2^i(t), \cdots, x_{m+1}^i(t))\mathrm{d}t \quad (5.2)$$

这种选择纯粹是一个偏好、方便和技术问题，还是对于我们理解现在研究的问题有重要作用？除了很多连续时间问题之外，经济学中的很多问题都可以很准确地用有限时间的离散事件来建模。但是两者混合则会产生具有相当难度的数学模型(基本上是微分—差分方程)。

尽管我们没有进一步研究这些一般性的问题，但是我们注意到将单一期间进一步划分成几个子期间而没有引入贴现的原因。由于存在着效用函数中明确有贴现的多阶段模型，在解释偏好和模型化经济活动方面，这会产生问题。很多关于银行、交易和在途票据的出现的悖论就取决于偏好的特征

和交易的时间安排。

经济学的“次原子物理学”会将一天进一步划分，起码会将 Hicks 意义上的一星期进一步划分（Hicks，1946）。在理解和澄清交易和交易贷款的意义时，这一点是需要的。我们还会考察有着很多有限时期和表明如下内容的贴现的经济：那些我今天需要但是两个星期还没有得到的东西那时对我的价值已经减少，但是从整体上来说，早五分钟或者晚五分钟得到这些东西对我来说却差别不大。同时对时期进行细分而无贴现率和对时期进行粗分而有贴现率会导致整体偏好结构出现跳跃或者不连续。[②]

对实际市场上的交易进行模型化，现实地说会需要复杂的和详细的具体研究。在大部分市场上，消费者流显然是随机的。有时候 A 在 B 前行动，有时候 A 在 B 后行动。微观行为没有固定的模式。一般而言，我们观察到的总体模式是个体控制的大众随机行动的加总行为。因此，要在纽约证券交易所描述在买方、卖方和经纪人之间存在多少在途货币（Baruch，1971）需要大量的运筹学计算。但是，我们这里采取的态度是，如果我们可以规定一个数学上可以处理的可进行博弈的交易过程，那么即使这个过程是对现实的一个过度的简化，我们仍然能够看到有着明确的交易过程的经济的细微的结构。

尤其是，我们观察到，法币和某些银行存款不能生息，而储蓄存款、国库券和其他债务工具则会带来各种不同的正的货币利率。可以构建一个交易贷款利率为零、跨期贷款利率为正、具有有效的期内交易和跨期交易的普适性模型吗？下面我们将会证明，答案是肯定的，但是对贷款和付款时间安排的敏感性分析使得有着交易损失和某些低效率的模型更加合理。进一步，这些模型提出了如下具体的问题：效用函数从一期到下一期的变化过程中出现的不连续性是合意的还是不合意的。这种微观建模还有助于说明支付中有一期时滞的模型的意义和可靠性。

在人们不会违约的一期经济中，交易贷款（或期内贷款）利率为正只能有两个原因。第一个原因是，当没有足够的货币为交易融资时，利率会作为货币数量约束条件的影子价格出现；而且即使商品货币是一种消费品，并且将其用作货币然后再将其消费掉没有效用损失，交易也是低效率的。出现正利率的第二个原因是，当货币是提供非货币性服务的耐用消费品时，它丧失了某些使用价值，因此利率必须至少能够补偿丧失的服务的边际价值。因此，我们猜测，即使在多期的模型中，如果每期都有足够的货币并且货币是一种可储藏消费品，那么我们就会找出有两种不同的贷款利率的一类模型。我们只研究没有储藏成本的可以消费的货币的模型，这个模型足以提出所有我们这里关心的问题。[3]

商品货币的一个例子 图 5.1 描述了如下的博弈：在这个博弈中，每期有一个交易时段，从 t 延续到 $(t+\Delta t)$；有两个交易贷款市场和一个一期的贷款市场（包括了两个商品市场——每期一个市场）。我们观察到，如果货币是可储藏的消费品（点消费），那么给定这种市场结构，策略性市场博弈会使得所有的市场都在运行，每一个市场都有不同的利率。图5.1中的“贷款”和“消费”表明，每个人可以借出他的货币，然后同一时期将其吃掉。现在我们提供如下例子：内生决定的交易贷款利率为零，跨期贷款利率为 $1+\rho=1/\beta$。

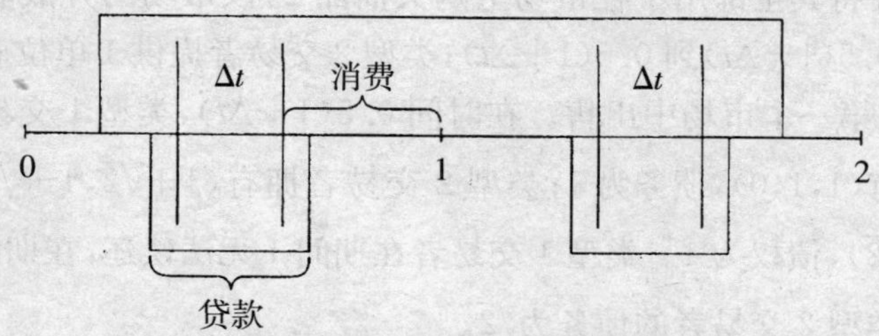

图 5.1　使用可储藏消费品货币的两期交易

有两种类型的交易者，每种类型的交易者都由连续统的个人组成；每种类型的交易者的测度是相同的。在这个例子中，我们令 $\beta=1/\sqrt{2}$。

有三种商品。前两种商品是可以马上消费的商品；用作货币的第三种商品是可以储藏和消费的商品。效用函数由下面的式子给出：

$$\begin{aligned} u^1 &= \sqrt{x_1^1}+\sqrt{y_1^1}+\frac{1}{\sqrt{2}}(\sqrt{x_2^1}+\sqrt{y_2^1}) \\ u^2 &= \sqrt{x_1^2}+\sqrt{y_1^2}+\sqrt{z_1^2}+\frac{1}{\sqrt{2}}(\sqrt{x_2^2}+\sqrt{y_2^2}+\sqrt{z_2^2}) \end{aligned} \tag{5.3}$$

类型 1 交易者的初始禀赋为((1,0,0),(1.5+$\sqrt{2}$,0.5,0))；类型 2 交易者的初始禀赋为((1+$\sqrt{2}$,2+$\sqrt{2}$,1+$\sqrt{2}$),(0.5,1.5+$\sqrt{2}$,1+$\sqrt{2}$))。CE 得到 $\vec{p}$=((1,1,1),(1/$\sqrt{2}$,1/$\sqrt{2}$,1/$\sqrt{2}$))，类型 1 交易者的配置为((1,1,0),(1,1,0))，类型 2 交易者的配置为((1+$\sqrt{2}$,1+$\sqrt{2}$,1+$\sqrt{2}$),(1+$\sqrt{2}$,1+$\sqrt{2}$,1+$\sqrt{2}$))。现在我们考察 NE：

1. 在时间 $0.5(1-\Delta t)-\varepsilon$，类型 1 交易者借入 1 单位货

币并将其全部用于在市场上购买商品 2，该市场的开放时间从 $0.5(1-\Delta t)$ 到 $0.5(1+\Delta t)$；类型 2 交易者提供 1 单位商品 2 在第一个市场中出售。在时间 $0.5(1+\Delta t)$，类型 1 交易者拥有(1,1,0)，债务为 1；类型 2 交易者拥有$(1+\sqrt{2},1+\sqrt{2},1+\sqrt{2})$，债权为 1。类型 1 交易者在期间 1 无法偿还，在期间 2 欠类型 2 交易者的债务为$\sqrt{2}$。

2. 在时间 $1+0.5(1-\Delta t)-\varepsilon$，类型 1 交易者借入 0.5 单位货币并全部用于购买商品 2，他还提供$(0.5+\sqrt{2})$单位的商品 1 出售；类型 2 交易者提供 0.5 单位的商品 2 出售，并且使用$(0.5+\sqrt{2})$单位的货币来购买商品 1。在时间 $1+0.5(1+\Delta t)$，类型 1 交易者拥有$(1,1,0.5+\sqrt{2})$，而类型 2 交易者则拥有$(1+\sqrt{2},1+\sqrt{2},0.5)$。

3. 在时间 $1+0.5(1+\Delta t)+\varepsilon$，类型 1 交易者偿还短期债务 0.5，在时间 $1+1/2(1+\Delta t)+2\varepsilon$，类型 1 交易者偿还长期债务[4]$\sqrt{2}$。因而在时间 $1+0.5(1+\Delta t)+2\varepsilon$，类型 1 交易者拥有(1,1,0)，而类型 2 交易者拥有$(1+\sqrt{2},1+\sqrt{2},1+\sqrt{2})$。他们消费了所有商品(参阅 Shubik and Yao，1991)。

稍加思考，就可以构建出期内利率或者交易利率每期都不同并且不等于零的例子。简言之，有两种决定利率的独立的力量。期内贷款利率是由是否存在充足的货币严格地决定的。如果存在充足的货币，那么由于在该期间内货币借贷的机会成本为零，所以利率为零。如果在一期或者两期内没有充足的货币，那么在没有充足货币的时期，交易贷款利率将是正的。在股市恐慌中的活期借款(call money)利率中可以看到这个现象。

法币的一个例子 上面的模型被用来考察有着如下可能性的不同的市场：短期内或者期内市场上出现内生的零利率。在下一节中，当我们正式地引入清算安排时，它可以被解释为零利率贷款。然而，在这里我们观察到，在诸如上一章第3节中描述过的多阶段模型中，个人可以与外部银行发生借贷行为，如果人们每期交易两种或者更多的商品，并且可以选择直接消费他们自己的资产，那么一般而言，会丧失效率；但如果要求所有人每期将他们所有的资产全部售出，那么仍可以维持效率。下面的一个简单的例子可以容易地说明这一点。考察两种类型的交易者，对两种易损品在两期内进行交易，存在外部银行，$\beta=1/2$，$\rho=1$。类型1交易者的禀赋为$(200,0,M;50,0,M)$，类型2交易者的禀赋为$(0,200,M;0,50,M)$，其中第一项和第二项分别是第一期中第一种商品和第二种商品的数量，第三项是拥有的初始法币的数量，后面的三项是赋予经济主体的商品和货币的新的禀赋。

假定类型i的每个经济主体具有如下形式的效用函数

$$\sqrt{x_{i,1}y_{i,1}}+\sqrt{x_{i,2}y_{i,2}}$$

容易验证，如果外部银行收取的利率为ρ，那么第一期中类型1交易者的NE商品配置将是$(200(1+\rho)/(2+\rho),200/(2+\rho))$，类型2交易者则相反(参见Quint and Shubik, 1995b)，但是对两种类型的交易者的CE配置都是(100,100)。这个NE是无效率的。无效率是由商品的买卖之间的差价引起的。如果我们对整个经济施加“全部出售”要求，那么这个差价就不会存在，因为必须购买在一期中消费的所有东西;因此,没有人能够从买卖差价中得到好处。

内部货币和外部货币

Gurley 和 Shaw(1960,第 72 页)按照政府发行货币创造的索取权的性质,区分了外部货币和内部货币。他们的区分标准是,发行的法币交换的是商品、服务,还是内部债务;也就是说,他们的标准是,金融工具是如何进入经济的,而不是被如何使用的,只要金融工具存在。这里我们强调的关键的一点是,必须区分“开始时”法币的最初发行和后面通过债务(如上面提到的欠条)的交换的发行。我们可以公理化地将初始发行视为给定的,有很多不同的历史场合都可以解释这一点。但是,一旦通过强力、欺骗、习惯、偶然性或者其他方式引入中央银行体系、政府债务和税收,就必须给出减少或者增加法币的规则。这会涉及税收、补贴和其他的强制性行动或者偶然性——还有公债或者私债与货币的交换,例如,政府从社会大众手里购买公债,或者政府提供学生贷款。

我将政府货币或者法币称为“外部货币”,而不论它是如何被创造出来的,这样就可以将它与(经济中的经济主体可以创造出来的)充当其他支付手段的各种不同的债务工具形式区别开来。我将在交换领域充当支付手段的私人债务工具称为“内部货币”。不过,从实证上来说,某些工具只具有有限的可接受性,因此只是“准货币”,因为它们不是现金的完美的替代品;从正式模型的角度来看,这只是要求我们对策略集加以规定。

货币的初始发行和后续发行,对理解宏观经济政策显然是很关键的。我们将货币的初始发行看作没有抵消性金融工具的纯资产,而在后续发行中,经济内部的主体会用他们的票据或者商品、服务交换法币。但是在我们这里的研究中，为了消除某些困难，我们没有详细地讨论税收、补贴、国家债务和公共物品（对这些问题的讨论，请参考直接研究这些制度的规划中的第 3 卷书）。排除了这些问题，我们就可以建立逻辑上一致的，但在实证上不令人满意的模型——在这些模型里，经济主体用他们的债务工具或者欠条换取新发行的法币。更理想和符合现实的模型将假定，初始的国家债务在模型中是给定的；这个假定马上就会通过买卖债券使得对货币供应的控制有了灵活性。尽管税收和公共产品的存在对增长的社会政治控制提供了额外的自由度，但是过早地引入这些因素会使得货币结构的分析复杂化。

交易和在途票据

谁持有什么工具，何时持有？

在第 1 卷第 6—12 章对一期交易的讨论中，货币的引入和为交易融资的充足货币的概念可以被看作是无事生非，起码是接近于无事生非。在付款和收款之间的时间差距及其导致的少量在途票据对于货币理论应该只有很小的影响。但是，显然有希望的是，它应该可以融进一般均衡理论，而不会导致发生混乱的复杂性。

为了说明在有限多期的交换经济中使用货币为跨期的交易融资的双重特征，我们至少分离出交易需求的两个特征和跨期贷款需求的一个特征。所有交易用现金来支付使得信任成为对单一的、容易识别的公共产品的信任。从数学上来说，现金支付的要求相当于要求优化满足一系列现金流约束。只有在相当短的时间内这个要求才成立。实际上，涉及的时间可能是由一系列制度细节和技术细节所决定的。

我们假定买方已经支付的货币还没有达到卖方时，有一个时滞Δt。我们早已指出，流转中的货币有四个值得考察的位置：(1)在付款方那里，(2)在接受方那里，(3)在金融机构那里，(4)在途中。金融机构、政府机构或者中央银行可以从在途票据中赚取利润，但是这种利润的影响却取决于如何处理“利润”。它们可以将其花在实际资源上，也可以将其破坏掉。

由于支付中明显存在的较小的时滞，所以出现了一个新现象。通过所有交易者的供应和需求，不再出现信贷的连续的内部平衡。特别的经济主体(如政府或者指定的银行家)必须拥有储备或者授信来为在途票据融资。如果所有的交易都需要现金来支付，那么市场上的供需双方为了交易，必须通过借贷来融资。他们应该向谁借钱呢？如果只是在朋友之间交易商品，我们可以想见每个人都很容易向对方授信。但是在匿名的大众交易市场上，情况就不再如此了。即便在这个简单的水平上，除非我们通过引入没有运营成本的清算所来假定掉问题，否则我们需要构建能够借给所有交易者货币或者其他可以接受的支付手段的银行系统来为在途票据融资。

当$\rho=0$时，运用货币是没有成本的，在途票据的融资也是没有成本的。当$\rho>0$时，货币的存在位置(tie-up)不仅取决于交易的数量，也取决于交易的时间。在本书的大多数模型中，有一个或明或暗的假定，即，对某个时段Δt来说，所有的交易发生在每期的某个时点上。因此，在这个时点上，对融资就有突然的需求。从实证方面来说，这种情形对集市、季节性产品或者特别的场合来说是成立的；但是很多交易在时间上却是随机的；因此表明在途票据的尖峰在一定程度上是可以消除的，而且在整个时期内是随机分布的。如果作为合理的近似，我们可以在每期熨平交易，这样就可以平滑地在时期 t 增加交易需求 $1/\Delta t$ 比例的交易库存需求。在这里需要考虑流通速度。（参阅第 1 卷第 15 章的第 1 节和第 2 节。）

市场、银行和清算

> 制度没有内在价值：就其本身而言，它们既不是好的，也不是坏的。在某些时刻对某些人好的制度对另外一个国家可能会造成严重的灾害。
>
> ——Gustave Le Bon (1982)

如果 Δt 事实上只是几个小时、几天或者几个星期，如果 t 是一个季度或者一年，那么日常的经验说明，跨期的融资不需要交易类的融资，因此我们可以考虑设计短期票据、应收账款或者其他类似的票据。交易、市场、银行和清算所的历史说明，很多短期工具的历史就是如此。银行和大企业充满了“新的产品”可能是因为融资的不同功能的分离。

一旦我们开始研究现金、货币、货币替代物或者清算手段，我们就很容易迷失在制度细节里；虽然制度细节在实际中是很重要的，但是对于我们理解整个过程并非是核心的。粗略的统计和计算就提供了主要用于交易的流动性的指标。

1984 年在美国，大约有 1840 亿美元现金（149 亿硬币）。M1 有 5590 亿美元，M3 有 29950 亿美元。运用复息 9.52%

的三月期国库券,我们计算出硬币和现金放弃的利息为155亿美元。国民总产值为36630亿美元,因此支付的利息占GNP的0.48%。

在即使简单的交易也是花时间和成本的世界里,按照交易技术和个人偏好,利息马上就有了一个直观的解释。它表示手上持有现金所得收益的价值,也就是现金的机会成本。因此,本来没有内在价值的纸币由于其在交易技术中的有用性实际上也具有了价值。

信贷的科层与贷款限制

我们已经指出过通过清算所交割的可能性,下一小节将对其进行正式的分析。其中存在着很多短期工具和信贷安排。一个合理的问题是,在这个抽象水平上,有没有简单的方式将信贷结构融进模型中去。本小节将说明,不但可以相对容易地做到这一点,而且在建模过程中,信贷的界限自然表现出相当的重要性。

可以表示不同金融工具的一个有用方式是利用不同颜色的扑克筹码。假设法币是蓝色的筹码,个人欠条是红色的筹码,清算所信贷是黑色的筹码,私人银行的欠条(通常被称为"银行货币")是绿色的筹码,政府债券(存储在政府银行或者国库的方式)是黄色的筹码。尽管我们在其他著作(Quint and Shubik,1995b,1995c,1995d)中的几个具体模型已经使用过这些不同筹码,但我们还是要对以下两个问题评论几句:这类建模的特征,以及强调信贷评估作为一种得到策略集合界限的手段。

我们是通过规定创造和破坏信贷的规则以及在交易中如

何运用这些规则,来研究这些不同信贷水平是如何发挥作用的。在规定可以进行的博弈时,自然就会出现信贷约束的重要性。例如,没有用黑色筹码偿付的所有交易必须用蓝色筹码或者绿色筹码(法币或者银行信贷)来偿付。商人或者内部银行是能够创造绿色筹码并按照他们储备的蓝色筹码数量的一定比例进行贷款的特殊博弈方,这个比例就是杠杆率。

个人欠条的发行是无限制的吗?答案一般是否定的。如果你有一些资产并且每年赚取 50000 美元,如果你承诺支付 10 亿美元,那么你的银行家将不会相信。设计考虑到这个问题的博弈的一个简单方法是对欠条的数量设立一个界限,即对人们在寻求贷款时所给出的红色筹码设立一个界限。通过与蓝色筹码相交换的红色筹码的数量,可以形成货币市场利率。

清算所可以得到的信贷的数量既可以建立在某个价格水平上销售量的数据的基础之上,也可以建立在对个人潜在收入的估计的基础之上。因此,为了构建可以进行的博弈,我们必须要求所有博弈方向清算所的经理报告他们的销售量和他们预计的收入。清算所的经理可以将这些估计的数字全盘接受,也可以对其进行一定的扣减,只将其一定的百分比计为预付现金。如果在清算所开始清算之前,所有的价格还没有形成,那么它必须对价格进行估计。在清算过后,清算所会向所有的博弈方发送用蓝色筹码或者绿色筹码对欠账立即进行偿付的票据。

这里需要注意的是,很容易忽视在均衡中看上去不起作用的潜在制度的影响,但是这些制度与均衡是有关系的。金融体系是用来处理非均衡的。(关于说明看上去明显“不起作用”的金融约束在决定均衡中的作用的正式的模型，包括随机因素，参见 Karatzas，Sudderth and Shubik，1995）。

论清算所信贷

大多数现代经济中的内部货币的主要形式曾经是银行货币。我们将会在下一节中进一步讨论它。必须强调的是，什么是可以接受的内部货币常常是变动不居的，取决于制度细节、社会结构和技术状况。内部货币不仅仅包括银行货币，还包括汇票、清算所信贷、信用卡和各种各样的欠条。谁能发行货币取决于发行人的票据作为替代现金的支付手段的可接受性。在迪斯尼游乐园，迪斯尼元充当了内部货币；在拉斯维加斯赌场，赌桌上可接受的支付手段是赌场的筹码。在本小节中，我们介绍一个关于清算所信贷的高度形式化的模型，以此来说明拥有或者可以发行法币的那些人的策略性控制是如何被准货币的发行所弱化的。

当在一群人中有着大量的容易识别的双向贸易时，设立一个清算所对所有人都是有利的；在这个清算所里，所有的索取权在这里进行匹配，总的交易是由向清算所偿付净债务的人来交割的。清算所、信用卡、百货店信用卡或者其他象征性的支付手段的成功取决于该金融工具在交易者群体中的可接受性。其中的关键问题是信息评估、信任、声誉、沟通、抵押、合约的实施或者惯例、交易的频率以及获取和处理相关信息的难易程度。

假定我们考察用以描述交易的“全部出售”条件，该条件给出了交易额的上界，因为经济中的所有东西都被卖出了。在这个经济模型中，从策略上来看，支付手段是最有价值的。

第 4 章的模型论述了仅仅使用法币当作支付手段的经济。在本章中，清算所货币也被当作一种适用于某些交易的支付手段。假定存在着一个对当天的所有交易进行净额交割的清算所，通过引入参数 $\theta, 0 \leqslant \theta \leqslant 1$，可以在现金流不等式中引入另外一项；取决于经济中具体制度的这一项会在所有交易的 0 到 100%的范围内改变需要使用法币的程度。

当我们试图模型化有着清算所的博弈时，在描述基本的机制时，我们会遇到一个问题。利用清算所时，人们实际上会如何竞价呢？我们可以界定一个极端简单的机制。清算所向所有的成员提供以法币表示的短期信贷。因此，个人 i 在 C_i 的清算额之下，可以在清算所发行欠条。简言之，这给 i 提供了没有利息的交易贷款。

我们考察只有现货交易而没有贷款的清算所信贷体系。为了提供一个完整的机制，我们必须要么假定到清算所交割的所有票据代表了交易各方早已确定的价格水平下的交易，要么赋予提供信贷的机构预测能力。虽然事前知道所有价格的假定对现代经济中的实际的清算安排是一个很好的近似，但是更精确的近似要求考虑到违约的可能性并反映所有个人票据的可信度。上面提到的参数 C_i 所表示的“扣减”虽然不是完全符合现实，但却是对如下命题的一个抽象：在很多情况下，即使非常短期的信贷也不可能百分之百地等同于黄金。

简单的例子就可以说明清算所如何弱化了对法币的控制。我们对模型 4(第 4 章第 3 节)加以修改，并附加全部出售条件。更加符合现实的模型将是引入最终法币和剩余资本存量残值的模型(我们将在第 6 章的第 2 节研究这样的模型)。这样虽然更符合现实，但是对于我们认识现象却不是关键的。

令 $q_{it}=i$ 在期间 t 购买的可储藏品总量；$w_{it}=i$ 在期间 t 待售的商品总量。其他的符号与模型 4 相同（第 4 章第 3 节）。

个体试图最大化

$$\sum_{t=1}^{3}\delta_{it}\beta^{t-1}\varphi(c_{it})$$

$$(\lambda_i)\quad \text{s.t.}\quad M+\rho(u_{i1}+v_{i1})-b_{i1}+p_1C_{i1}+p_2C_{i2}+p_2(q_{i1}-c_{i1})$$
$$+\rho(u_{i2}-v_{i2})-b_{i3}+p_3C_{i3}+p_3(q_{i2}-c_{i2})$$
$$+\rho(u_{i3}-v_{i3})=0$$

$$(\lambda_{iA})\quad b_{i1}=M_i+\theta p_1C_{i1}-u_{i1}+v_{i1}$$

$$(\lambda_{iB})\quad b_{i2}=M_i+\rho(u_{i1}-v_{i1})-b_{i1}+\theta p_2C_{i2}+\theta p_2(q_{i1}-c_{i1})$$
$$-u_{i2}+v_{i2}+p_1C_{i1}$$

$$(\lambda_{iC})\quad b_{i3}=M_i+\sum_{t=1}^{2}\{\rho(u_{it}-v_{it})-b_{it}+p_tC_{it}\}+p_2(q_{i1}-c_{i1})$$
$$+\theta p_3\{C_{i3}+q_{i2}-c_{i2}\}-u_{i3}+v_{i3}$$

$$C_{it}\leqslant q_{it},\quad t=1,2,3$$

$$q_{it}=b_{it}/p_t$$

$$w_{i1}=C_{i1}$$

$$w_{i2}=C_{i2}+q_{i1}-c_{i1}$$

$$w_{i3}=C_{i3}+q_{i2}-c_{i2}$$

我们在其他著作（Quint and Shubik，1995d）中给出了这个模型的解和几个密切相关的变体。在此我们不想讨论细节问题，而只是说明几点。部分交易中人们接受的准货币的创造弱化了持有法币的人们的力量。从数学上来说，这种弱化表现为对现金流约束的修改。从经济上来说，这种弱化的产生是因为彼此频繁交易的群体能够为他们的子博弈构建特别的制度和规则(诸如早期商品交易中的第三者保存契约的安排),以提供法币以外的信任替代物。

一个非常简单的例子可以说明当货币是一种资产时,贷款市场和清算所的影响。我们考察如下的一期全部出售模型:每个人的所有权为 $C_{11}=5$ 和 $C_{21}=5$,存在外部银行,该外部银行在我们考察的四种情形的两种情形中将按照 $\rho=1$ 的利率贷款。类型 1 的交易者拥有初始法币 $M_1=8$,类型 2 的交易者拥有初始法币 $M_2=2$。两种类型交易者具有相同的测度,经济中待售的商品总量为 10。我们考察如下四种情形:

表 5.1　竞价、借款、清算所信贷价格和消费水平

情形	b_1	b_2	v_1	v_2	θpC_1	θpC_2	p	c_1	c_2
1	8	2	—	—	—	—	1	8	2
2	13	7	—	—	5	5	2	6.5	3.5
3	12	3	4	1	—	—	1.5	8	2
4	19.5	10.5	4	1	7.5	7.5	3	6.5	3.5

1. 不存在贷款和清算所信贷。
2. 不存在贷款但有清算所信贷。
3. 存在来自外部银行的贷款,但是没有清算所信贷。
4. 有贷款和清算所信贷。

情形 1 和情形 3 是模型 2 和模型 4 的简化(第 4 章第 2 节和第 3 节)。情形 2 和情形 4 对应的是模型 2 和模型 4,只不过增加了清算所信贷。假设授予的信贷是预计价格的 $\theta=0.5$。我们考察预计价格等于实际价格的均衡。假定每人都

想最大化效用函数 $\varphi(c_i)$。表 5.1 描述了竞价、借款、清算所信贷价格和消费水平。

我们观察到，由于剩余货币没有残余价值，所有的人都愿意借款，直到所有的法币都在支付利息中用光。虽然流入的借款提高了价格，但只要违约惩罚高到足以防止策略性违约，那么经济主体的负债水平将与初始财富成比例。因此，即使价格变了但消费不变。当引入清算所信贷时，由于个人的部分物质财富马上变得具有流动性了，货币的优势就被弱化了。

制度和帕累托最优

如果你的祖母有轮子，那么她也许曾经是无轨电车。

——纽约民谚

经济学作为一门严密和抽象的学科充满了悖论式的假定，尽管这些假定过度简化了事实，但是却有助于我们用简单的模型来分析复杂的情况，并得出一些有趣的命题。在价格理论的发展中具有重要意义的是帕累托最优的概念。根据其他结果是否使得每个人的福利都改善了，而同时没有人的福利下降这个标准来验证某项结果是否有效率，是一个简单有力的手段。但是即使在没有制度或者制度前的交易模型里这个手段得到了广泛的应用，当在有着实际过程的世界中运用这个手段时，必须对它施加某些修正。

经济在某些机制和正式或者非正式的金融制度上运行，这些机制和制度反映了法律和习俗的混合。当我们考察这些制度在其交易生产过程中消费资源的多种方式时，我们容易看到需要一个考虑到运作这些过程所需资源的效率标准。

讨论商品的销售和运送到使用地点免费的经济，并不比讨论钢铁的生产没有成本的经济更有意义。[5]给定所有的过程都消费资源这一事实，对效率的分析变成了对提供相同服务集的不同机制所消费资源的相对比较。

在比较制度的效率时，我们常常要考察问题的背景和进行参数分析。虽然在某个具体的操作层面上，可以说 A 比 B 好，但是在不同的可行范围内，A 和 B 的关系可能正好相反。对较小的市场有效的程序对较大的市场来说可能是无效的。由于某个操作范围的最优规制在另外一个范围内可能不是最优的，对金融机构的合理规制的设计不仅需要抽象的理解，还需要具体的内容。

附带论述货币的生产成本

对法币生产成本的直观的考虑将简单的交易转变成交易和生产，其中政府制造、分配和更换信任的替代符号——货币。这里我们考察有着 n 种类型交易者和 m 种商品的交换经济，这里的交易是由政府制造和供应的法币来进行的。政府提供交易手段以最低的经济成本为无信任的交易提供便利(见第 1 卷第 10 章第 1 节)。即使计算机和通讯技术有了很大发展，现金看来也是方便的交易方式，尤其对较小的支付来说更是如此。当然，我们在第 1 卷第 10 章已经指出，现金会发生磨损。

Shubik 和 Tsomocos(1992b)已经相当清楚地证明，如果政府必须用资源来制造货币，如果货币的折旧率(depreciation rate)是已知的，那么即使在一期的模型中，也存在正利率，该利率使政府可以在生产、分配、回收或者更换货币中保持盈亏平衡。[6]如果政府收取利息或者铸币税，那么买卖之间就会出现一个差额，这个结果是低效率的。但是，如果政府征收所得税，那么相应的减少资源的竞争性经济就是有效率的。

信息、竞争、内部银行和外部银行

法币可以看作是个人信任的替代品。如果我们从外部银行接受法币，并且该银行可以扩张或者减少它发行的数量，那么在逻辑上就没有理由存在任何其他的银行或者贷款市场。但从实证上来看，情况并非如此。贷款市场和商业银行存在的原因需要更详尽的经济和管理方面的分析。的确，信贷信息、局部条件的知识、评估"人品、能力和抵押品"的能力以及其他交易费用是银行借贷存在的原因。因此，这里的竞争与一般均衡中讨论的简单的价格竞争和数量竞争有着本质的不同。尤其是，多人互动的评估在经济繁荣时期很容易导致过度乐观和对抵押物的过高评估，而在悲观时期则容易导致对抵押物评估过低。

即使在中央银行设定利率的交换经济中，中央银行也会让竞争的力量来决定货币供应。在有着完备市场和没有策略性破产的交换经济中，只需要考察一种利率。

一旦考察到不完备市场，商业银行的加总作用和评估作用就开始彰显了。这时，不再有单一的利率，而是存在一系列相关的利率对应各种类型的风险评估情形。

竞争性跨期货币市场

我们现在按照上一节关于清算所信贷和其他准货币的观察，来重新思考第 3 章第 2 节关于每人都是一个银行家和第 4 章第 4 节关于货币市场的作用的评论。货币市场的本质是，它是黄金或者法币与个人的欠条相交换的过程。我们在第 3 章第 2 节已经观察到，人们利用欠条来得到货币贷款。进一步，货币市场与银行体系有着本质的区别。所有的经济主体是内在对称的。他们可以借，他们也可以贷。他们不在金融中介机构存款，也不存在将博弈方区分开来的特别的博弈规则。货币市场影响个人信贷与货币的交换，而清算所则允许个人信贷与个人信贷进行直接交换，只有在最终的清算中才创造出货币。

下面的思想在逻辑上是可行的，但是在技术上是没有希望的：所有人的私人票据在如下的自由市场上普遍地流通：在这个市场上，类似美国自由银行时期，不同银行的票据按照不同的风险贴水和信息贴水卖出。融资的通讯和信息处理方面的特征要求金融中介机构能够将通讯和信息评估加总成大到经济上能够生存的规模。

中介和竞争性准备金比率银行

银行规制的历史和优缺点留待直接讨论金融机构的下一卷书中介绍。这里，我们仅仅勾勒出一个交换经济的模型，这个模型中有着一些不同的经济主体——银行家；根据博弈规则，银行家可以创造法币的替代品。下面将说明两点。第一点是，经济主体是按照仅与他们相关的特定博弈规则来区分的。第二点是，在一个没有不确定性的世界里，除非有一个他们与之打交道的中央银行，否则银行家就不会改变货币供应；惟一的例外可能是利率为零的时候。当利率为正时，他们将不愿意保存免费的准备金。

我们考察有着两种类型经济主体——银行家和实际资源拥有者——的经济。有特定的规则来约束银行家。尤其是，对应于他们持有的准备金中的每单位法币，银行家可以发行 k 单位在交易中作为法币替代品的银行券。另外一个规则是，银行家不能向自己提供借贷，尽管他们可以得到自身银行赚取的利润。

银行家可以有用地被认为是受一个决策者控制的两个实体——银行和银行的所有者—经理。为了简单起见，我们排除了货币市场、清算所和其他的信贷机制。只有银行从事放贷。

我们只在三期的全部出售模型中研究每期只有一种商品的情形：$(A_1, M_1; A_2, 0; A_3, 0)$，其中银行家的禀赋为$(0, M_2; 0, 0; 0, 0)$，每期有两个项。第一项为新的（易损）资源禀赋，第二项为新的法币禀赋。

资源所有者的策略采取的形式为$(v_{11}, b_{11}; v_{12}, b_{12}; v_{13}, b_{13})$，银行家的策略采取的形式为$(u_{21}, b_{21}; u_{22}, b_{22}; u_{23}, b_{23})$，其中

v_{it} = 类型 i 的经济主体在期间 t 为获得贷款而提供的欠条数目（该欠条将在 $t+1$ 期被偿还）；

b_{it} = 类型 i 的经济主体在时间 t 对易损品的出价；

u_{it} = 银行家在时间 t 设定的银行准备金水平。

银行试图最大化

$$\sum_{t=1}^{3}\beta^{t-1}\left(\frac{b_{2t}}{p_t}\right)+\mu_2 m_{24}$$

其中，m_{it} 表示 i 在 t 期开始时所拥有的法币和银行货币数量，$m_{11}=M_1, m_{21}=M_2$。因此，$u_{21}+b_{21}=m_{21}$。

如果资源所有者在银行货币和法币之间是无差异的，同时拥有两者，那么他们在偿付银行家方面就会有相当的自由度。但是偿付的性质会影响银行家确定准备金的能力。为计算银行家策略性的可能性，同时不在绿色筹码（银行货币）和蓝色筹码（法币）的搭配上引入随机性或者外生的不确定性，我们可以施加另外一个条件：假定由于习惯或者惯例，资源所有者按照他们持有的两种货币的数量成比例偿还。因而有

$$u_{22}+b_{22}=u_{21}+\rho_1 k u_{21}$$

其中，$u_{22}\leqslant u_{21}+\eta_{11}\rho_1 k u_{21}$ 是准备金或者蓝色筹码约束，η_{1t} 是类型 1 的经济主体在期间 t 偿还的蓝色筹码的百分比。由于在第一期没有还款，$\eta_{11}=0$ 且

$$\eta_{12}=\frac{M_1+M_2-u_{21}}{M_1+M_2+(k-1)u_{21}}$$

$$\eta_{it+1}=\frac{m_{1t}^{*}+m_{2t}^{*}-u_{2t}}{m_{1t}+m_{2t}+(k-1)u_{2t}},\quad t=2,3$$

其中 m_{it}^{*} 为 i 在时间 t 的法币拥有量。因而也有

$$u_{23}+b_{23}=u_{22}+\rho_2 k u_{22}$$

资源所有者的最优化问题为最大化下式

$$\sum_{t=1}^{3}\beta^{t}\left(\frac{b_{1t}}{p_t}\right)+\mu_1 m_{14}$$

约束条件为

$$b_{11}=M_1+v_{11}/(1+\rho_1)$$
$$b_{12}=p_1A_{11}-v_{11}+v_{12}/(1+\rho_2)$$
$$b_{13}=p_2A_{12}-v_{12}+v_{13}/(1+\rho_3)$$
$$m_{14}=p_3A_{13}-v_{13} \tag{5.5}$$
$$p_t=\frac{b_{1t}+b_{2t}}{A_{1t}},\quad t=1,2,3$$
$$1+\rho_t=\max\left[\frac{v_{1t}}{ku_{2t}},1\right],\quad t=1,2$$

这里没有明确地求解,但我们可以观察到两个重要的细节。小银行之间的竞争力量使得来自杠杆率的任何可能的利润所得都消失殆尽。货币供应 $k(M_1+M_2)$ 有一个上界,并且从(5.5)式可以看出,利率可以为零,这会导致没有不确定性的储藏。简言之,引入杠杆率产生了行为类似放大的货币市场的银行体系。

在这个简单的模型中,由于我们没有考察银行存款并将它的作用仅仅局限于放贷,所以没有必要引入银行倒闭规则。只要允许银行接受存款,并且如果对存款没有百分之百的准备金要求,就必须考虑到银行倒闭的可能性。

这些观察并非意味着准备金率不起任何作用。它们说明,在更复杂的水平上才会有意义。尤其是,用确定性模型来理解贷款市场是很糟糕的。即便是商业性的短期贷款也会有风险,而且恰恰因为这一点才需要持有准备金和评估贷款。

设立与商业银行打交道的中央银行事实上可以进一步增加体系中的灵活性。这样就产生了一个类似于模型 4(第 4

章第 3 节)的模型,不同之处是增加了社会公众和中央银行之间的银行体系。

附带评论暂时的均衡和其他非瓦尔拉斯均衡

在本卷中,我们有意地选择满足可进行博弈的检验的模型。满足这种要求的建模提供了解决 Hahn 问题(1965)——法币在有限期界经济和无限期界经济中的价值——的几种方法。而且,尚没有人试图解决宏观经济学中的操作性难题,包括诸如通货膨胀和失业的"真正"原因是什么这样的谜。这倒不是因为人们认为这些问题不重要,而是因为它们是如此重要和如此复杂,所以有必要建立更加详尽但仍然比较简单的模型,从而能够发现在什么样的复杂水平上可以对这些现象进行界定。

序贯的策略性市场博弈允许每期有价格波动的灵活性。尽管可以界定一个期限的长度和一个时期内价格形成的次数,但是所有这些都会对价格变化的速度造成物理上的界限。遗憾的是,从有限时期的模型出发,我们有很多不同的方式可以达到连续时间。

我们不考虑有限经济主体的细节和过程的具体形式,而是通过一系列短暂的一般均衡市场将这些细节融合进去;在这些市场中,价格被假定为在较短的时间和交易内是固定的,这是因为在单期内价格不能调整到市场出清的水平。Hicks (1946)建议用"固定价格"或者"灵活价格"来区分关于价格调整的两种不同假定。

Grandmont 已经用这个方法做了很多工作，并且有了几个模型，在这些模型中，法币的价值是由预期函数来维持的。如果预期太“疯狂”，那么均衡的存在性就会被打破。Grandmont 和 Benassy(1989)在他们的综述中指出，用修改的一般均衡方法来解决诸如失业这类的宏观经济问题有直接的价值。即便如此，在预期的形成方面也很难避免就事论事，缺少理论基础。尤其是，由于宏观经济学的很多方面涉及很多试图预测政府行为的个人和机构，所以我们很难避免对经济过程进行博弈论方面的研究。

有着不完备市场、违约和清算的多期交易

不完备市场的新特征

货币作为支付手段和价值储存手段(与其他资产一道)的用途结合在一起为没有信任的匿名交易提供了充分条件和必要条件。但是为没有信任的交易准备充足的货币却不是不完备市场下有效交易的充分条件[7](第 1 卷第 12 章第 3 节中的简单例子说明了这一点)。解决这个问题的一个方法是引入相机性期货市场和保险单这类形式的彩票，Arrow 和 Debreu 就是这样做的。

实际上，新市场的创立看上去是昂贵的，并且常常取决于历史偶然性。而且，有很多种风险在经济上是不可保险的。这样，经济学家就会遇到两个问题。第一个问题是，构建一个衡量市场不完备的指标，并且努力估量出现代经济中的市场

不完备程度有多大。第二个问题是，将某种水平的不完备性当作给定的事实接受，来研究不完备市场下的交易的货币方面的特征；在这种不完备市场下，经济中的灵活性大部分来自对货币和贷款的控制。

也许模型化有着信贷和不完全市场的多期经济的最核心的问题是对破产的处理（参阅第 1 卷第 12 章第 2 节）。如果市场不完全，即使均衡也会涉及发生作用的破产。为了发展一个合理的理论，我们必须完整地界定一个适于分析的一致的破产和重组过程。为了完全做到这一点，我们应该考虑到企业的存在和有限责任，但是在这个分析水平上，为了简便起见，我们必须在简化和制度的现实性之间进行权衡取舍。

有着信贷的多期交易中的违约惩罚

当我们构建关于债务人和债权人的具体模型时，另外的具体事实显然是相关的。商业界对破产的评论说明，在破产中，资产会被浪费，清算的管理过程也会花费很多钱。清算的速度和花费成为关键问题。这里我们希望尽量地简化问题。

在接下去分析之前，我们需要讨论违约清算规则的一般合意特征。我们必须给出贷款市场的结构，并且完整地界定转滚法和 Ponzi 博弈的规则。

清算规则的一般合意特征

经济主体　虽然违约清算中的主要当事人是直接的债权人和债务人，公众（常常是分散的）作为一个整体形成了第三方，他们在清算中也是利益相关者。而且，通过运行破产机制来谋生的破产管理人也形成了具有相当规模和影响的一方，但乌托邦式的讨论往往忽视他们的影响。

主要的因素 有四种主要的违约因素，它们常常难以区分，但需要不同的考虑：(1)有意的策略性违约；(2)由于自己能力不足而违约；(3)由于别人能力不足而违约；(4)由于运气不济而违约。如果没有外生的不确定性，那么只有前 3 个因素是相关的。

在我们经济人(Homo economicus)不会犯错误的世界里，违约惩罚的主要目标是简单的边沁式的效用规则，即清算或者“惩罚”的预期的负效用要大于或者等于违约中加起来的效用。这样，正如我们在第 1 卷第 11 章所指出的那样，可以选择一个足够严厉的外生的惩罚，按照(3.8)式来修改个人的效用函数，其中选择 μ，使得 $\mu^i = \max[\mu^{1i}, \cdots, \mu^{ki}, \cdots, \mu^{gi}]$，并且 k 表示相关的交换经济中的第 k 个 CE。如果我们选择 μ^{ki} 使得对所有 k 而言，它有最大值，那么惩罚就会足够严厉，从而得到的所有 CE 也是 NE。

在人们会犯错误的世界里，会出现新的问题。如果个人是由于能力不足(不管是自己还是别人)而违约，那么我们就会希望避免惩罚性的罚金。我们减少上面所建议的罚金的一种方法是对它进行“人格化”；因此，与上面选择单一的数字不同，我们选择一个向量，在这个向量中，每个 μ^i 等于个人 i 的收入的边际价值。下面将会指出，由于管理方面的原因，这样做是不切实际的；尽管，从某种意义上来说，法律程序可以被视为对清算进行区别对待(hand-tailor)的手段。

破产管理方面的考虑 收集资料、取证和管理方面的成本可能是惊人的。狄更斯在其小说《荒屋》中所描写的“乔安第斯诉乔安第斯”这荒唐一幕反映了争夺财产的法律诉讼费用超出了全部财产价值。

在破产清算程序中，管理方面至少有以下五个方面的考虑：

1. 破产管理人需要了解的个人细节越少，就越好。
2. 获取债务人的信息越有价值、成本越低，就越好。
3. 回收资产（recaptured assets）的成本越低，越好。
4. 回收资产的替代性和行销性越高，越好。
5. 资产的预期价格变动越低，越好。

破产中需要的个人知识越少越好这个事实告诉我们，在大众社会里，在破产罚金方面对每个人具体对待的做法虽然在逻辑上是可能的，但是几乎是不切实际的。直到今天为止，针对个人的破产罚金的区分是很少的。当然，对自然人和法人是做了区分的。

资产配置的难易程度取决于贷款时要求的信息披露和资产的物理特征。藏匿或者偷走曼哈顿市中心的街区远比藏匿或者偷走一袋未雕刻的钻石困难得多。

夺取债务人财产的管理成本是相当高的。某些破产裁决时将企业判为债务人所有是由于认识到，让懂得企业业务的人来继续管理这个企业要比让托管人来管理好。

资产的替代性越强或者越容易卖出，就越容易进行违约清算。但在清算价值低于债务额的破产中，显然某些债权人会经受损失。

资产是按照明天的价格而非按照昨天的价格清售的。因此，时期之间的预期价格变化越小，就越容易计算出预期的清算价值。

通过上面的讨论，我们可以得出以下结论：

命题 5.1 一个社会越穷，有效的违约惩罚在经济上就越是外生的。

命题 5.2 耐用品和可储藏品与消费品相比的比例越高，内生的违约惩罚在经济上就越可行。

命题 5.3 管理成本越高，破产过程的社会满意度就越低。

有了这些一般性的结论，现在我们就可以考虑设计具体机制的可能性。

不完备市场和利率的期限结构

外生不确定性的引入就导致了期限结构的复杂性。不完备市场导致的新现象和新困难是好几个方面的。尤其是，信息条件和行动的顺序变得至关重要。货币的短缺必须与破产条件相权衡。破产规则必须被当作一种公共产品，这里优先偿付等级和债权人清算规则方面的考虑影响着利率。

在讨论简单的例子之前，我们首先考虑有限期界的策略性市场博弈，该博弈有着客观给定的随机变量。我们假定交易者知道概率、知道没有在途资金损失但是净交易是运用商品货币和信贷市场来结算的，并且知道破产和清算规则是给定的。

我们的博弈将会说明有着可储藏可消费货币和不完全市场的货币利率的期限结构。[8]有三种类型的交易者和三个时期。头两期的资源不受出现的随机变量的影响，但是第 3 期的资源受第 1 期和第 2 期随机变量的影响。在每一期中，都有可以与货币相交换的单一的易损品。

我们考察该模型的四种变体。头两个变体分别是有着被期货合约完备化的市场的交换经济，和有着期货合约交易的相应的市场博弈。后面两种变体分别为有着无限违约惩罚的不完全市场均衡(ICE)和如下相关的市场博弈:有货币贷款市场、没有期货市场,现货市场的交易有着规定好的破产和重组规则(图 5.2 中的扩展式描述了最后这个博弈)。

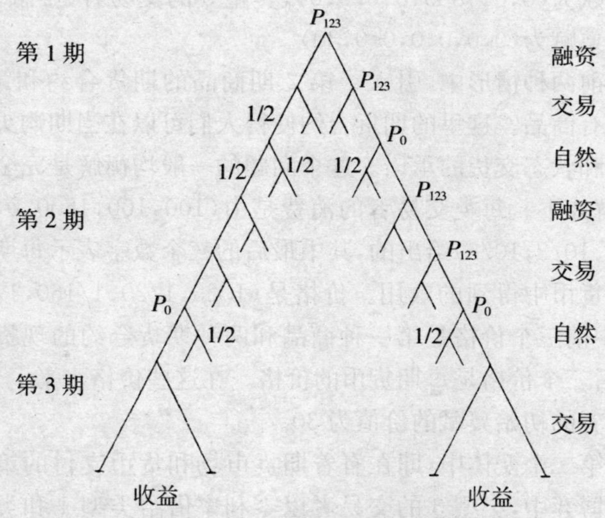

图 5.2 不完备市场中的三期交易

所有交易者的效用函数采取了如下形式

$$\sqrt{x_1^i}+\sqrt{x_2^i}+\frac{1}{4}\left[\sqrt{x_{13}^i}+\sqrt{x_{23}^i}+\sqrt{x_{33}^i}+\sqrt{x_{43}^i}\right]+\frac{10}{3}\sum_{t=1}^{3}\log y_{jt}^i$$

其中,$x_t^i(t=1,2)$是 i 在期间 1 和期间 2 的消费,x_{j3}^i($j=1,\cdots,4$)是 i 在期间 3 状态 j 时的消费。最后一项表示消费商品货币所得到的效用。

三类交易者的不同在于他们的禀赋。类型 1 和类型 2 的交易者拥有易损的消费品,由金融家组成的类型 3 的交易者拥有可储藏的商品货币。类型 1 的交易者的禀赋为(300,300,0,0,0,0,0),其中前两个数字是第 1 期和第 2 期的禀赋,接下去的四个数字是第 3 期中四种状态中的禀赋,最后一个数字是可储藏的可消费货币的初始禀赋。类型 2 的交易者拥有的禀赋为(0,0,4800,0,0,0,0),类型 3 的交易者(金融家)拥有的禀赋为(0,0,0,0,0,0,30)。

在前两种情形中,引入了第 2 期商品的期货合约和第 3 期的或有商品。这里的期货合约使得人们可以在当期购买未来时期和状态交货的承诺。这个问题的一般均衡解是完全对称的,解如下。每类交易者的消费是由(100,100,1600,0,0,0,10/3,10/3,10/3)给出的,其中最后的三个数字表示每期使用商品货币中得到的效用。价格是(1/20,1/20,1/160,1,1,1),其中前三个价格是第一种商品和两种期货合约的现货价格,最后三个价格是每期货币的价格。在这些价格水平上,每类交易者的初始禀赋的价值为 30。

在第二个变体中,即在有着期货市场和货币支付的策略性市场博弈中,类型 3 的交易者以零利率借给类型 1 和类型 2 的交易者 10 单位作为期内贷款。第一期交易结束后,就将货币归还。

如果没有期货市场,那么要发生交易就必须有跨期的借贷。从图 5.2 中的扩展式我们看到,首先有融资,然后有交易,然后知道第一个随机变量的结果。接着又先后发生融资和贸易,知道第二个随机变量,然后发生最后一轮交易。

第三个变体是不完备市场模型,在该模型中,均衡时,即使只有现货市场,不论个人可能处在哪种状态,也可以满足最终的预算约束;也就是说,每个不同的约束条件必须得到满足。在这种情形下，显而易见的是，头两期的交易只涉及第一种类型和第三种类型的交易者；然后在第二个随机变量之后，四分之一的时间内三种类型的交易者之间都会有交易。一半的时间内，类型 1 和类型 3 的交易者的消费将为(150，150，0，0，0，0，r，(15－r)/2，(15－r)/2)；四分之一的时间内，它将是(150，150，0，0，0，0，r，s，15－r－s)；四分之一的时间内，它将是(150，150，z，0，0，0，r，s，15－r－s－q)。四分之三的时间内，类型 2 的交易者没有消费；四分之一的时间内，类型 2 的交易者消费(0，0，4800－2z，0，0，0，0，0，2q)，其中的 r，s，q 和 z 是通过随机最优化求出来的数量。

第四个变体要求至少存在两个一期的贷款市场，或者要求存在一个一期的贷款市场和一个两期的贷款市场。但是如果存在任何贷款市场，就必须规定破产条件，因为在四分之一的概率下，任何贷给类型 2 的交易者的两期贷款可能得不到偿付，在二分之一的概率下，第 2 期的两期贷款得不到偿付。我们现在遇到一个悖论性的结果，该结果具体地取决于债权人掌握的关于债务人真实状况的信息。如果债务小于或者等于交易者在任何时间的预期收入，那么就会放过破产惩罚；而如果超出了预期收入债务，就会有严厉的破产惩罚，那么我们就可以得到跨期利率为零时期货市场解的等价形式。如果对任何破产都使用这个惩罚，那么交易将是没有效率的，事前的利率与事后的利率将会不同，一期利率和两期利率之间的差额将既取决于破产惩罚，也取决于关于随机变量的信息披露。

变动银行利率

如果不存在外生的不确定性，单一的银行利率就足以引

导 k 期的没有储藏的竞争性交换经济。利率的选择不影响实际经济变量;它只是决定通货膨胀率。如果银行政策反对任何通货膨胀,那么银行将选择非通货膨胀利率,竞争将会适当地改变货币供应。但如果存在每期影响经济的随机变量,那么货币发行的中性就不再成立了。杜绝通货膨胀的银行政策,要求银行在每个随机事件发生后调整利率。外部银行必须遵守按照经济变动的轨迹调整利率的政策。这样做的能力将直接取决于信息条件。"无通货膨胀"的银行政策仍然有着很好的定义。它要求,如果经济在 t^{**} 时的状态与 t^{*} 时相同,那么所有的价格在两种状态下都应该是相同的。

注 释

① 还有另一个特殊条件将在本节的第 4 小节讨论。

② 我们可能希望考察一些偏好,这些偏好产生于某种形式经修改过的"刚好能辨明的差异"(JND)(参阅 Shubik, 1982),这里交付的时间差距只在一些关键的时刻起作用。

③ 本例取自 Shubik 和 Yao(1991)。

④ 类型 1 的交易者当然可以同时返还长期贷款和短期贷款。

⑤ 如果我们可以准确地知道交易成本很低,那么作为近似,我们可以假定其为零。但这只能作为特例,而不是一般规则。

⑥ 由于这是相当直接的,只是在讨论细节时需要多加注意,因而我们省略了模型的发展过程,有兴趣的读者可参阅 Shubik 和 Tsomocos (1992b)。

⑦ 除非货币作为效用函数中的线性可分项。

⑧ 为简单起见,我们有意选择了一个特殊的"刀刃"例子。可储藏消费品被用作货币,而不是更通常的耐用品,这样我们就可以避免在考虑有限期界模型时必须讨论的内在通货膨胀。

资本存量、残值和预期

嵌入在时间中的经济

信任方面定量和定性的区别

时间就是金钱。

如果时间是金钱并且货币是信任的替代品，那么不需要时间的交易也不需要货币。实际上，这就是要求在交换的一般均衡模型中忽略在途资金、过渡性交易（bridging transaction）和支付中的时滞的原因。这些方面（起码从均衡的角度来看）应该是、实际上也是对整个理论的一个较小的修正。如果交易几乎是瞬时的，那么作为最优的逼近，货币是可以忽略不计的——大清算所就可以对大众匿名交易进行匹配。这将需要跨期交易中的信贷，但是却不需要使用货币来交易。实际上，人们会根据时间长度、前期的信用记录和经济环境（如稳定的价格，而不是恶性通货膨胀），在几分钟、几小时或者几天内互相提供隐性或者显性的信贷。

当信贷的时间从几分钟延长到几天、几

周或者更长时间的时候，时间界限除了会出现定量的变化外，还出现定性的变化。这就变成了一个不仅评估诚实，而且评估所有状态的问题。当琼斯太太早上忘记了带钱包，下午过来向当地的杂货店主偿付时，那么该店主可能连账都不用记。如果债务的期限变长，并且匿名性更强，那么就需要记账。随着时间的延长，随机事件将会增加。死亡、资产的破坏、收入来源的丧失都必须加以考量。通货膨胀和政治不稳定都会改变支付的环境。货币是商业轮子上的润滑油就是一个很能说明问题的比方。有着完美信任、完美回忆和不确定性的交易技术不需要用货币来交易。

略论连续时间、平滑的交易和货币

便携性、容易识别、避免了各种书面文据和其他技术性细节使得现金和硬币在短期交易中特别有用。当技术进步加速了交易中的匹配时，现金的存货就可以减少。但是即使不考虑没有现金的社会里没有匿名性，对小额交易的经济学上的考虑在近期还是不支持没有现金的社会。

大部分经济分析建立在离散的时期之上，其中的经济动态学会产生差分方程，尽管在金融学中，Merton(1990b)已经强调了连续过程的重要性。即使我们考虑连续发生的交易，个人交易也可能需要有限的时间(并且生产显然需要时间)。因此，如果在连续的交易上施加有限的期间，那么我们就得到了混合的微分—差分方程。如果即使在连续时间交易下，生产和消费的融资也需要货币和信贷，那么对有限的时期来说，经济中需要的货币和信贷将是有限的。无穷小货币数量的无限的流通速度常常是糟糕的经济建模的人为数学构造。

有限期界经济中的资产

在第 1 卷第 7 章中，我们运用 Cournot 机制论述和分析了策略性市场博弈。在第 1 卷第 11 章中，我们又将这个模型做了扩展，从而可以包括债务；这里的债务是欠裁判或者外部机构的。本小节的任务是将这个模型扩展到如下的博弈：在这个博弈中，具有经济价值的资产可以通过裁判从第 1 期之前就存在的经济中购买过来，并且这些资产在博弈结束时还可以残余下来。

有限期界经济的概念是一个数学上的方便。如果所有的商品都是易损品，那么这种粗略的近似在开始和结束时都不会造成概念问题。但当经济有耐用品或者可储藏品时，一个自然而然的问题就是，第 1 期的商品是如何产生的？并且期终剩余的耐用品会有何变化？

我们早已在第 1 章中指出，在有着易损品和诸如黄金的耐用可消费货币的经济中，随着耐用品消费价值的减少并最终变得没有价值，货币体系中会发生隐性的通货膨胀。[①] 如果我们给出经济模型的可博弈标准，那么就有自然的方法将有限生产和交换经济的初始和结束边界条件模型化，这种方法提供了对没有具体始点和终点的经济的最佳逼近。我们通过构造一个裁判 、政府或者“外部博弈方”可以做到这一点；这个“外部博弈方”在博弈的始点和终点，与购买使用寿命超过交换经济中考虑的期限的资产的内部博弈方发生交易。

在引入多个世代之前，我们可以作出的最简单的正式假定是，人们是彻头彻尾自私的。因此，在某种程度上，与裁判发生交易的规则可以提供导致跨代转移支付的最少的物质条件、法律或者习俗。但是来自外部并流向外部的资源的概念要求我们界定这些转移支付带来的效率方面的特点(如果有的话)。对最简单的建模要求做了一般说明之后,我们就可以建立一个一般性的模型,并通过一些例子来说明一些基本的结论。

初始条件 在每代人生命结束的时候,都要两种东西留下来:对其存续人们没有策略性控制的耐用品;个人在死前可以消费的可储藏消费品。如果生产是可行的并花费时间,那么剩余的商品可以包括最后一期开始生产的易损品。

留下可储藏品的博弈中既没有遗赠动机,也没有保险动机。因此,如果留下了某些可储藏品,那么为了提供一个与纯粹个人主义相吻合的动机,就必须设计博弈规则。如果我们为了保持所有经济主体通过市场选择来达到其目标的策略性自由度,那么我们就必须设计一个他们可以从裁判那里购买商品的机制。假定开始的时候,裁判持有 m 种商品。政府持有的商品的数量可以被视为模型的参数。如果经济主体是通过市场方式从裁判那里获取商品的,那么就必须形成价格。Cournot 机制要求裁判将商品放在那里待售,然后每个经济主体出价购买该商品。但是,在这个模型中,我们还没有规定什么是货币。为了分解困难,由于这里强调的是资本存量融资,所以假定货币的交易需求为零。可以假定经济主体在开始的时候拥有某些商品和法币,我们将其视为资产。裁判拥有某些可储藏品、易损品和耐用品。分配这些资产的一个方法是让经济主体从裁判处购买它们。开始的时候,经济主体可以从裁判处借入更多法币或者存款,然后他们再用法币来购买裁判的商品。

预期和未来的政治经济学

> 在模型中必须假定，人们不知道什么事将会发生，而且知道他们不知道什么事会发生。就像在历史中那样！
>
> ——John J. Hicks(1977)

在我们生活的这个世界上，我们大多数人大部分时间意识不到我们不知道的东西，也不知道别人知道什么。很多市场是不完备的和未曾保值的，不确定性无处不在。在这样一个世界上，分析型的经济学家应该如何以有用的方式来研究预期呢？在一般均衡理论、大部分非合作博弈理论和 Lucas 或者 Barro 等理论家的模型对该问题的回答中，都或明或暗地假定理性预期。支持理性预期的假定既包括将政府视为策略性哑变量(strategic dummy)，也包括认为政府需要中央银行连续统。[②]但即使不考虑这些违反事实的情况，在有着超过一个市场的多阶段实验博弈中，也没有足够的实验证据表明：这些假定提供了较好的描述性行为理论或者规范性行为理论。

要发展适当的动态学，我们就必须具体地解决关于博弈规则的信息不全、缺少共同知识和预期的形成方式的问题。我们这里采用的方法是，首先构建可以作为过程载体的最简单机制。为了得到关于市场经济所需的金融工具和金融机构的类型的洞见，我们强调的是非合作均衡解；即使这种解中的博弈的形成没有提供令人满意的动态学。

在如下的多阶段的交易和生产模型中：具有交易者连续统(参阅 Levine and Pesendorfer，1995)、有着具体开端和结尾、没有公共产品、没有得自历史的有价值的资源、没有在途资金、没有留给未来的有价值的资源，在规定的结束时间之外没有必要来描述政府、背景、过去和未来。这类经济中的非合作均衡概念就蕴涵着理性预期。

在第4章第2节提到的多阶段模型中，任何存续时间超过博弈时间的资产的价值都为零。在“结束时间”之前能够加以利用或者用完的任何东西都可以得到利用。任何剩余的资本存量（即使是如同新的一般，如黄金）也被完全勾销。但是，一旦我们想采取更加现实的一步，试图建立如下的可以进行的有限博弈：资产可以在博弈开始时从外部转移过来，在博弈结束时再转回外部，我们就必须准确地描述我们需要的额外的规则或者制度。

运用上一小节提到的关于实际博弈的简洁标准，我们可以预先告诉博弈各方政府在博弈结束时将如何行动。这相当于允许交易者在博弈结束时形成关于资产价格的理性预期。在最简单的形式下，我们可以考察如下的实验博弈：政府（裁判）在开始时宣布它将为剩余资产支付的价格。这与如下的考虑有关：对最后状态具有残余价值（disposal value）的动态规划进行有限截尾。

在这个博弈中，这意味着 $T+1$ 期的预期价格是外生的，而且每个人都确切地或者以给定的概率知道这个价格。[③]竞争将会确定所有的其他价格，而个人运用的是作为参数给定的期终价格。

在交换易损品的一期的世界里，不需要关于预期的外部参数信息。[④]也不需要残余价格（disposal price），因为没有剩余资产，而且每个人的选择是建立在他关于整个市场的策略性选择的信念基础之上的。

在 T 期的交换世界里，我们可以扩展关于猜测其他人行动的能力的正式论述，但是猜测的行动越多，合理性就会越低。即使不考虑这一点，该模型的合理性通过如下假定也可以得到维持：所有经济主体完全相信，从现在开始的十年到五十年内预期的外生资源将与预期的完全相同。

实际上，每个人都遇到每时每刻发生的政治的、社会的和其他的变化；而且，政府的作用是连续的。因此，将政府的行动仅仅限定在开始和结束时会使其政策作用最小化，尽管这样做足以说明将预期的形成模型化在对无限过程进行有限逼近的过程中是不可避免的。

对政府最简化的建模

对政府的两个方面的内容需要明确地建模：它的策略集合和它的偏好。关于它的策略性行为，最简单的政府模型是策略性哑变量。

有两个主要的原因将政府模型化为策略性哑变量。第一个原因是，政府是一个原子型的主体；也就是说，由于它的规模相对于整个经济而言是可测的，所以它的多阶段策略可能是高度复杂的。第二个原因是赋予政府某种激励还需要相当的解释。

我们已经在其他著作中用完全的 OLG 模型来模型化政府(Shubik，1984，第 22 章；Shubik，1985a)；第 8 章将谈到这个问题，第 3 卷则将把它作为一个政治经济过程的一部分加以考虑。其实，基本的观察为，存在着“博弈中的博弈”。从商人和“联储观察家”(Fed watcher)的短期观点来看，政府是一个给定的实体,或者是刻画市场运行的经济规则的一部分。从较长期的视点来看,社会的、政治的和经济的反馈影响着政府作为一个机构或者“人造的博弈方”的未来行为。如果政府的策略是固定的,那么就没有必要赋予政府某个效用函数,除非我们的最优性标准包括政府这个博弈方。

关于政府性质的基本考虑表明,我们不大可能对一个很大的制度实体赋予一个完备的偏好序列。至多,我们研究的是一个复杂的有机组织,该有机组织展现的过程是多人冲突和众多随机事件下利益妥协的结果。为了界定一个政府作为参与方的博弈,我们在模型化政府目标时可以选择如下不同水平的简化和复杂程度:

1. 政府没有效用函数,政府是由有着固定策略的策略性哑变量表示的。

2. 政府有外生给定的社会福利函数(social welfare function, SWF),其中的自变量是经济实体。

a. 政府是一个有着固定策略的策略性哑变量,但我们有判别最优性的标准。

b. 政府是一个最大化它在社会福利函数中的权重的活跃的主体。

3. 政府是一个机制,这个机制的策略是所有人政治经济官僚行为的函数。

在本章的剩余部分,我们将在第一种水平——政府是一个有着固定策略的策略性哑变量——上进行分析。

信任、保障和政府

文明出现的历史说明,需要某些规则、法律或者习俗来监控哪怕是简单的物物交换经济。这里,我们将商业惯例视为给定的。规定好了交易规则,经济主体之间没有信任的交易涉及价值与价值的交换,但没有需要在未来进行交割的合约。即使我们扩展交易规则,以包括政府和经济主体之间的交易,我们也必须重新思考无信任交易的概念;这是因为策略、生命周期和偏好方面的非对称性可能会改变无信任交易和借贷的含义。

一个简单的例子足以使这些一般性的结论具体化。考察只有一种耐用品的经济,所有的耐用品都有无限的生命,而且不会贬值。假设开始的时候,任何东西都归政府所有。如果惟一的追索权规则是,任何个人死亡时须将资产归还给政府,那么如下的安排就是可行的:赠送掉最初的资产或把法币借给经济主体以购买这些资产,因为无论发生什么,政府在每一代结束时会收回所有这些资产。

在欠政府的只是永远存在、不会贬值的耐用品的世界里,经济主体没有策略性违约的机会,因此根本不需要信任。如果经济主体拥有可储藏品或者易损品,那么他们就有策略性违约的机会。

社会效率

正如本章第 2 节将要指出的,如果考虑到过程和制度,简单和有吸引力的帕累托最优的概念必须加以修正。过程和交易成本不是帕累托最优这个概念有问题的惟一原因。只要考虑到公共产品、政府,或者叠代问题,就需要用交易费用以外的其他原因来修改帕累托最优的概念。

给定有着 n 种类型经济主体和一个作为策略性哑变量的政府的博弈,必须扩展最优的概念,以便考虑到政府的行为对政府和经济主体拥有和使用的资产的可行性和评估所造成的影响。

我们按照如下的方式定义最优的两种变体：

1. 正则的帕累托最优。这里只考虑人们的资源和行动，而没有考虑政府的资源和行动。通常定义的帕累托最优仍然不变，政府的策略被视为自然的一部分。如果政府持有任何具有个人价值的资源，那么结果一般而言将不是帕累托最优的。

2. 福利效率。如果根据某种福利标准进行评价，所有个人的最终消费和政府的最终禀赋使得他们不能增加任何个人或者社会的福利，除非减少某些人或者政府的福利，那么这样的结果就是福利有效的(welfare efficient, WE)。政府的偏好[5]是由定义在它最终的禀赋上的某个规则来表示的，如果它的偏好由某种整体的社会福利条件来表示，那么可能会更高。

如果政府惟一的作用是实施规则以及将某些资源从一个"博弈"转移到下一个"博弈"，那么就更有理由根据 $T+1$ 期的剩余资本存量的简单排序，可能还有政府每期持有的商品货币的价值来赋予政府一个效用函数。

为了得到关于个体自私的事业心的符合逻辑但并不明智的结论，我们可以将政府视为一些完全自私的人们之间一系列博弈中的一个永远存在的协调人(inter-connector)。作为一个法人，政府的行为方式是由政治社会环境外生给定的。效率的定义可以包括政府，也可以包括其他经济主体。如果政府是一个协调人，那么对于从任何博弈中留下的可提供给下一个博弈的剩余资本存量来说，它就有价值。社会效率可以认为是福利效率的一个特例。在以下的模型中，我们将使用上面提到的第二个变体，我们将其简称为 WE。[6]

略论信任、合约和匿名性

贷款或者用现金购买一块土地，这两种交易的匿名性远低于在高速公路旁边的快餐店购买一个汉堡包。前两种交易需要合约，在合约中会出现交易各方的名字并经常包括各种可能出现的状态。

但是即使是合约常常也有不同程度的人格化和匿名性。关系好的邻居之间可以彼此许诺很多东西，但是他们都知道他们中的某一方都有卖东西给某个未知的第三方的可能，因此，转售的可能性在两个熟人的直接关系中引入了某种程度不一定存在的匿名性。匿名市场的发展伴随着信贷机构和金融中介机构的发展；为了尽量最小化对信任和个人面对面交易的需要，这些机构创造了具有各种程度匿名性的合约。

第一场工业革命要求的是生产和交通运输之间的大分工，同时还要求能源的增产。20 世纪的工业革命要求的是生产与信任和信用评估之间的大分工，同时还要求信息来源和处理信息的手段的多样化。

有着残值和预期的策略性市场博弈

交易者、资产和政府

博弈设计要求一个机制或者机构来解释有限博弈开始时来自外部和有限博弈结束时所剩余的资本存量或者资产。在实验博弈中，这个机制或者机构可以是裁判 ，但是在扩展我们的模型时，正如 Allais(1847)与 Gurley 和 Shaw(1960)所指出的那样，将政府作为正式的博弈方是合理的。作为一个最佳逼近，将政府仅限定为一个策略性哑变量，或者只规定一个整体的策略，而除了开始时可以得到的信息外不再提供任何信息的做法也是理想的。从实验上来说，这是容易做到的。政府扮演的角色不像二十一点扑克牌游戏中发牌人所扮演的角色；政府的策略是人们都知道的。

尽管政府的策略是给定的，我们还是必须明确政府的策略性变量。我们将考察以下内容：货币数量或者利率，资本商品和一期的债券。

虽然在下一卷中我们将会讨论税收、补贴、公共品的供应和其他政策工具，但是需要指出的是，我们对这些工具的选择不是任意的。通过只强调个人财产所有权、最优化行为、价格和市场，并运用可进行的博弈这一工具，我们会逐步地考察潜在的经济效率；在这个过程中会越来越多地考虑某些经济事实。在建立信贷和违约、时间和多代模型的时候，我们关心的是作出满足逻辑必然性、技术可行性和实证证据的最少的选择。很多情形下，构建可进行的博弈可能不止一种方法，那么这里运用的选择标准倾向于最简单或最经济。

只关心"经济解决办法"(economic fixes)不是基于对无拘无束的竞争的好处如教条主义者一般的信念；原因恰恰相反。根本的原因在于，即使在建立一期模型的过程中，约束经济行为的规则和制度也提供了一个必要的社会背景。当我们进而考虑多期和多代的时候，这种必要性的特点就显得更为鲜明。作为生、死和交叠世代的逻辑上的必然性，政府就出现了，它的出现不单纯是一种制度现象。税收和补贴是将资产调进和调出经济的“快捷方法”(easy fixes),但是它们更多地是被用于政治目标和社会目标,而不是个人主义的经济活动。如果政府控制了相当数量的公共产品,那么它们就更重要了。必须指出的是,从机制设计的角度来看,税收和补贴可以被视为货币政策的有用的帮助。这里的初步的模型将经济主体和政府视为策略性哑变量,我们要问的基本问题为,开始的时候谁拥有资本市场?什么是我们定义的货币和债务?货币、债务和资本的初始边界条件和终点边界条件是什么?

加入初始条件和终点条件是完全叠代模型和有限的、封闭的一般均衡模型中间的一个过渡环节。一个解释(在第9章中将进一步分析)为,政府为一系列完全自私自利、受博弈规则制约的经济主体提供了跨代的联系。

作为自变量进入我们构建的任何预期函数的变量是由博弈给定的。例如,它们可以是进入所有经济主体和政府的策略的变量。但是日常的观察和我们的直觉说明,问题的背景很重要:经济对政治和社会领域是开放的;它有来自物理环境、政治界、灾害和发明的外生冲击。表现这些问题有多种多样的方式,有些通过引入概率分布很容易建立模型。因此,粮食的生产可能取决于天气,生产过程的产出可能取决于随机的机器失灵。理论家或者(在这个问题上)实践者在他们关于这个过程如何涉及政府行为的观点上,会希望加入完全因果性的政治经济学模型;或者,他们可能用“赌博运气”(betting odds)来代表政府的影响。

预测人口或者能源供应的预测者(参见 Ascher,1978)考虑到的变量和因素与预测政治稳定性的人(参见 Shubik,1983)的不同。来年的胡椒粉消费量可能比来年的时装更容易预测。很多不同的预测机制可能会受具体的心理因素和物理因素的影响。人们可以有用地创立作为当期和过去的价格和交易量的函数的指标来衡量预期的弹性，并且研究特殊假定的逻辑含义（例如，可以参阅 Grandmont，1983）。但是在这个水平上，纯粹的经济理论是有其局限性的。不论预期形成的机制对于经济动态学有多么重要，它并没有得到科学的理解。诸如斯密或者凯恩斯这样伟大的理论经济学家或者应用经济学家可以得出关于经济行为的伟大洞见，但是对基本因果关系的全面理解与直觉性的洞见是完全不同的，后者仅仅对某个时间在某个国家观察到的相关性提供了暂时的解释。

由于本书的主要目的是构建研究经济动态所需的前提，并且说明货币和金融机构在提供引导经济动态学的机制中所发挥的核心作用，所以对预期形成的基础不做进一步的讨论。

用法币为资本存量融资

一个纽约的故事可以说明从商品向法币的过渡。一个进口商向一个分销商出售几罐沙丁鱼，该分销商将它们卖给一个零售商，零售商再将它们卖给消费者，消费者将这些沙丁鱼吃掉并差点因食物中毒而死。

进口商："我不明白你为什么向我抱怨；你和零售商都得到了你们通常的利润了呀。"

分销商："但是看来你没有理解：沙丁鱼卖给了消费者，他们吃了这些沙丁鱼并几乎死于食物中毒。他们要起诉我们。"

进口商："你这个傻瓜！他们只是交易沙丁鱼，而不是吃沙丁鱼！"

我们可以从有着法币和可储藏消费品的经济开始研究，从而扩展第4章的模型。我们的目的是构建简单可行的并考虑到如下可能性的博弈：在博弈结束时可能有剩余的商品和货币，并且，什么剩余下来可能是策略性行为的函数。因此，我们观察到如下的三期模型：初始阶段是为了得到初始条件，结算阶段是为了反映预期，终端条件足以说明与融资、信贷需求以及易损品、可储藏消费品和耐用品中的现金流有关的大多数问题。在这个抽象水平上，在向经济主体提供借贷方面，内部银行或者货币市场可以直接替代外部银行。其他情况下，中央银行可以充当存款和发行货币的银行来实施这项功能。从实证方面来看，中央银行不接受私人存款。这说明评估贷款价值、局部知识和其他交易细节的能力方面的考虑消除了信贷市场和中央银行之间的明显的重复（redundancy）。

在理解有限时间长度的模型时，商品的物理特征是重要的。例如，如果没有新开发土地，也没有破坏土地，那么社会作为一个整体在博弈结束时在土地的遗留方面就没有经济选择。这是有限期界博弈和无限期界博弈的一个基本区别。在无限期界博弈中，总可以将商品出售给另一方，而在有限期界博弈中，在博弈结束时除了将商品出售给裁判之外，不能向别的人出售。因此，土地——不可再生的永远存在的耐用品，在博弈结束时可以有不影响剩余数量的任意价格。T 期可以得到的服务在 $T+1$ 期可能就没有了，因此它的供应不受任何施加给 $T+1$ 期的条件的影响。耐用性和折旧方面的细节造成了融资方面重要的策略性差别。

如果实验博弈中的个人 j 没有任何动机为下一代人留下

遗产或者为未来社会做贡献，那么 j 有什么理由留下具有策略性选择的资产呢？从博弈设计的角度看，一个简单的答案是，j 可能欠裁判钱。但是 j 怎么会欠裁判钱呢？如果在博弈的开始，初始条件是，裁判或者博弈的控制者拥有一系列人们的禀赋中没有但他们又想得到的商品，那么他们就可以从裁判处用货币购买商品；如果信贷安排是可行的，也可以赊购。完全自私和完全自足的经济主体是对生物现实和社会现实的一个不太合理的近似，但是它却提供了一个简单的例子，因此还是值得介绍的。

在第 1—4 章研究的多期有限期界博弈中，定义帕累托最优和充足商品货币是一个容易和直观的拓展。但是，当裁判在博弈结束时出售额外的资源和购买资源时，帕累托最优的概念和充足货币的意思都变得有问题了。

当我们赤条条地来到这个世界时，除了我们的时间之外一无所有；但是社会结构的任何方面都会通过教化、遗产和社会干预等方式提供给我们最终成为经济主体的资源。所有这些因素都可以通过引入作为哑博弈方的政府近似地建模，其中政府借给交易者法币，卖给他们开始时不拥有的资源，并在期终准备购买剩余的资源。

如下模型的引入代表了前 4 章中的模型的最复杂程度：在这个模型中，可以从历史或者博弈前的活动中获得资本存量，所有种类的资本存量都可以有残值。尤其是，它要求我们界定每期的违约条件和结算条件，并规定最终的违约条件以及它们与残值的关系。

我们在这里没有提供正式的模型，尽管 Quint 和 Shubik (1995a, 1995b, 1998)曾经论述了如下三期经济的细节并将之与一般均衡模型做了比较:两种类型的经济主体交易一种保存时间为三期的可储藏消费品;见图 6.1。关键的一点是,金融特征表现在竞争性最优化中的一系列额外的不等式中。定性地说,信贷约束和违约规则说明了对信贷、抵押、审查(perception)和评估的考虑在什么地方出现,即使在较高的抽象水平上。

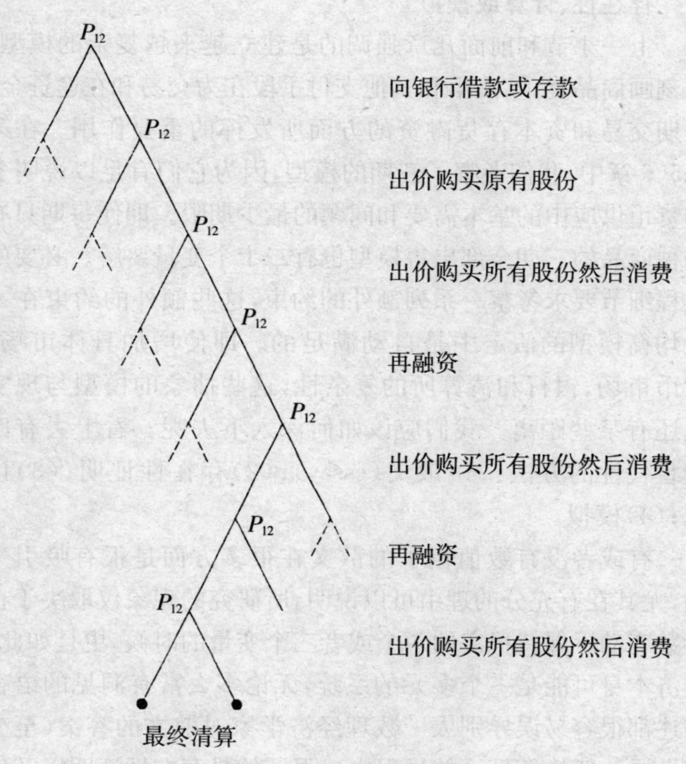

图 6.1　为股本提供融资

将期界为 T 期的经济复制 k 次将它转换成有着 k 个周期的 kT 期的经济，就可以逼近无限期界的模型。[7]

命题 6.1 如果 T 变得足够大，对 T 循环期界的信息要求就变得越来越不合理了。如果 T 变得任意大，那么就越来越难在循环和随机序列之间进行区分。

存在性、计算或模拟

上一小节和前面几章强调的是建立越来越复杂的模型，以刻画商品货币、法币和其他支付手段在为交易和在途资金、跨期交易和资本存货融资的方面所发挥的重要作用。在第4、5、6章中，我们考察了三期的模型，因为它们有足以说明变动货币供应中的基本需要和问题的最少期限。即使每期只有一种商品的三期全部出售模型也有二十个变量要解。必要的过程细节要求考察一系列额外的约束，这些额外的约束在一般均衡模型的假定中是自动满足的。即使增加具体市场、货币市场、银行和清算所的复杂性，这些抽象的模型与现实也还有某些距离。我们应该如何深入下去呢？看上去有四种替代性的方法：(1)散文(essay)；(2)存在性证明；(3)计算；(4)模拟。

有或者没有数值例子的散文在很多方面是很有吸引力的，尤其在有充分的理由可以说明，所研究的现象仅取决于在参数变动下保持稳定的两个或者三个变量的时候，更是如此。经济本身可能是一个多元的系统，无论多么富有洞见的语言描述都很容易误导别人。数理经济学家对散文的答案(至少在发展一般均衡理论的过程中)，强调的是存在性证明以及任何经济主体和商品数量方面的一般性，为此牺牲的是关于过程的分析。在较高的抽象水平上,有效的价格体系可以得到存在性结果。如果所做的假定不是对所研究的现象的较好的近似,那么无论存在性证明看上去多么令人舒服,都会产生误导的。尤其是,我们已经指出,在通常的关于完美预见力和信任的假定下,从完全分权的大规模(mass)竞争性经济或者中央控制的经济中也可以得出存在着有效的价格体系。除非建立关于过程的模型,否则在它们之间就不能进行严格的区分。虽然这里建立的策略性市场博弈提供了一类过程模型,对这些模型,可以证明一般性的 NE 的存在性(不妨参阅 Dubey and Shubik, 1978; Dubey, 1982; Dubey and Shapley, 1994),很多有趣的问题存在于模型的动态学和非均衡中,而不是在没有时间概念的均衡中,这里大多数货币现象和金融现象可能是看不见的,即使它们也隐含在模型中。这就要求既要研究多期模型,也要研究瞬时状态(transient state)。当我们观察到实际的经济经常会遭受到随机冲击时,即使该经济会趋向于均衡,它也很少能够达到均衡。

研究一个经济的货币控制机制和金融控制机制的经济学家要想超越均衡存在性证明,必须作出基本的建模选择。如果时期增多了,并且考虑到信息条件,可以分析的模型会涉及一两个代表性主体和两三种总量商品。我们分析的范围使我们必须将微观均衡方法和宏观均衡方法结合起来。

有两个趋势说明了经济学发展的方向:计算和模拟。Scarf(1973)和其他人的重要工作以及计算机技术的发展,可以直接计算高维的多变量经济中的价格、修改关于这些经济的模型,并通过在开始和结尾增加边界条件,还可以包括这些经济中的货币控制机制和金融控制机制。第 4、5、6 章中描述的模型可以看作试验性的研究,对它们的扩展需要计算方法来估算价格敏感性、利率以及分配给货币控制和金融控制的资源。超越应用性一般均衡(GE)研究的下一步是,至少在这些章的水平上包括进金融结构。

更具有争议性但也更有必要性的是要运用行为模拟。支持理性预期假说但对模拟持怀疑态度的人会注意到,上一小节例子中的静态均衡是理性预期均衡,而且在无限期界的模型中会产生时间长度为三期的周期。但是,要选择正确的残值参数,我们就要假定未来是过去的某种已知的、正则的非路径依赖函数。即使这种违反事实的(counterfactual)情况在每期有两个或者两个以上商品的模型中成立,产生相同的初始条件和终点条件的 NE 的惟一性也可能会丧失。我们对经济活动中残值函数结构的估计建立在先前经验的基础上。当我们像在上一小节中那样通过选择残值参数来求解有限期界问题,从而系统可以"自我复制"(bites its tails)时,我们可以用这个有限结构指出,周期性有着同样结构的无限期界模型可以按照同样的方式进行求解。在这样做的时候,我们已经与未来发生了联系。经济理论家必须考虑路径依赖预期的产生问题。本章第 3 节将讨论内生的预期。对有着学习问题的模型的研究要求对市场行为具有心理学、社会学和经济学方面的具体实证知识。博弈和模拟为研究这些模型提供了方法(不妨参阅 Miller and Shubik,1994;Day and Walter,1989)。

预期和增长

一般地,在被视为博弈的多产品的有限生产和交换经济中,如果在博弈结束时,给定回报或者裁判提供清理价格,那么均衡的增长可以向任何方向发展。这个结论可以很容易从下面的观察中看出:任何给定清理价格的模型都是一个定义好的有限博弈,都会有非合作均衡。这些均衡将受清理价格的影响,这些清理价格可以解释为预期价格。但是,由于存在很多清理价格,所以这就在模型中引入了很多自由度,并给博弈设计者在增长方向方面提供了很多自由度。

在实际经济中,与实验博弈不同的是,可以回收资本存量的价格不是政府能够完全控制的。正是在这里出现了预期。决定预期的非政府因素可以削弱政府控制的效力。

预期到的改变和未预期到的改变

Magill 和 Quinzii(1990,第 51 页)提供了关于生产经济的、有着非中性货币的、不完全市场一般均衡模型。尤其是,他们分析了宏观经济学家讨论过的,但很难在博弈论模型中定义的现象。根据假设的初始的资本结构的灵活性,他们区分了货币政策中预期到的变化和未预期到的变化。这些初始条件应该包括预期和对预期潜在变化的确认。至少有三种明显的方式可以处理预期。第一种也是相对简单的方式是将“未预期到的”理解成“相当低的概率”。人们很容易构建这样的可行的博弈:在这个博弈中,裁判提供的残余价格(salvage price)与非常有可能的价格完全不同的概率是比较低的。如果这个博弈中的个人开始时拥有大量某个固定利率上的长期债券的存货,并且过了几期之后,抽取了一个随机变量并宣布最终的残余价格,那么个人的调整余地将很小。如果他们不拥有债券,他们将会有大得多的灵活性。

第二种研究宏观经济学家“未预期到的事件”的方法是建

立没有共同知识的博弈,在目前阶段难以做到这一点。第三种方法是将自己"完全交给法庭处理",并且承认,"未预期到的预期"不是一个绕口令,也不是罗素悖论,而是宏观经济学家直观上利用的一种艺术形式(art form),它被用来表示如下情形:你的政策完全是错误的,你必须改变你的预期并重新调整你的计划。直观地看,任何做过计划并且计划落空的人都知道"未预期到的预期"这个概念是有吸引力的,而且有点机械的贝叶斯更新(Bayesian updating)似乎并没有很好地解释这个现象。但实际的情况可能是,得到比贝叶斯模型更好的"未预期到的变化"模型需要一个建立在关于能力有限的个人的学习心理学基础上的理论,而不是对经济人甚至游戏人(Homo ludens)的纯粹形式的额外改动。

内生的预期

上一节描述的模型严重地受制于对预期的界定,但是在这些模型中,任何东西都不影响预期。但是,从定义好可行博弈的角度来看,这给了裁判相当多的控制;作为一个关于现实的模型,它还有很多不尽如人意之处。尤其是,我们必须决定要考虑哪些影响预期形成的因素,尽管利用正式的博弈,我们本可以界定所有 n 类交易者策略中的所有内生变量。我们还可以包括进利率和政府拥有的资产。如果将政府模型化为活跃的博弈方,那么就必须分析它的策略。因此,如果预期的形成只是取决于个人变量和政府变量,那么预期函数至多是如下的形式:

$$f(v;\ u_1, \cdots, u_m; g_1, \cdots, g_m; x_1, \cdots, x_m; \rho, \alpha_1, \cdots, \alpha_m) \quad (6.1)$$

如果我们认为，预期取决于社会的非经济因素，如政治、战争、社会运动，那么就必须明确地模型化这些因素，不论是将其作为内生变量，还是外生变量。

如果我们只考虑经济变量，那么函数 f 的界定必须隐含产生大众(mass)预期的凯恩斯的动物精神(animal spirit)或者其他机制。面向未来的经济体系在价格方面有 m 个自由度，这些价格要么必须外生地给定，要么必须通过预期函数给出，从而可以定义好一个策略博弈。

有着预期函数的博弈表示如下：

$$\Gamma_e(\rho, \varphi_i, T_i, \mu, \alpha, \tilde{\alpha}_i, f) \quad (6.2)$$

这里 $f=(f_1, f_2, \cdots, f_m)$ 且 f_j＝使人们能够预测 Π_j 的 j 的期望函数——裁判向 j 类剩余资产支付的数量的内生预期。

一个有待回答的基本问题是，有着外生预期的博弈类型 Γ 与有着内生预期的博弈类型 Γ_e 之间有什么关系？一般地，任何具有如下特征的策略性市场博弈 Γ 都有有限个非合作均衡：给定货币的残余价值 μ，所有残余商品的预期价格向量是外生的$(\Pi_1, \Pi_2, \cdots, \Pi_m, \mu)$。[⑧] 如果我们在由$(0, 0, \cdots, 0)$和$(\Pi_1^*, \Pi_2^*, \cdots, \Pi_m^*)$界定的方盒中考察所有的博弈，并且我们求解这个方盒中的所有博弈，那么可以将所有的解分成两种类型：有策略性违约的博弈和没有策略性违约的博弈。任何给定足够平滑预期函数集合的具体策略性市场博弈 Γ_e 也会有有限个非合作均衡。

对预期是外生的较大的方盒来说，有着预期函数的博弈所产生的均衡中，预期的政府回购价格(π_1，π_2，…，π_m，1)会落在这个方盒内。但是这意味着，有着预期函数的博弈所产生的任何均衡也可以从有着外生预期的博弈中得到。由于有许多没有违约的有着外生预期的博弈 Γ，所以应该存在相应的一类有着没有违约的预期的博弈 Γ_e。

通过对模型施加较强的特殊限制，所谓的理性预期均衡只构成了一个测度为零的子集；也就是说，存在着静态的情形，而且对具体的预期来说，存在着惟一的均衡。

预期问题可以划分成以下五个基本的子类：

1. 一旦承认经济是面向未来的，那么在逻辑上就有必要提供外生或者内生的预期来决定均衡的预期价值。

2. 没有定论的一个关键问题是实证性的——经济中的个人用来形成预期的机制是什么？凯恩斯在这个问题上是模糊的。对这个问题的回答需要理解我们现在尚没有掌握的学习和推断能力。而且，显然，准确预测的能力很大程度上取决于被预测市场上商品的物理性质。因此，对盐的需求的预测要比对最近巴黎时装需求的预测容易。

3. 过程受到的控制越多，该控制机制对预测的影响越大。因此，自然要问，政府策略集的大小和性质是如何影响预测和包括政府在内的整个体系的效率的？[⑨] 如果不将政府部门包括进来，甚至不能很好地定义效率的概念。

4. 经济中很多主要的学习和策略性互动可以视为有着无穷多的小经济主体的原子式的博弈。换言之，存在着政府以及大的产业机构和金融机构，它们的经济博弈不仅影响彼此的预期，而且还与一个或者多个匿名的群体彼此影响，这些群体的行为表现在大众(mass)市场上。这些多期博弈的策略性的可能性是很多的，并且与很多学习方法(learning approach)和大众行为(mass behavior)的观点是一致的，如 Le Bon(1982)关于群体的论点和 Soros(1994)关于动态反馈重要性的观点。

5. 最后，可能也是最重要的，尽管选好初始条件，有着内生预期的博弈可以得到均衡，但一般而言，不能保证动态变化会收敛到一个理性预期均衡(不妨参阅 Arthur 等，1997；De Long 等，1990；以及第 7 章的讨论)。

预期、政府、社会和不确定性

将上一节中的模型加以扩展以包括外生的不确定性是很简单的。最简单的方法是在博弈树上的某一点引入一个二项(binary)随机变量。例如，我们可以假定，残值在最后是随机的。决策变量数量的增加主要取决于信息条件。

增长、控制、预期和利率

谈谈宏观经济学

要想成功地将宏观经济学和微观经济学融合起来需要对政府和私人企业的初步的作用进行描述。我们还没有论述私人企业在有着不完备市场的世界中的作用。这里出现了简单的利润最大化假定不能解决的困难。但是企业的行为对宏观经济来说是至关重要的。在 Fisher(1933)的第一章中，他强调了企业没有真实收入：企业只是资源流通的渠道。更现代的理论(例如 Debreu,1959)说明,如果没有不确定性,这个观点与假定有一个无私的人来经营企业并最大化净收入(按照惯例,净收入付给股东)是一致的。

为构建可行的博弈,博弈设计者必须在几个选项中进行选择。企业可以被纯粹地构建为其行动是由股东的投票决定的机制。在金融学中有很多运用这个假定的文献(不妨参阅 DeAngelo,1981)。从管理方面和实证方面看,这个博弈都是难以进行的,而且企业也绝不是以这种方式来运行的。

一旦在交易和生产的模型中加入外生的不确定性,问题就变得复杂了。直接的"解决办法"或者是创造出足够的或有商品(Debreu,1959)或者是创造出足够的证券来张成(span)概率空间(Arrow,1964)。不管在哪种方式下,所有市场都是完备的,从而不用考虑不确定性。Arrow 和 Debreu 的原创性的洞见是天才的,使我们可以很一般地证明均衡的存在性。这提供了一个分析的基准,但是却非我们生活在其中的具有不完备市场的世界的解。

企业是由管理者来经营的,董事们(他们常常是由管理者提名的)在企业中也有某些投入。股东们(他们可以在一年中的任何时间交易股票)一年一度要对管理者选择的方案进行投票。

一个比民主投票式的控制更好的关于经济现实的模型是,作为最优逼近,企业是由最大化自身预期福利的个人(或者群体)经营的;边界条件是,他们必须按照企业会计惯例,付给股东利润的某个最低份额。[10] 小股东可以放弃他们的投票,通过资产组合选择来最大化福利。

凯恩斯的一个洞见是将生产者和消费者的决策分开考

虑(对于这个问题的讨论,可以参阅 Leijonhufvud,1968;或者 Uzawa,1988,第 11 章)。按照他的观点,这两个群体的行为是不同的。消费者关心的是对未来的生活进行储蓄。生产者则是关心自身在科层中的收入份额的委托人或者受托人。

凯恩斯讨论的世界是一个如下的世界:市场是不完备的,企业由管理者来经营,政府与经济是相互作用的。除非不完备市场和预期能够被正式地模型化在空间上有界、时间上无界的经济中,否则就不能消除如上的世界和没有时间概念、风险可以被完全化解的一般均衡世界之间的区别。凯恩斯直观性洞见的重要意义在于,它考虑到了政府控制经济的可能性。从第 1 卷第 7 章开始,越来越复杂的模型提供了某些建模的组合材料。但即使加入最少的相关特征,如交易费用和交叠的世代,也会使得将 Hicks 的 IS-LM 模型变成一个令人满意、符合现实的策略性模型变得困难。

宏观经济学中的一个核心问题是增长和在促进增长的过程中政府的控制。但是,政府的武器是什么呢?政府又是如何影响增长的呢?传统的宏观经济学课本会讨论货币政策和财政政策。例如,Dornbush 和 Fisher(1981,第 73 页)将财政政策定义为“政府关于政府购买、转移支付水平和税收结构的政策”。另一方面,货币政策讨论的是关于政府对货币供应和诸如债券的买卖、准备金比率的变动、利率的设定等变量的影响。

前面几章为理解货币政策在个人化的价格体系中的作用提供了一个框架;但是如果不对公司行为、财政政策、公共产品、税收进行微观经济学的分析,微观经济学与宏观经济学就不能很好地融合起来。因为政策的制定不能等待、也不应该等待基础科学的发展，所以宏观经济分析都是建立在几个具体假定之上，根据这几个假定深入分析。

行为和理性

即使我们建立资源来自过去并走向未来的一期博弈，我们也会遇到预期问题。但当我们构建定义好的、有限的策略性市场博弈时，我们必须要么将终端条件视为外生给定的，要么向博弈方提供一种计算或预测作为所有经济主体策略的函数的残余价值或者回购价格的方法。

如果将理性定义为如下假定：个人只是相同博弈序列的一部分，在这个博弈里，人们在过去和未来都以一种无历史的、基本上没有时间概念的方式延展开来，他们遇到的问题与当期的博弈方遇到的问题是完全相同的，那么我们就可以将理性行为定义为寻求导致博弈结束时剩余的资源与博弈开始时提供的资源完全相同的最优化条件。因而可以构建无限期界的数学问题并对它进行求解，并且所导致的每个非合作均衡（可能很多）都可以被看作是“理性预期”的结果。如果存在外生的不确定性，那么还必须解决两个新问题。开始的时候，所有的人对所有的事件持有的都是客观概率，还是有自己的先验主观概率？在实验博弈中，裁判实际上可以赋予博弈方客观概率，如在二十一点纸牌游戏或者扑克牌游戏中所做的那样。但在经济中，对很多事件来说，做不到这一点。如果人们没有客观概率，初始的主观概率是如何产生的呢？关于先验概率估计的更新，优美的贝叶斯理论为单人不确定性下的决策清楚地提供了规范性的指导。但是它没有告诉我们,人们是怎样形成他们的初始先验概率的。

在宏观经济学中认真地应用严格的博弈论和实验博弈既不会导致绝望的建议,也不会使我们盲目地接受理性预期或者某些特殊的非合作均衡。相反,它指明了将博弈论的最优化与人类决策的行为模型融合起来的方法。策略的正式概念是如此宽泛,它能够涵盖相当广的行为。过分关注均衡分析的经济学家和博弈论专家常常混淆了事后的理性和事前的理性。所以就有一个容易忽略如下方案的倾向:事前看上去具有完美理性的方案事后可能会带来灾难。

从我们构建面向过去和未来的可行博弈的努力中可以看出,引入个人理性是不够的。我们必须在初始条件中定义与过去的关系,而且我们还必须通过适当的终端条件来对博弈进行截尾(truncate)。但是要做到这一点,我们必须提供适当的背景。例如,裁判可以为如下情景提供初始的客观概率:人们需要构建过去与未来是什么关系的认知图。同样地,提供回购价格回避了预期的形成问题。但实际上,不论是初始主观概率的产生,还是长期预期的形成都可用来刻画经济最优化的政治背景和社会背景。

关于政策,宏观经济学家通过想当然地作出大量的行为假定,得到了可以应用的动态模型。另一方面,研究一般均衡的微观经济学家得到了逻辑一致性,但代价是忽略了过程和背景分析。这里采用的博弈论方法提供了过程分析的框架,但是却悖论式地说明:我们不得不提供有关预期的理论。

凯恩斯直觉式的重大贡献是,构建了一个因强调非均衡和动态变化而与局部均衡理论和一般均衡理论都有很大区别的经济模型。他在这方面的强调是务实的，糅合了关于局部最优化行为和其他类型行为（如消费倾向所说明的行为）的断言。他的体系尤其依赖于引进交易成本和承认存在着不确定性和不完备市场。这两种因素为经济体系添加了足够的摩擦力，使政府可以以一种非中性的方式来操作货币政策和财政政策。凯恩斯的所有洞见之后是关于经济动态变化中预期的形成的隐含假定。

可以认为，凯恩斯的宏观经济学和（在这个问题上）他的杰出的追随者托宾考察的是整体非均衡系统的动态变化。因此，他们的某些模型可以重新构建（在细节方面会有某些牺牲）为如下的定义好的策略性市场博弈：在这些博弈中，某些主体会作为习惯的动物（creature of habit）、策略性哑变量或者有着受限于习惯或者习俗的理性来行动。但是，基本的问题在超出了直接的经济学的水平上，既是实证性的，又是概念性的。一个社会科学家的变量可能是另外一个社会科学家的参数。因此，在选择解释变量与建立不同的因果关系方面，存在很大的自由度。将宏观经济学和一般均衡融合起来的代价是，必须明确货币、动机和预期的作用。

宏观经济模型和微观经济模型的另一个重要的区别是，在什么是一个好的结果和好的政策的含义方面强调的内容有所不同。虽然在微观经济学的大部分场合，帕累托最优都是一个重要的标准，但是在凯恩斯的著作中甚至没有提到它，大多数宏观经济学教科书如果提到它的话，也是顺带提及，而讨论的主要是政策在增长、失业、收入分配和通货膨胀方面的后果。如果没有明确地加以说明的话，一个隐性的结论是，好的政策是满足某些社会经济目标的政策。

创新、预期和金融

大量的传统增长理论研究的是给定外生人口下的长期经济增长(Solow,1956,1988)。Von Neumann(1945)很抽象地论述的扩张经济具有均齐的增长,将人口当作一个隐性的因素。

既维持均衡增长理论又能够解释递增的生产率的一种方法是在增长模型中的生产函数上增加一个额外的因子项,该因子是时间的幂。这种方法将生产率和创新视为体系外生的,并且是在较高的抽象水平上对它们进行研究。这种方法可以解释为在研究增长经济学时,对复杂问题进行分解,而非完全忽略。创新背后的经济力量和社会经济力量是什么呢?一个经济的金融结构如何影响和制约创新的性质?熊彼特的著作(1942,1955)提供了一个富有启发性的、直观的和非量化的初步答案。从20世纪80年代早期开始,关于创新和生产率的经济研究的性质开始发生改变。Arthur(1989)帮助我们理解了网络性规模收益递增的作用。Romer(1980)与Krugman(1979)考察了内生的技术变革和创新;Rheinganum(1985)用产业组织博弈论方法对创新进行了研究。

研究趋势看来是从古典的均衡理论转向关于竞争的混合性局部最优化演进模型。马歇尔(1920)与Boulding(1950)的看法在某种程度上已经被Nelson和Winter(1982)加以操作化,并且关于生产机制的较简单的模型正开始被具有信息和明显的创新过程构造的模型取代。

尽管当前存在着重新评价收益递增(参阅 Buchanan and

Yoon,1994)和超越瓦尔拉斯均衡的明显的趋势,熊彼特关于企业家创新过程和资本主义创新过程的看法只是得到了部分的实现。尤其是,对金融机构在鼓励或者限制创新方面的作用仍然考察不足。贯串本书的一个关键观点是,金融机构是进行信贷评估的。信贷评估的最困难的形式之一是,对未知的东西进行赌博。在一般均衡、理性预期经济中是不需要投资银行的。

在使得熊彼特的如下观点更具操作性和准确性方面,我们还有一段距离:在经济进步的浪潮中,“竞争发挥作用的方式与在静态过程中发挥作用的方式完全不同,不论竞争有多么完美都是如此。以成本更低的方法生产旧物品中得到好处的可能性不断地变为现实,并不断地要求新的投资。这些新的产品和方法与旧方法不是在同一个起跑线上进行竞争的,新方法常常有决定性的优势,这种优势意味着旧方法的消亡”。经济进步的浪潮需要三种主体的相互作用:发明家、企业家和金融家。在我看来,我们还没有关于基础发明的严肃的经济理论。发明者想让他们的孩子“生下来”。如果企业家们发现从发明中能够赚取利润,他们就愿意充当“接生婆”;如果金融家发现企业家的打算,他们就愿意为此提供融资。

要想完整地理解创新是怎样得到融资的,我们需要理解银行体系、股票市场和政府赞助的研究所发挥的作用。虽然这里只是初步地将银行和货币供应融入封闭的经济体系,但是这个开端对于构建用来评估创新和为其融资的更详尽的金融结构是必需的。

增长、预期和利率

我们理论的关键在于，当经济体系嵌入到时间中时，即使只有最少的初始条件和终端条件考虑到来自前期的投入和延续到下期的产出，也会出现新的自由度。尤其是，如果我们至少考虑到如下单期博弈：有 n 种类型的交易者和生产者，有着一个从事 m 种商品交易并使用法币的外部银行，那么除了规定初始禀赋以外，这样得到的模型必须至少包括（$m+1$）个参数。这些参数包括剩余资源的 m 个预期价格，加上法币的固定供应量或者政府设定的利率。如果考虑到税收和补贴，那么还要加上几个参数。

用法币来替换商品货币给经济体系增加了新的自由度。除非规定了利率或者货币数量，否则两者之一就不能决定。但是这种规定给政府提供了一个实施控制的武器——政府可以用征税权力来实施控制。抵消这个权力的是决定剩余资本存量组成的 m 个终端价格之影响。

新理论与旧理论的区别之处在于，它描述了决定这 m 个价格的力量。相对容易、非行为性的、非制度性的、基本上是静态的解决方法是引入理性预期假说或者完美非合作均衡。使所有的预期保持相互一致（mutual consistency）提供了以内生地（但不惟一）决定 m 个终端参数值的无限期界模型来替代这 m 个终端参数所需的 m 个新条件。

与理性预期假定（见上一节）不同，我们可以在与宏观经济学模型保持一致的情况下，引入不同的内生预期的因素。虽然微观经济学或者非合作博弈纯化论者（purist）可能感到，这样做会否定关于理性的基本公理，但即使从这个层面上来说，也容易构建如下的博弈例子：理性预期结果对所有人都是不好的，简单的近视的预测都会优于这个结果。Shapley 没有发表的一个早期例子、Shubik(1996)与 Quint、Shubik 和 Yan(1997)的文章也说明了这一点。Shapley 的例子是表6.1所示的两个博弈方的 3×3 矩阵博弈。

表 6.1 惟一的不理想均衡

		博弈方 2 的策略		
		1	2	3
	1	5,4	4,5	0,0
博弈方 1	2	0,0	5,4	4,5
的策略	3	4,5	0,0	5,4

惟一的(混合策略)均衡是，两个博弈方都以(1/3，1/3，1/3)的概率来选择三个策略。他们的预期收益将是(3，3)。他们寻求的不是一致性预期，而是在互动的过程中序贯地犯错误，这样他们就避免了零收益，最后会有(4.5，4.5)的预期。Shubik(1996)的例子说明，一致性预期的收益可以任意地接近零，而最优反应的动态变化却可以任意地接近一个共同最优(joint maximum)。将反映在完美的非合作均衡一致性中的预期之外的预期与央行利率的选择结合起来会得到多种多样的动态增长模型。

需要重申的两个要点是：

1. 用假想的货币来代替黄金类的实际商品每期为经济引入了额外的自由度。给中央银行一个控制变量，可以消除这个自由度。

2. 理性预期假定只不过是非合作均衡所需条件的假定。

上面提到的有限期界策略性市场博弈除了是关于人类行为的糟糕的模型,并且忽视了学习效应之外,还说明了,最优性和非合作均衡之间的联系一般而言是非常弱的。但是,当我们考虑到无限期界时,情况就变了。

另一种认识时间开放的(open to time)单一商品模型中的理性预期假定的方法是,用一个变量替代了 n 人博弈中的 $(n+1)$ 个变量。这 $(n+1)$ 个变量包括 n 个预期(事前)价格和每个人根据预期进行的最优化行为加总所形成的实现(事后)价格。将事前价格等同于事后价格会消除分析中的动态变化。

无信任交易所需货币的数量

现代经济中既有消费者,又有企业。在不同程度上,他们都有一系列的金融工具,而且大部分交易都会涉及金融工具与货币的交换。这自然会引出两个问题:在某种意义上,有没有应该引入经济的最优的货币数量?它与金融工具的增加有什么不同吗?

金融体系已经变得越来越复杂了。根据一种票据发行另一种票据,每一层面又带来新的控制形式。个人可以持有共同基金的股份,共同基金可以持有控股公司的股份,控股公司可以控股性持有几个公司的股份,这几个公司又可以直接生产或者通过其下属部门间接生产实际产品。因此,四层或者五层的票据在现代经济中是可行的。每一层都增加了策略上的复杂性,并增加了控制结构中的参与者的数量。增加一层就增加了用来为增加的交易融资的更多的现金和信贷需求,而且,信息结构也扩大了。给定某个政治经济结构,我们能够定义最优的金融结构吗?经济中金融票据的层次数有自然的上界吗?现金、信贷和控制的所有权分层的含义是什么?

注 释

① 更正式地,有限的一般均衡模型是一类模型的子集,在该类模型中,人们从外部购买资产,并且在结束时,资产具有清理价值。我们仅考虑没有初始购买且所有剩余资产价格为零的情况。

② 如果我们假定仅有一个中央银行或政府,那么它将是一个博弈中的可测度的原子(measurable atom),在该博弈中,我们需要交易者连续统来实现有效率的竞争。但是在一个存在大型原子式博弈方并且有关该博弈方行动的信息是可知的多期博弈中,其他博弈方的策略是随情况变化的。"观察联储"和猜测中央银行将采取什么行动成为个人策略的一部分。我认为这一类型的模型通常可能没有纯策略完美均衡。混合策略均衡将会存在,这些均衡反映了政府必须"操纵机会",使其不利于投机者。

③ 如果我们考虑不完备市场,我们可以使博弈方得到的最后一期价格取决于给定的概率。这仍可以使我们得到一个完全定义好的策略性市场博弈。

④ 即使在一期博弈中,我们也必须确定资源的个体供给是否为共同知识。宏观经济学通常假定人们知道他们自己的资源并且可能知道所有其他人的资源总和的一些情况。

⑤ "偏好"一词可能过强。政府可能只有一个选择规则,它所给出的评价集可能并不具有传递性。

⑥ 如果我们试图将政府的偏好作为个体偏好的总和或作为政治博弈的结果,我们就不太可能得到完全有序的政府偏好或效用函数。给定政府被视作策略哑变量,没有理由使我们不能以与政府对未来需要评价有关的社会福利函数的形式来外生地给定政府的目

标、意识形态或效用函数。

⑦ 实际上，土地是“寡妇的坛子”(widow's cruse，指取之不尽的财源)(参见第 9 章第 3 节)。

⑧ 第 $m+1$ 项反映了货币的即期价格总为 1，因而有 $p_{m+1}=\pi_{m+1}=1$。

⑨ 我推测，在一个民主的、主要是市场导向的经济中，要维持低水平的失业率并保持经济效率，政府部门的规模需要占经济的 20%—40%。低于 20%，政府的规模不足以抑制波动；高于 40%就会导致激励的丧失并且滋生官僚主义。

⑩ Dubey 和 Shubik(1981) 认为所需条件等同于利润最大化。

预期、不确定性、信息和金融

信息、预期和金融

人们不知道经营业务和偿还债务的最好、最经济的方式，对我来说，这绝不是一个答案，因为这是一个事实的问题，而非科学的问题，而且可以用来反对政治经济学中的几乎所有命题。

——李嘉图致马尔萨斯

(Bonar，1887，第18页)

在经济理论发展的长河中，过早地引入过多的细节可能会妨碍分析者认清不取决于具体细节的基本结果。只有当分析深入了，更加精细了时，我们才需要额外的细节。在物理学中，对某些用途来说，牛顿力学就足够了；对另外一些用途来说，就需要相对论。对经济学的发展和信息的作用来说，情况也是如此。本章开始时引用了李嘉图的一段话，他是经济理论发展过程中的巨人之一。在李嘉图考虑的大部分问题中，信息的可得性、对称或者非对称分布几乎是不相关的；在有着连续统的交易者和完备市场的一般均衡理论中,它们也是不相关的。但当只存在少数经济主体和不完备市场时,情况就不再如此。

虽然大众在交易中使用货币大的方面不取决于信息,但关于信贷和融资的很多更具体的细节却取决于信息。公司董事会有效的信托功能、信贷风险的评估、有内部人信息的稀薄市场上的股票交易只不过是取决于信息条件和信息分布不对称性的金融活动的几个例子。

认识金融结构的最好的方法是将它看作信息处理和信息评估的控制系统。物物交换或者物与公认的货币的交易可以在匿名的大众市场上发生。但是,提供信贷和发行所有权股份却涉及较高水平的信息,而且一般而言会涉及对具体个人的能力、动机和意图进行评估。由于我们的主要目的是提供一个将交易和生产与货币体系和贷款市场融合起来的完整的框架,所以这里我们将不会研究不对称信息所导致的很多实际问题的细节,也不会回顾诸如代理理论和合约理论等方面的大量的文献。我坚信,理解声誉是如何建立起来的、预期是怎么形成的、人品和能力是如何评估的,对于完整的金融理论的发展是至关重要的。但是,尽管博弈论和其他纯经济学的方法在这些问题上可以作出某些贡献,大部分增加我们洞见的价值却来自于其他学科。因此,我们的评论将仅仅局限于我们有限的正式模型中可以得到的关于信息的一些基本特征。

虽然博弈论通过将选择点分割成信息集来描述信息,但预期却与使用的解的概念有关。预期的形成可能取决于可以得到的信息,但是一般而言在博弈的规定中并没有给出;基本的原因是,经济学家对预期的形成还没有足够科学的认识。

不对称信息

正式地说，当两个或者两个以上的博弈方关于同样的状态集，拥有不同信息集时，一个博弈就有不对称信息。如果博弈方 1 掌握的信息少于博弈方 2，那么 1 的策略性选择将会少于 2，因为 1 赖以进行选择的信息少于 2。实际上，大多数金融机构的信息基础（information base）与它们的顾客的信息基础有着相当大的差别。金融机构的中介活动所增加的大部分价值在于信息加工和评估（可以参阅 Goodhart，1991）。虽然人类的成功很大程度上归功于专业知识和学习效应，但大多数经济理论却没有解释这两种现象，而要发展一个关于金融机构的可行的理论则须将这两者包括在内。这里我们仅仅限于考察能将这些特征包含进来的初步分析的性质。

专家和其他人

如果一个人关于某些事件的信息集是另外一些人的信息集的严格精炼（refinement），那么我们就说他在这些事件

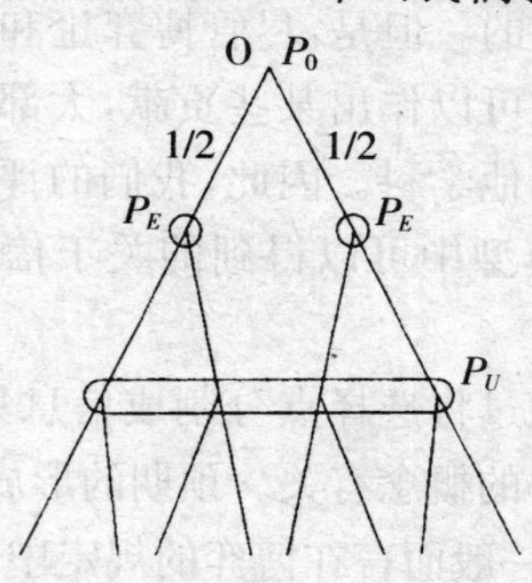

图 7.1　专家和信息较少的博弈方

上是一个专家。图 7.1 说明了这一点,自然进行随机选择,专家得到了信息,而另一个人没有得到信息。然后他们同时出价。

一个简单的例子可以说明这个博弈。假定每个博弈方 i 的效用函数具有如下形式:

$$U_i = \frac{1}{2}\sqrt{x_{i1}} + \frac{1}{2}\sqrt{x_{i2}} + \frac{1}{2}(M_i - b_{i1}) + \frac{1}{2}(M_i - b_{i2}) \tag{7.1}$$

其中 x_{is} 是状态 s 下购买的商品的消费,b_{is} 是以黄金数量表示的出价,M_i 是每个人的初始黄金禀赋。假定每个人在开始的时候没有消费品禀赋,但有大量的黄金禀赋 M_i。2 单位的消费品拿出来拍卖的概率为 1/2,8 单位的消费品拿出来拍卖的概率为 1/2。博弈方 1 在知道报价前,必须出价;博弈方 2 在出价的时候知道报价。考虑到两个博弈方的信息差别,两个博弈方的收益分别为:

$$0.5\sqrt{\frac{2b_1}{b_1 + b_{21}}} + 0.5\sqrt{\frac{8b_1}{b_1 + b_{22}}} + M - b_1$$

$$0.5\sqrt{\frac{2b_{21}}{b_1 + b_{21}}} + 0.5\sqrt{\frac{8b_{22}}{b_1 + b_{22}}} + M - 0.5b_{21} - 0.5b_{22}$$

稍加分析,我们就可以看出,增加的灵活性使专家赚得比另外一个购买者多:[①] $b_1 = 9/8$;$b_{21} = 3/8$; $b_{22} = 15/8$。博弈方 1 的收益为 9/8,博弈方 2 的收益为 13/8。

毫无疑问,专业知识现象远比这个模型中所描述的要复杂,但可以认为信息的精炼(refinement)说明了专家的洞察力更强,他可以区分业余人士不能区分的东西。虽然这些观点与揭示信息的市场价格是一致的，但是这种揭示却发生在事实之后，对缺乏精细洞察力的人来说，它是毫无用处的。

论学习

专家是对他们的专业了如指掌、有丰富经验的人。他们从新的信息中推断出的东西远比新手要多。虽然没有被普遍接受的经济学习理论，但将经济叠代模型的某些方面与贝叶斯博弈的思想结合，我们可以构建如下一类博弈：在这类博弈中，年老的人比年轻的人更有经验，他们从所处的环境中能够推测出更多的信息。

可以将上一小节给出的模型进行如下的修改和扩展。我们考察如下的开放的 OLG 模型：有 70 个年龄，每个年龄的人口规模相同（博弈方为连续统）。下一期将有 70 个或者 280 个单位进行拍卖的概率分别为 p 和 $(1-p)$，它们是未知的。每期内，每类代表性个人得到两单位可消费、可储藏货币的未知概率分别为 q 和 $(1-q)$。每人都想最大化(7.1)式所示的 70 期收益的和。

即使我们只是将学习模型化为传统的贝叶斯推断，如果一年中会以未知的概率发生一次或者两次对个人有经济意义的事件，并且个人的经济生命是有限的，那么年长者赖以行动的样本规模就比年轻人的好。一个人的年龄越大，样本就越大。由于每人得到有限的小样本后就死了，因而没有人活得长到可以得到完美的估计。

上面我们通过年长者具有较大的样本规模来说明"学习"。但看来，实际的学习要比单纯地更新较大的样本规模复杂得多。尤其是，它常常需要能够辨认新的模式和观察到所分析问题的不同维度。尽管如此，从样本大小方面来理解学习使得我们可以建立定义好的博弈论模型，而且大的样本总是有好处的。

共同知识

警察问醉汉："你在干什么？"

醉汉："找我的钥匙。"

警察："你是在这盏灯下丢的吗？"

醉汉："不是，我在那边的黑影中丢的。"

警察："为什么你不在那里寻找呢？"

醉汉："因为这里是惟一有灯光的地方。"

从李嘉图开始，经济模型就已经开始变得越来越正式。直到最近，信息结构和人们拥有的关于模型结构的信息这个问题都被排除在关于博弈规则的隐性（有时候是显性）假定之外。博弈论方法的广泛应用开始改变这一点，尽管满足定义好的博弈的严格要求的模型与可以进行计量分析的模型之间还存在着差距。从李嘉图写给马尔萨斯的评论中可以看出，李嘉图已经意识到信息造成的困难；但是作为最早的抽象理论家之一，他欣赏简单的最大化原则起作用的模型的威力与简洁。

迄今为止，在我们发展策略性市场博弈的过程中，我们讨论的是定义好的博弈论模型。这会涉及如下假定：每个人知道所有的博弈规则，所有人都知道所有的其他人知道博弈规则，依此类推，以至无穷。

如果我们开始的时候仅仅局限于考察有着有限终点的博

弈，那么通常考察的是有着关于博弈规则的完全知识和共同知识的博弈。从计量经济学的观点来看，这意味着，每个人知道模型的结构，包括任何可能出现的随机变量的分布；并且每个人都知道这一点。

一个定义好的博弈可以有完美信息，对称信息或者不对称信息。不对称信息的出现会表现在博弈规则中，并会影响每个博弈方的策略集的规模。我们可以考察如下模型：在某个概率下，可以知道模型的不同参数（例如各种生产函数中的参数）。如果博弈有有限的期界并且有惟一的均衡点，那么Muth（1961）论述过的计量经济学考虑就是充分的。如果经济现实涉及不止一个均衡[2]，那么就必须面对新的基本问题。

尤其是，当放弃掉共同知识假定后，在理性的、规范的选择理论和行为理论之间进行区分就比较困难。没有共同知识，未预期到的事件的含义定义起来就会更加合理。尽管近期有关于不存在共同知识的博弈论的研究工作，但是我猜测，在理解个人认知图（cognitive map）的一致性方面的大进展将来自于跨学科的基础工作。

略论增长和理性预期

两个芝加哥大学的经济学家在校园里散步，这时候他们看到一张20美元的钞票。其中一人对另一人说："别弯腰去捡它，如果那里真有一张钞票的话，早有人抢在我们前面将它捡起来了。"

大部分现代正式的经济理论的证明都求助于类比、不能保证的一般化或者隐性和显性的假定。我们通过忽略均衡的非惟一性或者假定均衡是惟一的来对付均衡的非惟一性问题。如果出现不止一种商品使得动态学过于复杂不好把握，那么我们先证明一种商品的结果，然后再轻易地将其推广。这种高度简化的方法，不论在基本理论和试验博弈的发展过程中多么合理和有意义，在为政策决策做理论解释的时候仍是危险的。

在当前的经济理论状态下，没有特别的必要引入逻辑上的一致性和完备性作为政策导向的宏观模型所需的特征。如果给出的经验法则(rules of thumb)好像理论上已经证明了一样，那么有用的经验法则和理论解释之间的逻辑差距只会成为障碍。科学上滥用的一个典型例子是隐含在理性预期中的一些假定。有限瓦尔拉斯经济中经济主体的明显的完美理性与很多宏观经济模型中的特定性之间实际上存在着矛盾。

理性预期和非合作均衡

多年来，经济学家选择了很多关于经济活动中预期形成的特殊假定。Muth(1961；还可以参阅 Azariades，1981)研究的是供求局部均衡模型中预期是如何形成的基本问题，他观察到，为了维持均衡，个人的预期必须符合相互一致性(mutual consistency)条件；大致来说，非合作均衡只需要预期的一致性。Muth 的讨论局限于具有足够的正则性(regularity)以保证惟一均衡的单个市场。假定经济主体将知道市场结构当作共同知识，并且还知道什么随机项代表“白噪”(white noise)；也就是说，存在着围绕实际模型波动的误差项，其预期为零，而且没有序列相关。在可能很符合困于养猪业周期

(hog cycle)中的聪明的农夫的行为的假定下，Muth 为微观计量经济学的大发展铺平了道路。但是将 Muth 的工作推广到宏观经济学中却要求很多不合理的假定。没有什么理由来怀疑多产品的多阶段经济存在着惟一的均衡。仅此一点就会提醒我们反对引入预期的惟一性。的确，这样的假定只能作为有望产生有意义洞见的猜想来看待。

在 Koopmans(1977b)简洁、优美的两商品固定比例生产技术的例子中，他向我们提供了两条不同的静态增长路径和利率。即使将这种过分简化的固定线性生产技术与长生不老的经济主体结合起来，也不会选择出惟一的均衡。而且，第 6 章已经指出，对任何给定一套期末清理价格的有限博弈来说，都存在如下均衡：通过改变各种清理价格的大小，增长可以走向任何方向。也就是说，相互一致(mutually consistent)的预期可以有很多。

将 Muth 有价值的观察扩展到多维度的动态模型有很多尚未解决的局限性。真正面向未来的动态 OLG 经济在提供预期形成的不同方式方面，至少有 mn 个自由度。这些只是建模方面的一部分问题。如果我们随便看一下实际的经济和人们知道的东西，就会发现，他们不可能具有关于经济的共同知识(见本章第 3 节)。

将 Muth 的工作推广到宏观经济模型而构建可行的博弈需要构建如下的多期随机策略性市场博弈：规定终端条件，从而可以在有限时间内进行博弈。从第 6 章可以看出，在构建可行博弈的过程中，不可避免地要界定预期。即使对于任意期限的叠代来说，如果没有外生规定的价格或者预期函数，也不能确定终端条件。对任何假设的预期函数都使用的“理性的"(rational)一词至多也不过是对"一致的"(consistent)一词的误称,或者只是用于宣传的散文(essay),而非科学。我们这里考察的是可以观察到的模型的一致性。

假定我们有了代表经济的准确的模型,该模型包括了诸如天气或者政治选举这样的随机变量。理性预期背后的两个关键假定是:

1. 个人不仅知道模型的参数结构(用博弈论的术语来说,他们知道所有的博弈规则);

2. 所有人都有共同知识。

有了这些假定和适当选择的宏观模型,Lucas(1973)、Sargent(1986)、Barro(1981)等人已经能够建立新的古典经济学;按照这种经济学的说法,货币政策是无效的,因为人们在事先能够对其进行预期。

即便是不经意的实证也能够说明,理性预期下的假定是一点也不现实的。人们头脑中并没有相同的宏观经济模型。但即使我们假定他们头脑中有这样的模型,但是任何试图建立面向过去和未来的当前经济的定义好的博弈论模型的努力都会说明,非合作均衡解对可以出现的结果施加了比较弱的条件。进一步,有着一个大的(或原子式的)博弈方和众多小博弈方的策略性博弈的结果将取决于信息条件和政府的策略集是如何规定的。有些时候,政府要做的"理性的事情"是采用混合策略。

认识理性预期用处的一种方法是考虑将它依次用在一系列逐渐复杂的有限策略性市场博弈建模中:

1. 如下的生产和交换经济:规则是作为共同知识给定的,存在惟一的纯策略非合作均衡。

2. 经济同上,不过存在多重均衡。

3. 嵌入在时间中的生产和交换经济,过去和未来是由初始条件和终端条件给定的。

4. 经济同上,不过有着交叠的时代、未知的结构性参数和相同的先验概率。

5. 有着共同知识的生产和交换经济。

Muth 的开创性文章说明了处理模型 1 的方法,但是没有说明与宏观经济学有关的模型的处理方法。

一个宏观模型胜过另一个宏观模型的实证方面的争论不是我们的目的(这方面可以参阅 Frydman and Phelps,1983;Leijonhufvud,1983;Akerlof and Yellin,1987)。我们的目标是,在对实际经济进行建模前,完成如下简单和切实的任务:构建和分析最简单的可行博弈,并且该博弈能够分析如下的基本现象:货币的交易需求、投机需求、规定预期的需求、交叠世代的作用、政府最起码的作用。这样做并不需要完全符合现实,而只是需要在规定结构和认识所描述的现象的基本原理的能力中有逻辑上的一致性和连贯性。

论太阳黑子均衡

Jevons(1909)认为,太阳黑子可能会直接影响气候,从而影响农业生产率和整个经济。实际情况如何是一个悬而未决的问题。另一方面,Cass 和 Shell(1983)已经指出,对资源、偏好或者过程没有任何影响的随机信号会影响经济行为。他们对外部不确定性——他们称之为“太阳黑子理论”(参阅 Shell,1987)——的研究与本书中采用的基本的博弈论方法或者策略性方法是大体一致的。即使在没有任何外生不确定性的博弈中，如果博弈方同时行动或者不知道其他人的行动，也存在策略性的不确定性。众所周知的是，没有外生不确定性的对称博弈可以有不对称的纯策略对称解集，也可以有混合策略解。而且，如果随机的机制对实际结果的集合没有任何影响，就可以用它来对相关行动建立关联，并得到一类相关的非合作均衡(Aumann，1987)。在这样的均衡下，经济主体可以用诸如太阳黑子的发生或者运动赛事的结果一类的"外部"事件，来使得他们的策略选择发生关联，从而给定经济主体关于其他人行动的信念，没有人愿意改变他们的策略。

在Cass和Shell(1983)研究了OLG经济中太阳黑子均衡存在的可能性方面，Maskin和Tirole(1987)提供了不对称信息经济中太阳黑子均衡的例子；Aumann、Peck和Shell(1988)运用太阳黑子均衡和不对称信息，构建了一类简单的策略性市场博弈，其中的一个博弈可以看作是第1卷第7章中Dubey和Shubik(1978)报价博弈(bid-offer game)的直接推广。

我们自然会问，什么机制使得个人策略与外部事件相关？不论这类问题对理解经济现象有多么重要，它们都处于经济学和社会心理学的交叉地带。这类问题是彼此密切相关的，例如什么机制将一个有序的人群变成一场暴乱？或者将一个有序跌落的市场变成一场恐慌？

通货膨胀

通货膨胀显然是一个法币经济下才有的重要问题。第4章第3节中有借贷的交易经济模型说明，货币利率是一个控制变量，控制者每期对它有一个自由度。如果利率高于零，交易的融资需求就会影响资源的分配，并且这个博弈中的 NE 与相关交换经济中的 CE 不相同。

如果我们在如下的经济中引入新的控制条件：该经济中有着完备市场、静态人口、静态的商品和资源分配，价格水平也是静态的，那么我们就有充分的余地来选择该经济均衡中的惟一货币利率。没有明显的理由来支持这种选择。这种选择最小化了所需信息的数量。价格不会发生改变，除非配置发生了改变。在有着不完备市场的经济中，还有取决于破产法变动速度和通货膨胀速度的具体关系的重要问题。我们在分析中始终强调的是，违约和破产惩罚在纸(或塑料)[3]币和信贷经济中都会起关键的作用。尤其是，信贷供应和违约罚金之间的关系可以决定可行的通涨性定价的范围。但是，即使信贷供应和经济会发生迅速的变动，破产法也不会发生迅速的变动。这种刚性限制了我们在有着外生不确定性的经济中确定一个无通货膨胀的价格体系。

论货币和创新

如果公众持有的法币(如第 4 章第 3 节)是黄金类的资产，那么持有货币并愿意贷款或者投资的人就能够引导资源的利用。在有着创新者的世界中，这些持有货币的人可以为创新提供融资。从投资银行家的观点来看，我们可以将创新者视为部分受控的随机变量。投资决策的关键特征是，能够对作为投资的函数的随机变量的分布进行计算。如果私人银行体系可以扩展用以替代法币的信贷的供应，并且将其导向或者导离创新者，那么它在决定创新的方向上就有了直接的控制力。

大众主体行为：一个研究动态学的方法

不要赌博！储蓄或者购买某些好的股票。

持有这些股票直到它涨价，然后将其卖掉。如果它不会涨价，就不要买它。

——Will Rogers

为了提供研究经济行为的背景，本书关注的是金融机构和金融机制存在的必要性，而非提供新的关于经济行为的理论，尽管我们也需要这样的一个理论。尽管如此，本节考察的是我们从非合作均衡的优点和缺点中学到了哪些东西，为什么要用新的方法以及新的方法应该从何开始。

人、价格和幂律

若干年前，在一本富有启发性的书中，Zipf(1949)观察到英语和其他几种语言中最常用的词汇的分布有一种规律性，这说明，对很多现象而言，第 i 项出现的频率为 i^{α}，这里 α 为某个实证上可以决定的指数。Zipf 将他的模型用于城市的规模和很多其他现象。Mandelbrot(1963，1966，1967)在他的几篇文章中指出，某些金融市场价格的分布最好可以用 Pareto-Levy 分布来表示，在这种分布中，超过一定的规模，任何幅度的价格变动的概率是作为幂律(power law)出现的。Ijiri 和 Simon(1977)在一篇涵盖了他们 1955—1975 年所写的全部文章内容的专著中,考察了企业的规模分布,其中起作用的机制基本上在任何规模上报酬都不变,就像 Gibrat 所说明的那样。

Arthur(1989,1990)将生产的模型化建立在“网络规模收益递增”的基础上,考察了未来市场份额取决于当期市场相对份额的可能性,并且提供了更新未来市场份额概率变动的 Polya 过程。Bak 和 Paczuski(1995)用相关的不同方法,指出“大的动态系统有将自身组织成有着各种规模的‘雪崩’(avalanches)或者‘间断’(punctuation)的临界状态的倾向”。Bak 等人(1993)提供了激发自组织临界性的初步的生产和存货模型。

Mandelbrot 的观察与股票价格表现了布朗运动时我们预计到的标准差是不吻合的。的确,行为金融方面的进一步研究(不妨参阅 Thaler,1993)和 20 世纪 90 年代金融衍生工具市场的崩溃使得人们对这种均衡模型发生了疑问。Arthur (1992)在女王大学(Queen's University)的 Mackintosh 讲座中,提出了一种诱导预期形成的决策方法(也可参阅 Arthur et al., 1997; 在这篇文章中,该方法便应用于一个模拟的股票市场)。

异质性预期或者理性预期

众所周知,很难得到高维经济动态学中的一般结论。博弈论方法在多阶段博弈而非求解动态学中的应用,只是说明了均衡理论的基本缺陷。尤其是,将所有经济主体运用均衡策略的假定与所用同类的经济主体运用相同策略(用博弈论的术语来说,存在着类型对称的均衡,即 TSNE)的假定结合起来可以降低所研究的系统的维度,而无需提到该系统的动态学是什么。比类型对称的假定更糟的是用单一经济主体代替一系列的经济主体。在 Arthur、Balasko、Grandmont、Hildenbrand 和很多其他人的最近的著作中,他们都呼吁应该越来越重视有着异质性经济主体的经济模型的价值。

一个类似 Arthur 等(1997)提出的例子的简单例子可以说明这些观点。考察如下的股票市场博弈。在这个博弈中,有 100000 个生命有限的人,他们买卖有着随机股息的单一的股票或者有着固定利息的债券。过了一段时间,这些人又被其他的人所取代。如果所有人都知道随机股息的分布,并且所有人都有相同的效用函数,那么就会存在类似第 8 章和第 9 章中所示的理性预期均衡,这时经济可以被模型化为一系列平行的动态规划。在对平行动态规划的基本处理中,通过假定类型对称和理性预期,我们用有着给定价格的定义好的单主体动态规划代替了一般动态学,然后证明,多主体模型的均衡解或者静态解将有单主体动态规划中的财富状态的频率所给出的静态财富分配。多主体动态学的正确表示将会有 100000 个自由度,每个预期价格对应着一个自由度。人们根据预期价格来进行他们的最优化行为。

要想超越理性预期的局限性,要问的一个新问题是,我们能够发现未必收敛于理性预期均衡的学习过程和预期生成因素的可行集吗?

通过将经济模型化为有着有界紧集结果的定义好的博弈,我们知道,动态学被限于在有界的空间中变动,但是它可以进入周期性的或者非周期性的轨道，而不是收敛于单一一点或者某个点集中的一点。

Arthur 等(1997)看来想在他们的股票市场模型中说明，如果初始预期充分接近理性预期均衡，那么就会出现收敛；否则这个动力系统就不会收敛。Mandelbrot(1963，1966，1967)表明，价格的变化依照的是幂律。很多现象，诸如地震的频率和交通阻塞的时间长度都会导致幂律。股票价格是否服从这样的幂律是一个尚待解决的问题。但是几乎没有证据表明股票价格服从理性预期假定所预测的简单布朗运动。

虽然拟合构不成数学证明，但是它的确为研究每个主体与其他主体不同的大众主体(mass agent)行为提供了工具。涉及高维动态学的问题在数学上的不可处理性会使得数理经济学中对正式证明的强调过分局限于经济分析。沿用 Cournot 思路、最早使用重复方法(method of replication)的学者研究了大市场和小市场的关系；Edgeworth(1881，第 40 页)考察了经济主体稍有差别的经济模型："让我们假设该区域(field)是由两个 X 构成的，这两个 X 的性质不完全相同，但几乎相同。"施加类型对称的条件只是为了数学上的方便。代表性主体和博弈论中的类型对称的假定是数学上的简化。但是，有时候数学上的简化所付出的代价是如此之高，以至于有些问题不能得到回答，如日常经济生活中预期的一致性问题。

经济学中似是而非的推理的一个例子是，"有效率的"经济主体(不管如何定义)将会充斥市场。我们不会长生不老，我们的后代在短期内也不会继承我们的才能。在音乐或者文学上花费三倍的金钱也不大可能产生更多的莫扎特或者莎士比亚。[4]同样道理，在金融领域和其他领域，随机补充的人才供应尽管很有效，但是也不是无所不能。在早期的理解阶段，掩盖个人的差异、避免多维问题而得益于更简单的、更易处理的表示是方便和明智的。尽管如此，还有很多这种简化不能解决的问题，因此还必须采用其他的方法。

注　释

① 在课堂上很容易进行这一博弈，它在操作层面上表现出了更精微的细节。

② 该模型也可能没有纯策略均衡，没有完美均衡，或根本没有均衡。

③ 澳大利亚人已经开始制造塑料货币，这是因为它比纸币难以伪造(《纽约时报》，1993年2月7日，第9版)。

④ 尽管它能挽救某个天才，不至于使其走入煤矿，或是成为经济学家或会计。

货币、信贷和不完备市场

存在不确定性和无限期界的策略性市场博弈

我们先后讨论过有限数目交易者的一期策略性市场博弈和存在交易者连续统、在交易结束时存在清算价格集的多期博弈。我们认为理想的模型是包含了以下因素的策略性市场博弈:经济主体连续统、叠代、一个或多个大型参与者(政府和其他大型机构)、无限期界、随机因素以及不完备市场,这使得我们可以求解作为平行的、交织的动态规划问题的博弈模型。本章的内容开始介绍这一方法。由于无限期界增加了模型的复杂性,因而我们就仅考虑有一种或两种商品的模型。

没有贷款的静态

这里提出的模型是 Shubik 和 Whitt (1973)以及 Whitt(1975a,1975b,1975c,1975d,1978)所研究的策略性市场博弈的一般化形式。我们的方法很明显与 Stokey 和 Lucas(1989)的专著有关,尽管其重点在于微观经济和策略。策略性市场博弈和一般均衡模型在几个重要方面存在差异。第一,即使是在均衡存在性的证明中,策略性市场博弈也要求规定完整的行动法则(参阅 Karatzas、Shubik and Sudderth,1994)。这样它们就可以被模拟(如 Miller and Shubik, 1994 所示)。另外,它们还要求对所有的金融工具仔细规定守恒法则,并且由于经济主体(即使是零测度)都被假定为策略参与者,因而违约规则和其他并不一定是经济类的社会法则(例如继承)构成了模型的整体组成部分。在我们明确描述正式模型之前,我们先考虑一个启发式的简单介绍。假定存在经济主体连续统,所有经济主体的效用函数形式都为贴现项的无穷级数,他们最初的资源禀赋为分配的“蓝筹”或法币。每个经济主体对固定数目的某一易损消费品的随机确定的一部分有所有权,这种随机得到的部分商品我们称之为“吗哪”。经济主体并非直接得到他们的份额;而是所有的商品被存放于一个中央仓库,该仓库接受所有人的货币出价。出价总额除以可得商品总量就确定了价格。所有人得到他们所购买的商品并在当期消费。交易结束后,所有人都被告知随机变量的结果,这些随机变量确定了当前的所有权份额。仓库的管理者然后送给所有人他们各自(随机确定的)的收入份额。这些收入和留存的货币一起可用于下一期的出价。

这一模型有三个特点值得注意:(1)它是第 1 卷第 6 章第 4 节描述的全部出售模型,Shapley 和 Shubik(1977)使用它显示了埃齐沃斯盒形图中商品货币的一些技术特点,而 Shubik 和 Whitt(1973)则将法币引入其中加以讨论;(2)它的优点在于每一期所有商品和服务都被货币化了[①];(3)它等同于 Clower 和 Lucas 的既没有清算中心也没有可得信贷的预付现金模型。随机变量的出现表明市场是不完备的，这是因为没有期货合同或保险合同来防止随机性。货币为没有内在价值的法币。

基于 Karatzas、Shubik 和 Sudderth(1994)的联合研究[②]，本节讨论两个基本问题：在什么样的条件下下面描述的经济中存在稳定的财富分配？如果它存在，那么其值是否惟一？

市场机制如图 8.1 所示。每个交易者购买部分商品 Q 的出价为 a_t^i，出价是在不知道每个交易者对当前资产的所有权的情况下同时作出的。在出价购买以后，他们每人得到 x_t^i 数量的商品以供消费。在所有交易者都出价之后，决定所有权的随机变量也就为大家所知了。所有人都得到他们的收入 $\hat{Y}_t^i$，博弈也就进入了下一期。

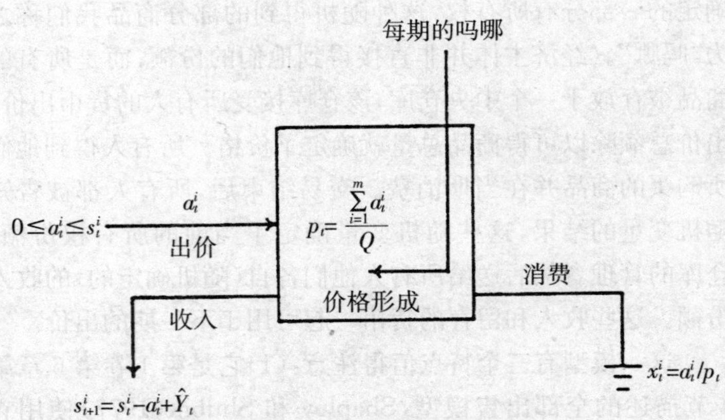

图 8.1 出价、消费和收入

在那些关心传统供求模型的经济学家看来，我们的模型太过于简单了。每一期吗哪的总供给是完全无弹性的。人们在每期至多需求一单位商品。更加“不现实”的是交易者不知道他们下一步的收入这一条件。他们在知道用于确定收入分配的随机变量的结果前进行出价。然而,即使在这一简单的一种商品模型中,货币的预防需求也明显地表现出来了。图8.2显示了一个极端简单的效用函数,所有人想要的商品数量最多达到一单位,超出这一数量,效用就饱和了。

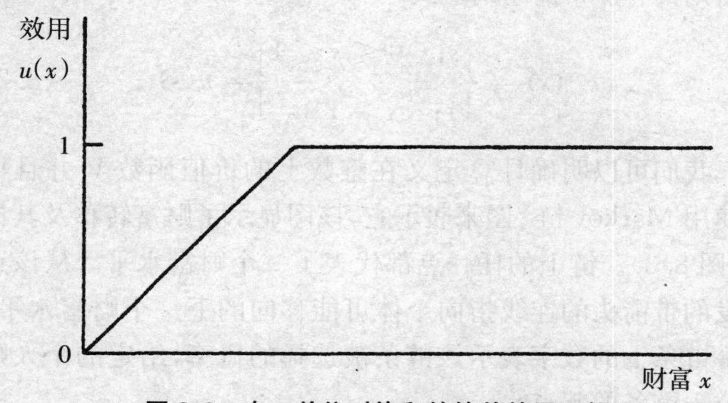

图 8.2　在 1 单位时饱和的简单效用函数

每个人的策略是无穷的出价序列,每一期中每一出价都是针对在该期所期望的商品,记为 $a_i=(a_{i1},a_{i2},a_{i3},\cdots)$。个人 i 以最初的货币量 s_1^i 开始交易。出价是在 i 知道其下一步的收入之前进行的。

Karatzas、Shubik 和 Sudderth(1994)已经证明在合适的条件下存在最优的稳定政策 π^*。换一种非正式的说法,存在一个财富的初始分配,使得当所有人按照求解单人动态规划来最大化他们的期望收益时,他们的所有期望都会相互一致,并且即使任何个人的财富可能发生变化,社会中的整体财富分配将保持不变。这里为了便于说明,我们重点讨论一个(非常)特殊的情形。

模型 1:只有一种类型交易者且没有贷款的静态

$$U(c)=\begin{cases}c; & 0\leqslant c\leqslant 1\\ 1; & c\geqslant 1\end{cases} \tag{8.1}$$

如果一个交易者的效用由方程(23.1)给出,他的最优(稳定)策略则具有非常简单的形式

$$c^*(s)=\begin{cases}s; & 0\leqslant s\leqslant 1\\ 1; & s\geqslant 1\end{cases}=u(s) \tag{8.2}$$

我们可以明确计算定义在整数上的价值函数 V 并且可以使用 Markov 链[③]图来表示它,该图显示了财富转移及其概率(图 8.3)。链上的任一点都代表了一个财富水平。从该点出发的带箭头的连线指向个体可能移向的下一个财富水平。每一链条上的数字表示该链条被选择的概率,给定的个人财富位于链条的起点。

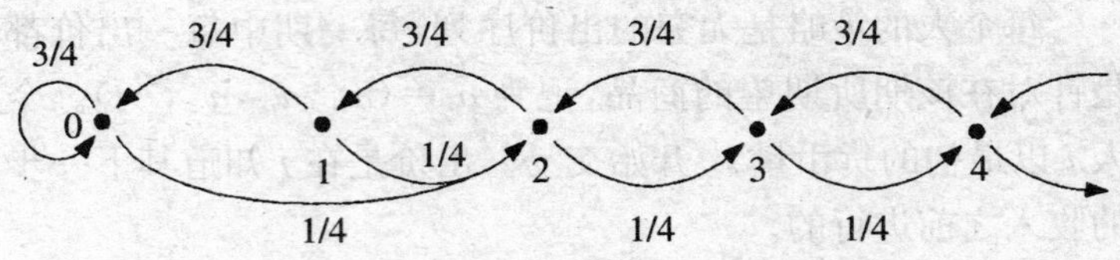

图 8.3 Markov 链

当随机分布有如下的简单形式时,这一计算是成立的

$$P(y=2)=\gamma,P(y=0)=1-\gamma,\text{其中 } 0<\gamma<\frac{1}{2} \tag{8.3}$$

考虑某个个人 i,其财富水平为 0。如果 i 不能借款,那

么 i 就无法支出。在图 8.3 的 Markov 链中，$\gamma=1/4$，因而 i 的财富水平保持为 0 的概率为 3/4，i 移动到财富水平 2 的概率为 1/4。在财富水平 2 上，i 的策略要求其支付一单位，因而 i 移动到财富水平 1 或 3。系统中的货币总量被规范化为 $M=1$，吗哪的总量为 $Q=1/2$。在均衡时，可以证明吗哪的价格为 $p=1$。

假设随机变量 y 具有如(8.4)所示的简单分布。价值函数 $V(\cdot)$ 可以直接在整数域上进行计算：[④]

$$V(0)=A\theta+\frac{\beta}{1-\beta},V(s)=A\theta^{s}+\frac{1}{1-\beta},s\in N \tag{8.4}$$

其中 β 是贴现率，且

$$\begin{aligned}\theta&=\frac{1-\sqrt{1-4\beta^{2}\gamma(1-\gamma)}}{2\beta\gamma}\\ A&=\frac{1-\gamma}{\gamma\theta\left(1-\theta+\frac{1-\beta}{\beta\gamma}\right)}\end{aligned} \tag{8.5}$$

我们可以证明 Markov 链的不变测度为 $\mu=(\mu_0,\mu_1,\cdots)$，其中

$$\mu_0=c(1-\gamma),\mu_1=c\gamma,\mu_s=c\left(\frac{\gamma}{1-\gamma}\right)^{s-1}\quad(s\geqslant 2)$$

$$\text{其中 } c=\frac{1-2\gamma}{1-\gamma} \tag{8.6}$$

考虑一个特例，$\gamma=1/4$ 和 $\beta=1/2$。稳定的财富分配如图 8.4 所示，其中

$$\mu_0=c(1-\gamma)=\frac{1}{2}=0.5$$

$$\mu_1 = c\gamma = 1/6 = 0.16667$$

$$\mu_2 = c\left(\frac{\gamma}{1-\gamma}\right) = 2/9 = 0.22222$$

$$\mu_3 = 0.07407 \tag{8.7}$$

$$\mu_4 = 0.02469$$

$$\mu_s = c\left(\frac{\gamma}{1-\gamma}\right)^{s-1}, \quad s \geqslant 3$$

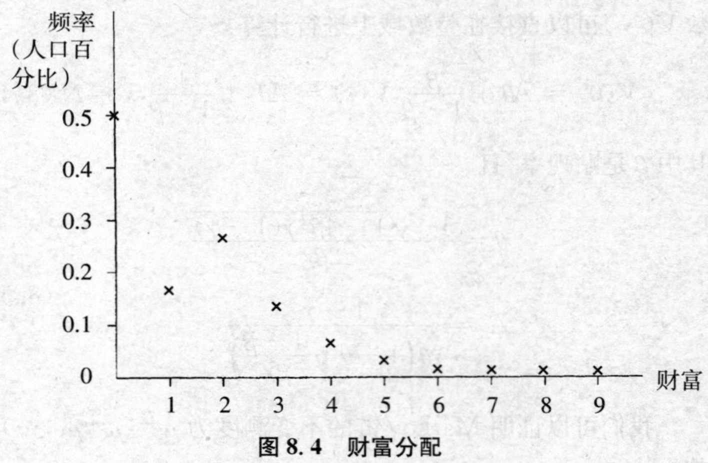

图 8.4　财富分配

使用方程(8.5)我们可以计算不同财富水平的价值。$V(0)=0.260416$，$V(1)=1.260416$。由于每期只有一种商品被消费，我们可以验证帕累托最优。在每一财富水平上对全部人口加总人口密度和预期收益的积，我们得到大致的数字0.781作为所有人口的加总预期贴现效用。与此相对的是由完美保险所实现的人均数量1以及Robinson Crusoe的人均数量0.5，亦即没有市场，只是一个人拥有变动的吗哪投入。不完备市场模型的收益位于这两个极端情形之间。

在 Keynes(1936)对货币需求的讨论中，他指出了货币的交易需求、预防需求和投机需求。要求个人使用法币来出价体现了货币的交易用途。持有货币的动机表现了由支付现金的交易需求引起的预防需求，尽管 Keynes 的直观讨论并未分析货币供给的变化对预防性储备的影响。在这里的例子中，总货币供给是固定的。

对本模型的解释如下。经济中有固定数量的法币，在每一期中，这些法币用于购买固定数量的一种易损品，但是每个人的收入是不确定的，即使经济中的总资源数量是固定的。因而如果静态存在，由于没有宏观不确定性，所以价格将是恒定不变的且每个追求最大化的人将面临一人动态规划。在证明过程中，由于我们坚持定义好的过程模型，在模型中人们的行动形成价格，所以我们有必要对预期的形成明确建模。我们可以通过把每一个参与者都视作两个经济主体来进行建模。一个经济主体——计算者或规划求解者——在数学上是很复杂的，但是很天真。另一个经济主体——市场预测者——则比较简单。预测者的预期规则为：所有未来的价格都与最后观察到的价格相同。预测者将此告诉计算者，计算者则天真地相信了他并基于这一简单建议求解复杂的动态规划。所有人都基于规划求解者使用天真的预测而得到的计算结果来行动，这一过程继续着。我们很容易发现如果均衡存在并且每个人都从均衡出发，那么天真的预测将是自我实现的。还有许多其他的预测方法在均衡时也能运作得一样好。真正的经济问题在于，预测在非均衡时运作得如何？（在本章第 5 节我们将部分地解析这一问题。）

图 8.5 所示的财富分配的含义为：如果开始时所有人的

初始财富分配如图所示，并且所有人都得到了正确预测的价格，则所有人都会选择这样的行动，使得在所有人已经行动和与收入有关的随机化发生以后，整个财富分配将映射到自己身上。个人的财富大都发生了变化，但是总体情况却保持不变。

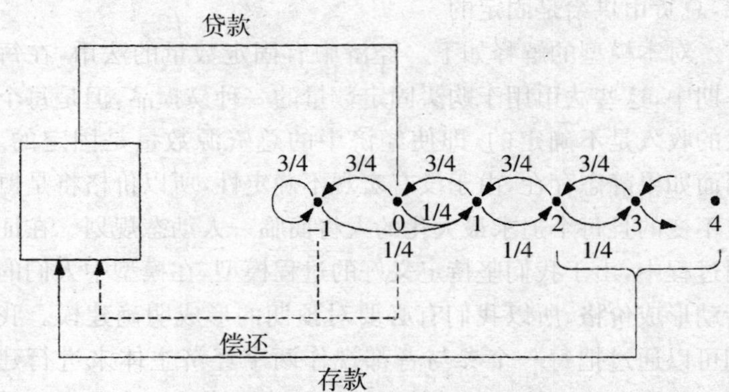

图 8.5　具有银行或贷款集中池的系统

在这一简单模型中，由于个体行动和同类人口的可能性会导致出现扭曲的财富分配。如果考虑技能方面的差异和生产性资产的购买和销售，你可能会怀疑这将变得更加明显，除非由高技能的人增加的消费加以抵消。

模型 2：有两种类型交易者且没有贷款的静态

通常对于无限期界模型来说，如果交易者多于一种类型则很难得出结果。另外，出现惟一均衡的可能性也不高。但是存在一个容易的经济上也有意义的对两种类型交易者的扩展。我们增加一类风险中性的交易者，当允许借贷时，他们充当其他人的贷款人和保险人。这里我们只考虑交易。

我们可以立即扩展上面的例子,使其考虑这样的情形:一定百分比的人口,比如说 η,是完全风险中性的,而余下的 $1-\eta$百分比的人口则具有上例中给出的效用函数。假设所有交易者对于从出售真实商品中得到的资金有相同的收入要求权。很容易验证,对于在每一期都支出的风险中性的交易者和那些遵照经修改的上例中给出的策略的人来说,静态是存在的。风险规避者的财富分配与前面相同,但是对于总体人口来说,在财富水平 0 和 $2p$ 处的密度发生了变化,3/4 的风险中性交易者被增加到财富水平 0 处,1/4 的风险中性交易者被增加到财富水平 $2p$ 处。在均衡时,因为所有人的收入相同,并且他们的支出也一定相同,又因为平均来看,风险规避类型的人仅支出一半的货币,余下的作为预防性的储备,所以类型 1 交易者的人均财富是类型 2 交易者的两倍,即使平均来看所有人都挣得和消费相同的数量。

这里为了方便比较模型 2 和允许贷款的模型 4(本节的第 5 小节),1/2 的交易者具有如图 8.2 所示的效用函数,而另 1/2 的交易者则是风险中性的。交易者总共拥有 3 单位的货币,每期可用于出售的商品总量为 3/2 单位。我们可以验证均衡财富分配是这样的,所有风险规避交易者持有 2/3 的货币,风险中性交易者则持有 1/3 的货币,均衡价格为 $p=4/3$。每一类交易者支出一个单位,总消费则为 3/4 单位。

风险规避方面的差异表现在风险规避者储藏了大量的货币。如果这是一个所有人在开始时都有相同数量货币的可进行博弈,那么风险中性者在向均衡调整的过程中通过花费风险规避者储存的货币来消费,并从中获利。

许多交易者类型和许多商品

如果只有一种商品和一种类型的交易者，那么可以推测存在惟一的最优策略值。虽然看起来存在性证明可以推广以包括许多交易者类型、叠代和许多不同的商品，但是很明显对于两种以上的商品和交易者类型来说，肯定无法总是得到惟一解，也就是说，可能存在一个以上的静态。但是如果我们不给模型增加更多的结构，我们就不可能描述静态以外的动态性（例如依靠存在时间很长的资本存量进行的生产）。

关于银行业：存在交易者连续统的借贷

模型 3：存在一种类型交易者和贷款的静态

我们可以直接扩展上面讨论的特殊例子，使其包括借贷，并且处理违约的形式是一种极端的形式。规则如下：债务人无力按时偿还贷款将使他们不能继续借款，直到他们已经偿还债务。如果对他们的债务不累计利息或利率为零且他们的预期收入为正，那么在他们的收入被扣押以补偿债务之后，最终他们能够从债务中摆脱出来。这一违约和清算规则是许多可行规则中的一个（下一小节对此有一般讨论）。

图 8.5 显示了 Markov 链，并且增加了银行准备金池来负责系统中的所有货币。在图 8.3 所示的链中，当我们加总那些财富水平在 0 以上的人所持有的货币数量时，我们是在计算系统中的所有货币。如果我们使用新的财富频率进行相同的加总计算，那么我们只得到一半的货币。剩余的部分一定在某个地方。如果我们创造一个银行，就可以由贷款准备金或银行资金池来说明不见的货币的下落。贷款准备金或银

行资金池的规模等于或大于经济中未清偿债务的总和。债务可以由借据或绿筹表示，绿筹在某一时刻必须通过转化为蓝筹而被销毁，也就是说，债务人通过支付货币收回自己的借据。

图 8.5 显示了这样的系统，富人的不需要立即用于交易的货币都放入银行或贷款池。借款人从银行借款。在每一期开始时，所收集的款项来自于收入被扣押的债务人和应当偿还贷款的借款人。在任一期的开始，存款人可能增加存款也可能取出存款。有许多的时序细节，例如发放贷款和收到存款的时序，会影响银行为了避免不能立即履行义务所需要的准备金规模。这些问题在均衡时显然是不存在的，因为账目是平衡的，但是在任何过程中都会出现。对这些细节的进一步讨论被推延至下一卷。

在均衡时，表 8.1 和表 8.2 显示了对所有人和有交易者连续统的经济中的银行来说所有资源的位置和分配。银行作为一种缓冲器的性质保证了当准备金足够多时存款人能得到全额偿付。债务人还款的波动性被资金池吸收了。

表 8.1　没有贷款时的财富和资金流

	财富水平						总量	
	0	1	2	3	4	5	银行	个人
频率	1/2	1/6	2/9	2/27	2/81	2/243	1	1
总财富	0	1/6	4/9	2/9	8/81	10/243	0	1
总支出	0	1/6	2/9	2/27	2/81	2/243	0	1/2
储藏资金	—	0	2/9	4/27	6/81	8/243	0	1/2

表 8.2　有贷款时的财富和资金流

	财富水平							总量	
	−1	0	1	2	3	4	5	银行	个人
频率	1/2	1/6	2/9	2/27	2/81	2/243		1	1
总财富	−1/2	0	2/9	4/27	6/81	2/243		1/2	1/2
总支出	0	1/6	2/9	2/27	2/81	2/243			1/2
借款	0	1/6	0	0	0	0		[1/6][a]	1/6
贷款	0	0	0	2/27	4/81	8/243			1/6
偿付	1/8	1/24	0	0	0	0		[1/6][b]	—
存款	0	0	0	2/27	4/81	6/243		4/27	

a. 借款。

b. 收款。

有一期借贷的例子的 Markov 链如图 8.5 所示，如果人们负债，那么他们就不能继续借款或消费直到偿还他们的贷款为止。这来自于下面的最优均衡政策：

当 $x<0$ 时，个人不能支出或借款；

当 $0\leqslant x\leqslant 1$ 时，个人借入 $1-x$ 并支出 1；

当 $x=1$ 时，个人支出 1；

当 $x>1$ 时，个人支出 1 并借出 $x-1$。

命题　当有贷款时，存在一个稳定分配，其中 ρ＝利率＝0，p＝价格＝1，并且没有储藏。可贷资金数量＝1/6，破产池＝1/2，且蓝筹的总数＝1。

在上面的政策下，Markov 链与前面相似，只是向左移了一位，变为−1，0，1，2，…因此在−1 处的人口比例为 $\mu_{-1}=1/2$；类似地，有 $\mu_0=1/6$，$\mu_1=2/9$ 和 $\mu_s=2/3(1/3)^s$，$s\geqslant 2$。

财富$=0$的人的贷款需求为$D=1/6$。贷款的供给由下式确定：

$$S=\frac{2}{3}\sum_{s=2}^{\infty}\left(\frac{1}{3}\right)^{s}(s-1)=\frac{1}{6} \tag{8.8}$$

由那些所得被扣押的人和那些能够还款的借款人提供的偿还数目为

$$\frac{1}{4}\left(\frac{1}{2}\right)+\frac{1}{4}\left(\frac{1}{6}\right)=\frac{1}{4}\left(\frac{4}{6}\right)=\frac{1}{6} \tag{8.9}$$

在利率$\rho=0$时，储藏和贷款对贷款人来说是没有差别的，这是因为不存在无法还款的风险。

比较图 8.3 和图 8.5 中的两个 Markov 链可以得出结论：有贷款市场时得到的总效用与无贷款市场时相同。这样的话，引入贷款什么也没得到。这一特征是这个简单模型的产物。由于人均一单位的效用是线性的，任何人均少于一单位的分配都是帕累托最优的。对于严格凹的效用函数就不是这样了。

表 8.3　财富分配和贷款限额

贷款限额 B	财富 0	1/3	2/3	5/6	1	4/3	2	7/3	3	银行
0	0.5	—	—	—	0.16	—	0.22	—	0.07	0.50
1/4	0.66	—	—	—	0.22	—	0.07	—	0.02	—
1/3	0.75	—	0.25	—	—	—	—	—	—	0.83
1/2	1.0	—	—	—	—	—	—	—	—	1.0

表 8.4　在有限市场中的财富分配

经济主体		财富范围				
	价格	[-.5,5)	[0.5,1.5)	[-1.5,2.5)	[2.5,3.5)	[3.5,+)
100	0.9981	50.68	16.10	22.18	7.60	3.44
	0.0720	2.65	3.03	3.68	2.54	1.54
1000	0.9962	49.94	16.55	22.45	7.37	3.69
	0.0208	0.99	1.13	1.09	0.65	0.44
10000	0.9992	49.93	16.68	22.40	7.29	3.72
	0.0067	0.25	0.28	0.29	0.22	0.18
100000	1.0008	50.05	16.60	22.30	7.33	3.71
	0.0024	0.09	0.11	0.11	0.07	0.07

本例中的均衡利率为零,但是对于任何没有通货膨胀且存在向外部银行(银行不消费真实资源或对存款支付一个正利率)借款的经济来说,事后的贷款利率(即已经考虑了违约损失)在均衡时一定为零。否则将会存在资金的净流入,这在均衡时是不可能的。如下一小节所述,对于内部银行这一结论就不成立了。

贷款的延期　假设银行系统对贷款延期是比较宽容的,这样即使 i 不能还款也被允许再借一定的次数,比如说 k 次。如果 i 已经负债了 $(k+1)$ 个单位,i 就不能再借款,直到 i 进行了一次偿还。这就产生了一个在形状上与仅有一次贷款类似的 Markov 链。区别在于一次贷款的 Markov 链是从 -1 到 ∞,而有 k 次贷款的 Markov 链则是从 $-k$ 到 ∞。但这意味着当 k 很大时,所有的货币都必须作为银行准备金,并且几乎所有的人都向银行借款和还款，而利率则为零。[5]

违约、债权人和偿还

债务人对收债人："你不可能从石头中得到血液！"

收债人对债务人："什么使你认为自己是块石头？"

在比较货币市场和银行之前，我们需要更仔细地考虑违约规则和在不同的清算安排下如何对待债务人、债权人和第三方。尽管有许多制度安排可以用来处理破产或未履行偿债义务，我们只考虑一些基本因素并求解一些基本问题。重要因素较完整的列表如下：

1. 在一个有信贷和外生不确定性的系统中，当存在一个或更多个承诺无法履行的状态时，破产法就是逻辑必要的。

2. 货币是守恒的。信用工具（前面提到的绿筹）可能被销毁。货币（前面提到的蓝筹）一定在系统中的某个地方。

3. 如果信贷提供给那些钱非常少的人，则很难设计经济赔偿规则，这是因为没有经济资产可以扣押或从债务人那里得到。

4. 除非贷款人受到百分之百的贷款准备金的约束，当系统中存在一个贷款人无法履行承诺的状态时，对承担过多义务的贷款人规定未履行义务规则具有逻辑必要性。

5. 在一个包括随机因素的系统中，在任何合理的经济最优的定义下，当经济中经济主体的数目有限而无论有多大时，债权人将要求准备金以降低风险。

重要问题包括：

1. 在包含不完备市场的经济中是否存在一个最优破产规则?

2. 当存在一个最优破产规则时,它是帕累托最优的吗?

在过程模型中,可以在很高的一般性水平上提出第三个问题。尽管破产规则可能在逻辑上是可行的,它可能存在技术上和管理上的困难或管理成本太高。因此我们需要回答

3. 当引入信息收集、管理和执行成本时,最优的含义是什么?

下一小节将提出包含不完备市场经济的最优破产规则,同时也指出它在技术方面和管理方面并不具有吸引力。

查阅一下第1卷,如第1卷第12章所示,我们可以看到存在许多制度上不同的违约法律。第1卷第11章和第12章考虑了外生的可能是非经济性的惩罚,例如流放、处死或坐牢,也考虑了经济性的惩罚,例如扣押债务人的资产。本章考虑扣押未来收入直到债务得到偿还。

下面指出并比较一些明显不同的清算规则:

1. 非经济性外生惩罚。如同坐牢、处死、拷打或流放一类的惩罚的主要目的是充当一种威慑。如果被执行,那么无论如何测度,它们都代表了社会的资源损失。

2. 资产扣押和处置。这些惩罚更具有经济性,并服务于双重目的:强制债务人尽可能多地偿还和赔偿债权人。遗憾的是,如果债务人几乎一无所有,那么取走他们所有的东西可能不仅不足以抵债,而且缺乏人道。对于这种类型的清算规则存在社会约束和可行性问题。例如,如果对债务累计利息,那么收入只够付利息的人即使全部收入被扣

押也无法摆脱债务。

3. 信贷约束和免除部分债务。贷款也可能是不明智的。贷款给那些预期还款可能性很小的人的债权人是一个傻瓜、恶棍或圣人。在一个预期收入很难准确估计的世界里,谨慎的贷款人无论利率水平如何,对任何借款人都会有一个贷款限额。当一个诚实和能力已得到证实的借款人遇到了坏运气,如果规则允许免除部分债务,那么社会福利可能会得到改善(下一小节将对此主题进行讨论)。

4. 贷款延期(rollover)和"创造性会计"(creative accounting)。对待债务人的另一种形式是将他们的债务延期。但这样做也会带来一些问题,例如,累计利率为多少以及债务如何计入贷款人的资产。另外,除非指定期间数目,否则延期可能是无限的。

考虑违约和偿还安排还有一种不同的方式,即在最高的抽象水平上,有两个因素可以代表这些安排的要旨:(1)违约对债务人产生的负效用;(2)债权人得到的支付。第一个因素与借款的激励和违约的负激励有关;而第二个因素则与贷款的激励有关。

对违约的负激励可能完全独立于债权人得到的支付。例如,没有资源的债务人可能去坐牢,但是债权人什么也没得到。

按照守恒法则,除非货币由外部银行系统销毁,否则即使是在破产发生之后,货币也一定在债权人手中之外的某个地方。扣押收入或出售资产和限制债务水平等各种各样的方案都可简称为:在一定时期内产生部分收益给债权人。

银行业或货币市场

在本节第 2 小节，我们给出了一个由外部银行提供贷款市场的例子。对于我们考虑的那些参数，整个系统中一半的货币被持作银行准备金。这些银行准备金类似于在没有贷款的模型 2(本节第 1 小节)中储藏的那一半货币。然而在动态过程中现金的流入和流出很可能不能完美地一致，因此准备金的规模变得很重要(这将在本节的第 7 小节中讨论)。

模型 4:只有一种类型交易者的货币市场

我们不引入银行，而是考虑一个货币市场，借款人支付的利率由借款人的竞标出价和贷款人的货币供给共同决定。贷款人得到的有效利率取决于这一利率和违约处理方式。如果我们使用与本节第 2 小节一样的破产规则，就会出现几个新的困难。当一些借款人无力偿付时，他们是对个人违约还是对整个"市场"违约？两种方式在制度上都是可行的。分析处理总体违约相对来说更容易一些。如果那些违约的人的收入被扣押，直到他们的债务被偿还为止，那么哪些债权人将从这些被扣押的收入中得到支付？在现实中，会计记录是长期进行的并且合适类型的债权人由特定的债务人进行偿付，但是为了会计记录的简化，我们可以定义一个博弈，其中个人用于弥补债务的收入作为额外的支付而转移给当前的贷款人。这样做的优点在于系统不需要什么历史记录。当前的贷款人只得到一组支付。

我们得到与图 8.5 相同的形状的 Markov 链，差别在于这里没有银行并且当两个经济具有相同的货币量时所有单位都乘以因子 2。有货币市场的经济的价格水平是相同经济的两倍。因子 2 是这个例子的产物。因为在无贷款模型中储藏的货币数量是货币供给的一半,如果经济中的交易者可以贷款,由守恒法则和最优化,所有的货币一定在流通中。逻辑上可能存在一个零利率解,但是在这个例子中会有多个解。在一个解中不存在贷款,而在另一个解中所有的货币都被贷出并全部被支出而且还款池所得到的收入与其欠款相平衡。该例子虽然很特殊,但是原理是完全一般性的。因为外部银行不是追求利润最大化的,即使实现的(事后)利率为正,银行也可以将其货币作为储备而不贷出去。当事后利率为零或更少时,在这种类型的博弈中,个人只能持有现金。对于这个特殊例子正好是这样,而一般情况就并非如此了。因此,由于有效利率为零,所以博弈的均衡结果有两个解。第一个解使货币市场没有作用。在这一情形下,它实际上就是本节第 1 小节求解的模型 1,Markov 链如图 8.3 所示并且一半的货币被富有者储藏起来。第二个解使货币市场发挥作用,但是对于同样数量的商品支付了两倍数目的货币,因而价格翻了一番。

有必要注意的是,积极的货币市场的存在明确取决于破产和补偿安排。特别地,如果我们试图引入某种形式的债务免除,那么采取的方式必须保证贷款人至少能收回贷出的钱,否则的话,市场不可能发挥作用。如果不对借款加以限制这也是不可行的。在大规模市场中这样做很困难且成本很大。银行系统的一个基本功能是使用集中的专业化风险评估和信贷约束来取代大量的个人评估。即使是中央机构也很难预测其客户的信誉度。本节的第 7 小节将考虑信贷约束对财富分配和效率的影响。

这里我们可以继续第 4 章第 3 节和第 4 节对货币供给变

化的评述。在一个使用法币的经济中，需要一个外部银行或中央银行来改变货币供给。仅有货币市场是不够的。以一个外生固定利率(或多个利率)从外部银行借款或向其存款的竞争使货币供给发生变动。在一个没有外部银行或货币市场和其他贷款市场的经济中，如果所有人都有正的货币资源禀赋，通过适当的按比例调整，总是会有足够的货币来得到与有外部银行的经济同样的分配。区别在于无贷款经济通过储藏来改变价格，而有外部银行的经济则通过准备金来改变可得货币的数量。从某种意义上说，银行准备金是储藏[6]解的对偶问题。没有中央银行的货币市场导致一个混合解，在一些期间利率为零且存在储藏而在另一些期间则有正利率。

银行或保险:最优破产规则

当收入是随机的时候，贷款与保险有多接近？答案就在于破产和偿还条件。

定理 8.1 对于任意数目的交易者类型，每一类型都存在交易者连续统，这些交易者收入的有限上界可以由银行准确预测并且他们的实际收入在收款时披露给银行，则存在如下的帕累托最优破产规则。所有人都可以借款，且最大数额为他们的预期收入。所有人都被征收特定的利率 ρ。所有人在力所能及的情况下都被要求偿还贷款和利息；否则按照他们实际能够偿还的数量进行偿还，任何未偿还的数目都被免除。所选择的利率使得在任何情况下没有人能够得到多于他们的预期收入及其利息的收入。

如果所有人的财富都为零且银行持有所有货币，那么所有人的借款数额都会达到最大限额，并且他们会支出所有东西，得到新的收入并按要求全数支付给银行。所有人进行的支付都小于或等于他们的欠款，在每一个新的期间开始时，每个人的净财富都为零。有效利率为零，银行得到所有贷出的货币，每一期所有人都得到他们的预期收入而非一个随机的抽奖。

对于模型 3（本节第 3 小节），其中包括借贷和一种类型交易者，我们所要做的就是修改上面提出的违约规则并且注意静态要求（对于两点分布）具有下面的条件：

$$(1+\rho)=(1-\gamma)/\gamma \tag{8.10}$$

在 $\gamma=1/4$ 的例子中，当 ρ 设定为 2 时，所有的货币都由银行持有，且所有人都稳定在财富水平为零，但是会有恒定的借款 1/2 和消费 1/2。

上面提出的破产规则将银行转变为保险公司。实际上，所有人用他们所有的（随机）资源与有保证的预期收入相交换。这一方案的问题不在于逻辑性，而在于隐含的假设前提：贷款机构可以很容易地预测所有借款人的预期收入，它可以无成本地证实借款人的实际收入并且它可以从所有人那里收回贷款。

当我们考虑这一规则及其执行时，我们注意到它要求银行或保险公司投入大量精力来估计人们的预期收入并且要验证人们得到的收入正是他们所报出的。因此与金融有关的特殊信息处理和合同执行问题就出现了。这些不仅仅是阻碍经济完美运作的小摩擦，更是控制机制的核心。

借款限额和担保贷款

在本节的第 3 小节我们考虑了一个贷款给交易者的外部

银行,如果交易者陷入债务,则他们被要求工作,所有收入被扣押,直到偿还了他们的欠款。这里我们考虑一个不同的破产政策。我们遵从上一小节得出的观点,即社会希望在出现坏运气时表现宽容,但同时要确保违约的人没有利用策略优势。一种实现方式是同时确定宽免规则和个人允许借款的数量限额。

一个特殊的违约规则为,对每个人选择了利率和借款限额的银行要求所有人按照自己的能力偿还,余下欠款则可以免除。稍微考虑一下策略行为就可以知道,为了确定定义好的可进行博弈,有必要对个人借款数量加以约束。否则的话,如果个人知道自己可以无限制地借款,即使利率很高,他们的实际借款也将是无限的,这是因为超过一定水平的未履行债务可以被免除,这样他们就有机会通过借款和违约而获得无限利益。

我们允许个人借款的一个自然界限是他们经过利率贴现的收入的预期价值。当然,如果我们允许他们借得更多,那么我们就不能期望能得到完全的偿付。将借款限额定为零等同于使经济没有信贷。如果借款被设定为借款人随机收入的最低值,这就可以被视为有担保贷款。⑦

实际贷款的实践非常重视贷款担保。担保可以通过估计借款人的诚实度和挣钱能力以及他们资产的价值来确定。银行家在对资产价值或未来收入评估时会进行一次“扣减”处理。因此如果一个评估师估计资产价值为10万美元,银行家最多愿意贷出评估价值的60%,这样就给了自己40%的余地,可以防止实际清算时的市场下跌。但是这也清楚地表明了在提供信贷时信息处理和评估方面专业技能的重要性。

实际上在使用法币的市场经济中,不存在完美担保的贷款。任何市场中任何资产的价值可能跌到零。因此,信贷的提供最多对未来偿还能力施加了合理限制。经验和数学处理的方便性都要求引入对贷款的限制,这时,没有上限的完美一次齐次价格系统的悖论就消失了,这是由于我们没有关注过程,从而出现坏的建模方式而导致的结果。

担保贷款是一种有约束贷款形式。Karatzas、Shubik 和 Sudderth(1997)已经扩展了他们以前的结论,将担保贷款作为考虑存在积极破产的无担保贷款的前奏。所研究模型必须是完全过程模型的这一要求导致了对中央银行货币控制政策的规定,以此保证稳定均衡的存在(参阅 Karatzas,Shubik 和 Sudderth,1997)。我们得到了似非而是的结论:在均衡时,各种中央银行货币行动是不必要的因而也是看不到的,但是在非均衡时,它们则是必要的,并且规则提供了均衡存在的背景。

存在破产的借款

破产现象是理解货币经济动态性的关键,也是构建合适的金融理论的关键,这是本书的一个基本主题。Dubey、Geanakoplos 和 Shubik(1988)证明了在一个有外生不确定性的两阶段交换经济中,非合作均衡是可以存在的(参阅第 1 卷第 12 章第 5 节)。最近,Geanakoplos 等(1998)论证了在无限期界交换经济中具有积极破产的情况下均衡的存在。具有积极破产和重组的均衡的存在等同于一个死亡—出生过程,其中重组后的企业取代了破产的企业。这两个偏重技术的研究使我们注意到了当前一般均衡经济学和竞争金融理论所没有的几个特征：

1. 当存在不完备市场和破产可能性时，Modigliani-Miller 定理的论述通常是不成立的。[8]公司结构是起作用的。

2. 不仅公司结构起作用，而且企业对其系列金融工具及其发行量的选择使经济中各种风险的防范情况发生变化。

3. 一个社会的破产和重组规则是由政治过程选择的公共品。这些法律的选择直接影响了金融风险评估这一经济问题。

4. 在构建可进行博弈时，出于数学处理的需要，我们要完全定义每个策略组合的所有结果集合，无论其是否很奇特。我们还需要"保持有序市场"并防止无限制的价格和利率，通过发展市场或政府控制机制可以做到这一点。这些表明仅使用货币政策来帮助监管竞争性市场，在市场处于非均衡时很可能会失控。但是(如上一小节指出的)，在均衡时我们看不到对约束的需求；因而监管结构并不是必需的，尽管在防止一些非均衡问题时需要某种机制。

5. 如果具有积极破产的均衡存在，那么至少规定了两个利率：一个是借款利率，另一个是贷款利率。事后的贷款利率将小于规定的贷款利率并且必须根据未履行债务的大小作调整。

动态性和预期

在研究存在经济主体连续统的无限期界模型时产生了几个重要的悬而未决的问题。第一，对于有限数目的交易者，稳定均衡也是存在的吗？第二，如果我们从非均衡处开始考虑策略性市场博弈，那么系统会趋于均衡吗？第三，不同的破产和补偿规则对贷款市场有重要影响吗？第四，货币供给是如何被改变的？前两个问题已经由 Miller 和 Shubik（1994）解决了。为了回答第三个问题，这里提供一些简述和评论；第四个问题上一小节已经提到过了，但是正式的模型还没有给出。

为了把这一模型模拟为一个博弈，由于数字模拟的性质所限，我们只能使用有限数目的交易者。给定基本例子的简单性，基于前期的价格将永远持续这一信念，有可能计算每个人的最优策略。该策略下的出价水平为 min{前期价格，当期财富}。由于我们不得不使用有限数目的交易者，我们知道我们最多只能接近稳定分配：总会出现一定的随机性，即使数目很大。

为了获得对系统动态性的一点了解，我们考虑四个规模的博弈。在第一个博弈中有 100 个交易者；在第二个博弈中有 1000 个交易者；在第三个博弈中有 10000 个交易者，而在第四个博弈中则有 100000 个交易者。[9] 由于收入可以是任意实数，我们在支付给个人后显示财富方面遇到了一个问题。我们的处理方式是将我们统计的收入四舍五入。[10]

下面的数据取自于第二十次重复模拟开始时。过程模拟了五十次（每次的随机种子（random seed）都不同），数值代表了价格和财富分配的平均值和样本标准差。

下面的数据得自如下情形：$\hat{p}=p_{t-1}$，没有借款，$\gamma=0.25$，初始预期价格＝1.0，并且初始财富＝1.0。将理论应用到连续统模型所得到的分配产生的密度在整数点 0，1，2，3，…为 50　16.67　22.22　7.407　2.469　0.823　0.2743　0.0914　0.0305　0.0102，固定价格为 1。我们注意到，即使系统开始于非均衡财富分配，有 100 个交易者的不同博弈的财富分配和市场价格与连续统博弈非常接近，当我们进行交易者更多的博弈时，接近的程度就更高。

一组模拟并不能构成一个证明，但是它有助于说明下面的猜测的合理性：当市场中交易者数目变大时，大型策略性市场博弈的解接近于有经济主体连续统博弈的解。另外，收敛域（zones of convergence）出现于系统收敛的地方，尽管经济主体的初始位置不在均衡处。对于有一个贷款市场和银行业的模型（贷款市场和银行业本身就极其不稳定，且银行准备金的规模对于吸收随机冲击发挥着重要作用），我们得到了令人吃惊的不同结果。

交易土地股份及资本资产定价模型

对本节第 1 小节描述的模型 1 有两种自然的和更加现实的修改方式。第一种方式引入土地作为生产每期都出现的吗哪或食品的资本品。第二种方式考虑货币供给的变动。

加入土地作为商品的生产性资源，我们得到了一个与标准资本资产定价模型（CAPM，在金融学中被用来从一组风险资产中选择最优的投资组合）紧密联系的模型，这一模型与 CAPM 的差别在于策略性市场博弈明确规定了系统中货币的数量并且效用函数是由消费的商品确定的。

如果有 k 块土地，每一块都有随机的生产力，我们可以通过发行股份的方式在任意数目的经济主体之间划分所有权而不必真正将土地分割成块，这是一种可交易物品自然的所有权分割方式，可以保持物品原封不动。

存在交易者连续统，每个人开始时都有一定数量的初始货币或“蓝筹”以及 k 个独立单位土地股份的所有权组合。因

而个人 α 的初始组合为 $(m_0^\alpha, s_{10}^\alpha, s_{20}^\alpha, \cdots, s_{k0}^\alpha)$，并且有

$$\int_\alpha m_t^\alpha = m \tag{8.11}$$

其中 $m_t^\alpha = \alpha$ 在 t 期开始时所持有的货币；$s_{jt}^\alpha =$ 类型 j 土地的股份（或所有权百分比）数量，$1 \leqslant j \leqslant k$，$0 \leqslant s_{jt}^\alpha \leqslant 1$，并且有

$$\int_\alpha s_{jt}^\alpha = 1 \quad \forall j$$

随机变量决定了每块土地的生产力。所有的食物都收集在一起并拍卖给个人，人们使用货币竞标出价。模型对信息条件很敏感。例如，我们可以假定人们在知道可得食品总量之前或之后进行竞标出价。图 8.6 显示了与下面说明的策略有关的扩展式。这里人们在不知道可得食物总量的情况下行动。

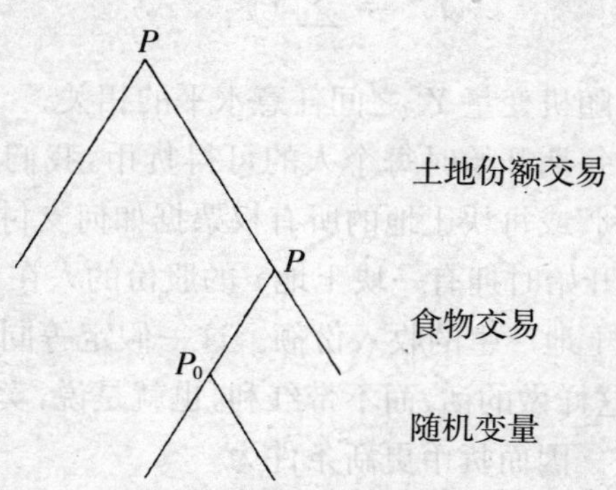

图 8.6　土地股份和食物的交易

经济主体 α 在 t 期的策略可由 $(2k+1)$ 个数表示，即 $(u_{1t}^\alpha, v_{1t}^\alpha, \cdots, u_{kt}^\alpha, v_{kt}^\alpha; b_t^\alpha)$，其中，

$u_{jt}^{\alpha}=\alpha$ 在 t 期提供出售的土地 j 的数量；

$v_{jt}^{\alpha}=\alpha$ 在 t 期为土地 j 竞标出价的货币数量；

$b_{t}^{\alpha}=\alpha$ 在 t 期为食物竞标出价的货币数量；

$P_{jt}=$ 土地 j 在 t 期的价格；

$P_{t}=$ 食物在 t 期的价格。

每个人 α 的效用函数形式为

$$\phi=\sum_{t=0}^{\infty}\beta^{t}\varphi(x_{t}^{\alpha})$$

其中 $x_{t}^{\alpha}=\alpha$ 在 t 期消费的食物数量。食物是同质的并且在 k 单位的土地上生产的数量是随机的。在 t 期单位 j 土地的产出为 Y_{t}（其中 Y_{t}^{*} 是 Y_{t} 的一个实现值）。在 t 期供销售的食物数量为

$$Y_{t}^{*}=\sum_{j=1}^{k}Y_{jt}^{*}$$

我们可以考虑随机变量 Y_{jt} 之间任意水平的相关。

为了确定每期开始时每个人的可得货币，我们必须规定每一期的"红利"或每块土地的所有权票据如何支付。我们可以假定在 t 期开始时拥有一块土地 j 的股份的人在 $t+1$ 期开始时得到 t 期土地产生的收入份额。这一假定等同于出售土地（如果他们这样做的话）而不带红利，也就是说，卖者得到该期的资产收益。因而货币更新条件为

$$m_{t+1}^{\alpha}=m_{t}^{\alpha}-\sum_{j=1}^{k}v_{jt}^{\alpha}+\sum_{j=1}^{k}p_{jt}u_{jt}^{\alpha}-b_{t}^{\alpha}+\sum_{j=1}^{k}s_{jt}^{\alpha}Y_{jt}^{*}p_{t} \tag{8.12}$$

其中

$$b_t^a \leqslant m_t^a - \sum_{j=1}^{k} v_{jt}^a + \sum_{j=1}^{k} p_{jt} u_{jt}^a$$

对于一种类型的交易者来说，最优的组合是对所有土地的股份持有量相等。在这一简单模型中难以理解的是，所有人在均衡时会将其所有货币竞标出价，因而各期之间的边际价格都不相同。然而，如果交易者在出价之前已经知道了随机变量的结果，那么在大多数时间里，他们会储藏或保留预防性储备，并且边际价格是一致的。

Liu(1995)提供了一个简单的例子，该例包括两种类型的经济主体，每种都有相同的测度，它说明了均衡的性质。假设效用函数形式为

$$\varphi_1(x) = x \quad 和 \quad \varphi_2(x) = \ln(x+1)$$

那么存在两个状态，每个状态的概率为 1/2。两个企业的产出为

$$\begin{bmatrix} 3 & 1 \\ 3 & 5 \end{bmatrix}$$

第一列显示了第一个企业在状态 1 和状态 2 的产出，第二列显示了第二个企业的产出。假设 M 是货币总量，β 是贴现率。取决于 β 的大小，存在两类均衡：

1. 当 $\beta < 2/3$ 时，每个经济主体都持有一部分市场组合并且所有人在每期都将所有货币用于出价购买；

2. 当 $\beta \geqslant 2/3$ 时，风险中性的经济主体在状态 2 将所有货币用于出价购买而在状态 1 将所有货币储藏，而风险规避的经济主体则在每一期都将所有货币用于出价购买(均衡证明的细节请参阅 Liu,1995)。

我们通过引入一个外部银行可以构建更为复杂的模型，该银行愿意以利率 ρ 贷出更多法币或接受存款。很容易验证这种允许货币供给变化的银行机构并不影响在出价前不了解随机变量信息的模型。当没有外生不确定性时，外部银行的目标可能是改变货币供给，避免通货膨胀，也就是说，任何时候经济都与前面一段时期状态相同，即期价格应该是一样的。但是当存在外生不确定性以及当随机变量的结果在借款或存款前已经揭示出来的时候，如果要避免通货膨胀，就必须有合适的贷款延期和违约规则以及取决于每期系统状态的银行政策。我们推测设定单一的 ρ 并不足以固定价格，但是存在一个 ρ^*，且有 $1+\rho^*<1/\beta$，可以得到为零的预期通货膨胀。

许多商品和随机供给

前面的例子都是仅讨论一种商品和货币，且商品的总供给是固定的。Duffie 等（1994）以及 Karatzas、Sudderth 和 Shubik（1994）证明了其结论对于有多种商品和不确定供给的经济也是成立的。当讨论一种以上类型的交易者交易一种以上的商品时，我们所失去的自然是均衡的惟一性。

另外，如第 7 章第 4 节所示，即使只有一种商品，在预期形成过程中的很大自由度使得可能存在一种合理方式形成并不收敛于理性预期或非合作均衡的预期。当存在许多种商品时，对未来价格的推断变得更加复杂并且在动态系统中的自由度也增加了。尽管在适当指定的初始条件下从经济理解的角度能够证明这些系统中稳定均衡的存在是有一定意义的，关于动态性的性质还极少有讨论。

利率的期限结构

如果没有外生不确定性,长期利率只是各期利率的几何平均数。而当存在不完备市场时,情况就不同了。当存在外生不确定性时,一期利率和两期或多期利率之间的差别反映了下面的事实:当市场不完备且破产法并不完美时,长期借款是保险的一种不完美替代。完全的保险提供了一种使市场完备的方式。

得到存在外生不确定性的长期贷款使我们能够利用一系列的大数法则,这样就提供了部分保险。贷款的期限越长,个人的命运就更多地取决于许多随机变量的混合作用。

即使是设立有一期和两期贷款的市场也需要关于序贯行动和信息的大量细节,并且要详细规定再融资和贷款延期以及违约、偿付优先级和重组等的条件。此时不深入细节,我们可以得出一些观察结论。

长期贷款需求取决于技术、组织和信用的性质。[11]因而,通常说来,由生产带来的经济效率的提高所需的贷款期限不超过十年左右。

贷款延期这一实践表明传统微观经济分析通常并未涉及复杂的信息和信用评价过程。尽管在一定程度上,贷款延期使得贷款更接近于代表某种形式的保险(其中借款人利用了一系列大数法则),贷款通常还是不能代替保险。

最优性的考虑使得在不能自动提供短期贷款延期的经济中引入长期贷款是必要的。如果在存在不确定性和交易成本的社会里,一个人需要为一个为期五年的项目融资且五年内现金流为负,那么承诺给五个一年期贷款延期不会等同于一个五年期贷款。

出现不同期间贷款的期限结构的经济只是比模型 3(本章第 1 节的第 3 小节)中的经济稍微简单一些。稍微复杂一点的地方在于一种类型的交易者每两期得到的收入是两个随机变量的函数,第一个变量在每个奇数期间得到并宣布,第二个变量则在每个偶数期间得到,以此来决定交易者的收入份额。有这种收入模式的参与者可能希望在奇数期间借款,这样有两个期间都不必还款,他们也可能在偶数期间借款,期限只有一期。有定期收入的参与者只需要借款一期。各利率间的关系取决于随机变量、优先级条件、延期条件以及破产、违约和重组惩罚的性质。

虽然我认为这一现象可以在策略性市场博弈的背景下进行正式严格讨论,但是在现实中,期限结构的形式更多地受到一系列制度的、官僚的和政治的特征的影响,这些特征体现在波动的预期对超过二十年或三十年或更长时间债务的影响[Shiller(1990)提供了一个很好的关于期限结构实证研究的综述并将其与各种当前理论作了对比]。

政府控制、目标和规模

我们一直坚持将难题进行分解的办法,因此我们故意将政府的作用局限为通过提供足够的结构为个人所拥有的资本存量提供融资来联系一代代的非社会性的经济主体。这是第 6 章模型中的隐含条件,在第 6 章,一个有限期间模型可以对过去和未来开放，这可以通过政府或裁判与经济主体交易初始资源禀赋并在博弈结束时购买可得资源来实现。

即使是随意地看一下社会现状，我们也会知道政府承担着更加广泛的社会经济功能。实际上，从有历史记录开始就一直如此。对政府作为公共品的购买者和分配者的研究将在下一卷中进行。这里的讨论重点是在一个类似于自由的匿名企业系统的经济中货币政策实施的可能性。这样做的原因不是要批评竞争经济，而是要发现其本质来确定政府为了把各代人联系在一起而必须被赋予的最少职能和目标。为了实现建设性的经济竞争，我们对人类生存的生物、社会和政治环境至少要作哪些假定？

在现代民主社会里的一个常识是，各级政府集中和重新分配或使用约25％—50％的GNP。资本主义经济和社会主义经济的二分法绝不是经济的二分法。它可能是基于社会目的、公平和效率观点的政治二分法。而在这一范围内存在着大量的政府干预经济的机会，可以通过货币政策，也可以通过财政政策。我猜测，在大多数最优社会政策的定义下，政府干预经济所要求的收入规模约为GNP的15％—30％。随着政府的增长，也会伴随产生官僚主义弊端和权力中心的增强，尽管政府的经济规模可被用来减轻随机性经济的波动。为特定社会寻求最优的政府规模看来需要理解该社会的历史、制度、习俗和官僚体系。

微观经济学和宏观经济学的统一

我们已经一步一步地对可进行博弈进行了阐释，现在我们该讨论对时间开放的策略性市场博弈了。这时我们可以在交换和生产的有限期间微观经济模型与政府、交换和生产的宏观经济模型之间建起桥梁。我们还没有介绍公共品，所以经济的公共控制的量的许多方面还不能被充分地估计。这留待进一步的研究。与前面一样，除非是出于逻辑必要性，否则我们不会引入新的变量和参数来完成模型。例如，只有在考虑叠代问题时，我们才必须说明人口增长是内生的还是外生的，我们还必须指明代与代之间财富转移的规则。特殊的继承法和所有权包含了很多制度内容，但是它们具有逻辑必要性。在最初构建策略性市场博弈时，价格只能是内生的，而且我们必须考虑在途票据，即使在自负的学者看来它只是一个微不足道的细节。在本章的余下部分，我们讨论一些使用微观模型处理宏观经济问题的一般建模问题。

无限期界和清算日

技术常常影响经济学者对周围世界的抽象。曲线被假定为可微的，部分是由于近似得足够好，部分是由于可微性更易于数学处理。方法论和分析处理的简易性影响模型的选择。因而有几种不同的方式可以在模型中反映经济的时间性这一基本事实，即既有历史又有未来。

一般均衡方法由于不考虑时间和不确定性而避免了一系列技术和概念问题。模型回答了与价格系统有关的问题并完全定义好均衡时的最优化问题，从这两点来看，模型是优美的和抽象的，并告诉我们许多与特定背景下资源配置有关的问题。但是，正如我们在第1卷第8—13章中所强调的，一般均衡分析没有提供任何机制。如果经济被重新模型化为策略性市场博弈,则某些额外条件必须说明清楚。如果我们希望使竞争均衡和非合作均衡相重合,例如,如果我们需要大规模匿名无信用交易,我们即使在一期模型中也必须说明货币的职能和性质,并且我们必须说明形成有效率价格的多人竞争的含义。

交易者连续统并不是一个随意的天真假设。另外,当我们把随机变量引入一般均衡模型中时(意味着不完备市场,或至少是混合策略),我们必须解决与处理随机变量连续统有关的测度理论问题(参阅 Dubey and Shapley,1994;Karatzas, Shubik and Sudderth,1994),我们还必须使数学模型与其代表的世界相一致。特别地,我们需要证明从有交易者连续统的模型中得到的任何结论都可以由具有数目不断增大但有限的交易者的模型逼近。世界人口有五十或六十亿,数目很大但仍然是有限的。

最初的一般均衡模型没有考虑无限的时间。下一项"修补"是假设一个数学结构以保证在无限期界经济中收益函数的有界性。例如,如果每期资源的流动都是有界的并且每个人的效用函数形式为

$$U_i = \sum_{t=1}^{\infty} \beta^t \varphi_{it}(x_{1t}^i, \cdots, x_{mt}^i) \tag{8.13}$$

其中 φ_{it} 是有界的且 $0 \leqslant \beta < 1$。

那么无限期界问题中的收益是有界的。如果我们还要求增加一个假定,即在无限期界中,所有的会计账簿都是平衡的,那么我们就将一般均衡模型从$[0, T]$扩展到$[0, \infty)$。这一扩展带来的问题在于对效用函数的解释。对 β 我们有两个

“诗歌式的”解释：

1. 它是可以被认为代表一个朝代而无限存活的个人的实时贴现；

2. 它是理论上可以具有无限生命而实际上最终死亡概率为 1 的个人死亡的概率。

尽管从易于数学处理的角度来看，随机模型和非随机模型都是可行的，但是它们更适于考虑叠代的经济模型而不适于考虑人类事务的模型。在 Koopman(1960)公理的简化世界里，你可以证明时间贴现的存在，但是即使是粗略的经济统计数据也倾向于支持偏好的生命周期性。我们在 18 岁时评价高的东西不一定在 81 岁时评价还是一样(参阅 Modigliani,1986)。不考虑时间贴现，在稳定的人口中叠代的出现去除了整个社会效用总和的有限界限。然而，如果人们只有有限的生命，那么他们的最优化问题是有约束的。

考虑一个无外生不确定性的叠代模型。这里有两个问题：(1)开始的几代人来自哪里？(2)在时间结束时发生了什么？起先这两个问题看起来有些自命不凡，如果不是毫无意义的话。但是它们还是很容易应用于考虑构建试验性博弈。人都有生有死，人们在作经济决定时就知道前有古人，后面很可能还有来者。试验性博弈的设计者只有有限的时间进行博弈，因此必须考虑历史以明确初始条件，也必须考虑将来以明确终止条件。但是在任何使用外部货币和生成价格的生产与交换模型中，终止条件必须说明在结束时货币的情况，终止价格是如何形成的以及对剩余资本存量的评价。如果在 $T+1$ 期可以得到 m 种商品，那么与定义区间为从 0 到 T 的一般均衡模型不同，系统作为整体至少有 m 个自由度必须由博弈控制者或经济模型建立者通过某种方式去除。

一个吸引人的数学技巧为不仅假设每一代与其前辈完全相同，而且当系统处于静态时，每一代人都会预期系统将继续处于该状态。因而我们希望系统能“自我复制”(bite its tail)。如果初始资本存量为(a_{10}，…，a_{m0})，我们要求剩余的资本存量与其相同或乘以一定的倍数。

当所有的预期都与均衡结果相一致时，我们就很容易构建任何时间长度的策略性市场博弈。预期形成的一个合理基础可能是怠惰和近视——如果没有东西在变化，我们也不必改变任何东西。这至少告诉你，当你正好处于静态时，你可以做些什么。此外它就什么也没告诉你了。我们需要其他的假定来引导非稳定环境下的预期形成。[12]

叠代和交易成本在逻辑上的不重要性

一种观点认为，交易成本是使经济中的货币和金融结构附着到其实体结构上的挂钩。我们在第1卷第8—13章已经看到，多数货币和金融机构理论都可以仅建立在交易需求的基础上。但是在一个有完美信用的社会里，货币的交易需求将为零。Arrow-Debreu Walrasian 模型就给了我们这样一个世界。因而当我们仍假设没有搜寻、信息和数据处理成本时，在 Arrow-Debreu 的世界里，货币的需求就没有逻辑必要性。而在另一个极端，即存在一种被称作货币的商品或充当符号的物品，它在博弈中被惟一地接受为支付手段，我们甚至将其视作公理。实际上，第1卷第8—13章的发展都是这一条件的逻辑结果，并且结合了最优交易方面的考虑。

在个人预期寿命有界的经济中应用 OLG(叠代)建模至

少存在两个重要特征。第一个特征为无限期界收益没有自然界限,尽管帕累托最优的无限期界类似形式是如此之弱,使得从中得不到什么洞见。第二个特征与经济的策略结构有关,经济中存在这样一些人,他们虽然生活在今天,但是他们对未来的道路有完全的策略控制。我们必须增加一些结构才能对由生态及社会和政治组织加于 OLG 经济结构之上的重要限制建模。

叠代和交易成本在实证方面的重要性

第 9 章到第 12 章重点讨论 OLG 和交易成本,这不是因为它们是策略性市场博弈的逻辑基础,而是因为它们为经济增加了大量结构并且为货币的创造提供了许多其他的有力解释和实证材料。

仔细构建的基础 OLG 模型表明了经济系统的开放性。人口因素(例如人口增长)和文化社会因素(如代际财富转移)必须加以明确。另外(如第 6 章指出的),政府和制度作为代际联系者的作用是自然产生的,预期的作用也不能忽视。

我们在第 1 卷第 7 章和第 8 章已经指出,交易技术要求由货币提供的简化。在现代经济中,货币的功能是系统性的。前面几章的评述,以及 Jevons(1875)、Knapp(1905)、Keynes(1936)、Ostroy(1973)、Grandmont(1983)、Niehans(1978)和许多其他人的研究结论都足以说明:纯粹政府力量理论或内在价值理论都不足以解释货币价值。内在价值、易识别性、交易的方便性、预期、习俗、法律和武力都影响了货币的使用和接受。第 10 章和第 11 章简单描述了导致货币交易需求的交易技术的许多特征。

失业与资源闲置、信息、时滞和不可分性

人员失业和(程度稍弱一些)资源闲置是每个经济中都存在的一个重要道德和政策问题。经济学被称作"沉闷枯燥的科学"主要是由于其多数建议都是这样的形式:"吞下这粒可憎的药片,你会感觉好些的。"根本不存在非自愿失业,因为浮动的价格系统会解决它的这一命题更是把定义较差的概念"理性"推向了荒唐的极端。如果人们真的愿意在失业后继续工作,他们完全可以接受较低的工资。如果工资水平太低,失业只是反映了对闲暇的理智选择:失业者认为他们的时间比较低的工资收入更有价值。

有神学倾向的人能从失业概念的陈腐说教中获得满足。对于其他人来说,根本的问题不在于没有有用的失业理论,而在于理论太多。搜寻成本、共同知识的缺乏、缺乏对人的人品和能力的评价能力的信任、不可分性、递增的规模报酬,以及由有专业通讯联系和知识的特定组织成员发展的产品差异化都提供了部分"经济学式"的解释。交易成本以及住房、子女教育,朋友和社会组织的地理位置都是相关因素。技能、经验和自尊也不能被轻易忽略。

本书的微观建模水平还不足以处理这一重要的宏观经济学问题。因此,我们在统一宏观方法和微观方法时必须指明哪里没有做到,哪里做到了。基于上面提到的(还有更多的)任何因素构建数学模型都是很容易的,并且为失业问题提供似乎合理的部分解释也是很容易的。问题的关键在于实证内容和洞见而非数理经济学或计量经济学。

人员失业和非人力资本闲置是经济政策制定者面临的最

重要的问题之一。它不可能通过定义就消失了,即使那些关注它的人并没有提供这一现象的无懈可击的定义。

货币和利率:给定还是决定?

是经济系统不管政府的“干预”而决定了“自然利率”和“适当的货币供给”还是政府的行动控制了这些变量?这些问题是否有意义取决于更一般的问题:在多人博弈中,大型参与者的影响有多大?它取决于一些细节,例如相对规模和资源分配的性质。从这一点来看,有必要区分三种经济。

第一个经济是使用商品货币运行的,没有铸币税,并且个人可以自由开采或进口黄金来“制造货币”。货币是实物,它的生产和销毁是由个别物理过程决定的。为了定义好所需的数学模型来求解利率(可能是多个利率),我们必须同时规定违约条件和预期,并且由于货币是作为实物存在的,接着我们还要由违约条件和预期来确定其数量和利率。

第二个经济也使用商品货币,但是政府控制了铸币的发行。存在金块和王国铸币的共同市场。现在由政府选择决定货币供给的规模,约束条件则为政府可能对制造货币的基本成分黄金有很高的控制,但也可能没有。如果政府很强大,拥有金矿并控制进出口,并且它可以制止易货贸易或使用未铸造的金块而非王国铸币进行非法交易,那么它就对货币供给有极高的控制。政府还可以通过宣布它自己借款和贷款的利率来影响利率结构。

第三个经济使用法币。作为一种抽象,我们可以认为法币的数量由博弈规则决定。政府允许其他参与者决定货币数量的一种方式是由政府宣布它的贷款和借款利率(可能是多个利率），然后由其他经济主体的行动来增加或减少供给。或者，政府也可以说明它愿意供给的数量。

违约规则是决定个人负债意愿的一个重要方面。但是在理论上至少有两种不同的方式来说明违约的负效用。可以是使用货币单位，也可以是使用某个购买力指数来表达负效用。而在现实中则总是用法币来表示。法律极少立即对通货膨胀或通货紧缩进行调整，不过会争取跟上这种变化，但是常常会有几年的时滞。尽管近来有些国家已经试验了指数化。

总之，除非系统得到了很好的说明，否则我们无法很好地定义“自然”决定的利率的意义。一系列利率是否会受到政府的高度影响取决于我们为什么样的系统建模。可以说，在一个具有法币、政府和大量连续债务偿还的现代社会中，政府的利率政策有着重要影响。

趋向均衡的系统？

即使未包括公共品政治经济学的重要特征，在嵌入时间的经济中，经济系统也是很不确定的。预期价格有很重要的作用，但是还没有清晰、简单和惟一的经济解释来说明预期的形成。理性经济决策理论和行为心理理论的二分法是错误的。即使是为总是存在未来的最简单的过程仔细地建立数学模型也能使我们得出结论：存在各类形成预期的方式，它们都与基本经济学相一致而且都可以从博弈论的角度被重新解释为有效的策略。

无论我们是讨论 Marx 的大动态学（grand dynamics），还是 Schumpeter 或凯恩斯主义的、新凯恩斯主义的、货币主义的或者是不时出现例外的纯粹理性预期模型，所有模型都可以与一般均衡模型在逻辑上一致，只要它采用过程分析并且对时间开放。微观经济模型可以通过策略性市场博弈而得到展开，策略性市场博弈提供了经济结构的逻辑基础以及承载过程的博弈。由于行动法则必须考虑预期的形成，但是多数宏观经济理论的特殊猜想都具有或缺乏实证根据。在宏观经济理论中以“理性预期”作为逻辑基础或在博弈论中以各种形式的“完美均衡”为逻辑基础都是基于对策略概念、与人的决策制定有关的未证实的假说以及“理性行为”松散结构的抽象简化。

甚至无需我们提及在数据处理、感知和学习方面人的真实能力的局限，这些评述也都能成立。即使我们不考虑这些局限性，个体最优并没有得到很好的全局性的定义，尽管许多局部微观经济模型只是局部地定义了最优。总体宏观经济模型充其量只是提供了局部的、多少有些近视的最优化，人们发现全局均衡是不可能达到的，甚至根本就不存在。

成熟和科学诚实性的标志是能够在进行研究项目时承认自己假说中的逻辑缺陷以及自己对正在研究的主题的一些方面是无知的。失业和资源闲置、收入分配、创新、经济发展、资本品的供给、预期的形成及通货膨胀这些问题都是在政策决定制定过程中每日都会遇到的重要议题。由于缺乏基本的经济知识，目前我们希望得到的最好结果是对那些解决特定局部问题的特殊模型增加一个补丁并希望最终我们能证明局部考虑和全局考虑是相啮合的。Simon(1984)的“满意”(satisficing)的出现不仅仅是多了一个流行词汇。学习和预期的形成并不是经济理论的一部分——事实上恰好相反。经济系统是开放的并且仅仅是过程的承载者，它的许多动力源泉来自于外部。所谓的理性经济人的短期模型是更为复杂的个人全局行为的局部近似，个人至多只能看到整个系统的一小部分，即使他们能够考虑整体。

这些并不是悲观的言论或者令人失望的忠告。甚至在我们理解预期形成的社会心理学之前，在扩展经济分析方面我们还有许多工作要做。经济制度为决策的制定提供了大量的结构。技术和过程的性质约束了动态性的结构。理解预期的形成和经济动态学并不是一个问题，而是许多问题。预测盐的需求和对一个新艺术家作品的需求需要不同的预期形成模型。

在所有的社会科学中，经济学是文字表述和数学模型的一种最复杂的混合。在文字和正式模型之间往往存在差距。本书的基本要旨就在于通过构建可进行的博弈来证明最初级的过程分析所需要的结构也比静态微观理论多得多。构建这样的结构不仅扩展了微观理论，而且充当使宏观理论的补丁具有一致性和完备性的组织工具。博弈规则的构建而非不合作博弈的求解带来了大部分增加值。当我们探求宏观经济理论时，我们根本不清楚传统的局部经济最优化理论能将我们带到何方。

在构建过程模型时，即使是粗略的经济最优化，要定义好博弈规则，货币需求以及对所有金融机构的需求都是逻辑上必需的。另外，金融系统看来允许分权化控制并且在由许多个人且大部分是匿名的经济主体组成的大规模宏观经济体中使信息和信用需求最小化。一些经济学家非常喜爱的最优化看来只是聪明但是短视的经济主体的局部行为，这些经济主体处在一个松散联系的全局性随机反馈过程中，他们的目标充其量只能通过创造这样的词汇，如"社会福利函数"来加以类比近似。更准确地，最优化可被视作更新一个博弈(在该博弈中，经济馈入政治，政治又向经济作反馈，它们都嵌入社会并受到技术和生物的制约，所有这些都改变局部经济行为发生的环境并被其改变)中的一组博弈的输出。

均衡与不完备市场

到目前为止，我们的讨论都或多或少基于如下命题：在多数我们研究的经济模型中都存在均衡。多数经济学家都认为均衡和使我们达到均衡的动态性之间的联系是相当脆弱的。不幸的是，在一个具有不完备市场的经济中是否存在稳定均衡还一点都不清楚。

Magill 和 Quinzi(1996，第 4 章)在他们对不完备市场理论的详细综述中，提供了对均衡不存在情形的分析。Karatzas、Shubik 和 Sudderth(1994，1997)在以前和正在进行的研究工作中提出了一个有些不同的建模方法，该方法的重点不仅在于系统中货币和信贷的数量，而且在于稳定财富分配和无通货膨胀价格系统存在的条件。

我猜想下面这些结论是成立的：

1. 在一个有随机总体宏观收入(见第 1 节的模型 1，Q 是随机的)以及一个收取短期贷款利率 ρ 并支付同样的存款利率的消极外部银行的经济中，一般不存在稳定的价格水平。当 $1+\rho=1/\beta$ 时,预期价格水平是通货膨胀型的。如果要实现预期通货膨胀率为零,则利率还要再小一些。避免预期通货膨胀所需要的利率水平随着随机变量方差的增加而降低。

2. 在一个有随机总体宏观收入的经济中,其中个体收入 Y 也有一个随机成分(与 Q 不成比例),不存在稳定的财富分配。可以通过为模型 1 的 Q 引入一个额外状态来构建一个简单的反例。看来个人今天的决策取决于以前的整个历史,这一点表现在了解经济的完全的财富分配情况的需求之中。

3. 政府控制通货膨胀的能力必须以政府在对随机变量 Q 的每个实现进行反应时对控制变量使用的频率、范围和数量来衡量。完全控制的信息和精确解释要求看来是高得过度了。宏观经济学家眼里的“足够好”的政策不是常规的修修补补,而是作为对有效政策的信息、感知和灵活性要求进行研究分析后所得到的结果。

注 释

① 由于在每一期所有商品和服务都毫无保留地一次性出售换成货币,所以在社会的总财富和需求的货币数量之间有直接的对应关系(如果不存在货币储藏或未被使用)。

② Karatzas、Shubik 和 Sudderth(1994)已经证明了静态存在的一般条件。由于证明超出了本书的数学水平,我们提供一个明确的例子来较详细地说明这一分析的经济含义。

③ Markov 链描绘了系统的各种状态以及这些状态得自于其他状态的概率。这里的 Markov 链是固定在整数上的,并且存在惟一的不变测度来显示财富转移及其概率。

④ $V(\cdot)$由线性内插法确定

$$V(s)=\frac{1}{1-p}=\left[\frac{1}{1-\theta}-(s-[s])\right]\theta^{[s]},\quad 0\leqslant s\leqslant\infty$$

其中$[s]$是 s 的整数部分。

⑤ 尽管这里只表现了一个特例，但是这种现象具有一般性。增加贷款延期的可能性使得分配向左移动，其形状也可能发生变化。

⑥ 在一个没有外生不确定性的经济中，货币仅被用于跨期交易（即清算中心每期计算净交易），单一利率为 $1+\rho=1/\beta$ 的外部银行得到与储藏一样的竞争性资源分配。

⑦ 如果借款人的收入取决于商品或服务的销售，即使这一限制也要求价格范围远离零。

⑧ 研究 Modigliani-Miller 定理问题的另一种方法是考虑一个经济生存博弈，其中企业有两个账户[参阅 Shubik(1959b)以及 Shubik 和 Thompson(1959)]。企业将红利支付到另一个独立账户或所有者账户，但是如果它保留的资产低于某个水平它就会破产。通过设立不同的最优化问题可以直接对企业的不同目标建模。在一个模型中，公司的目标可以是最大化预期已贴现红利支付，而不论是否破产。另一个模型中的目标可以是在未来的 T 期使破产的概率保持在某一安全水平之上，约束条件为支付一个红利流，红利的预期已贴现价值至少达到一个指定的数目。如果没有破产，很容易看出这两个问题可以被构建为对偶问题；而当存在破产时，通常它们不可能被处理为对偶问题。

⑨ 尽管我们也对 200 000 个交易者进行了模拟，模拟结果显示方差进一步缩小了，出于审美方面的考虑，我们比较了 $n=100$、1 000、10 000和 100 000 时的交易者连续统。

⑩ 要比较不同价格水平和财富水平时的分配，我们需要在使用盒形图进行表示时更仔细一些。

⑪ 要完全了解工业化的增长和生产的巨大变化，我们最好阅读一下经济史，以此来弥补数理经济学过于简化这一（并非出于主观故意

的)不足。请参阅 Braudel(1967)和 Parker(1984)。

⑫ 关于学习理论的文献日益增多[例如,可参阅 Holland(1975)的遗传算法],也有越来越多的人试图构建新的经济动态学(例如,可参阅 Day and Walter,1989)。

货币、信贷、资产和交叠世代下的多期交易

交叠世代策略市场博弈

最简单的时间嵌入：序贯世代

在过去的三十年里，对交叠世代(overlapping generations)的研究文献呈爆炸式增长(参阅 Geanakoplos, 1987; Brock, 1990; 以及 Geanakoplos 和 Polemarchakis, 1991; 其中对此作出了极好的全面综述)。本章的目的在于使用策略市场博弈来重新建立和解释基本的 OLG 模型，以便对经济中货币和金融控制的策略作用提供一个更加自然的解释。

在前五章提出的大多数模型中，我们只考虑了单一期间或有限的 T 期间的交易，在交易结束时，货币和其他剩余资产都没有价值。由于考虑一个总是存在未来交易的经济显得更合理一些，我们希望在模型中尽量少考虑无限期界的影响。另外，为经济指定一个起点从历史和生物学的角度来看都是不合理的。时间可以无限向两个方向扩展的交叠世代模型比起有限期界模型直观上也更有吸引力。

对交叠世代模型的许多复杂特征的讨论将在已经计划的第3卷中进行。至于为了理解股本融资中对外部货币的需求和跨期交易融资中对内部货币的使用以及预期与利率的作用，一些极为简单的多世代模型也就足够了。

我们暂不立即考虑交叠世代，而是首先考虑作为第5、6、7章模型的直接扩展的序贯世代。对于序贯世代模型，当我们改变与个人生命和商品使用寿命的相对长度有关的假定与所需的市场、货币和继承条件时，我们很容易列举出几个根本不同的情形。

尽管完全的交叠世代模型(OLG)更符合实际，序贯世代模型却以相对明晰的方式提出了与代际联系和资产转移有关的大部分基本问题。Geanakoplos(1987)及Kehoe和Levine(1989)指出了OLG模型不同于GE模型的三个重要特征：(1)它们可能有非帕累托最优的均衡；(2)它们可能有外部货币发挥重要作用的均衡；(3)它们可能有均衡点连续统。前两个特征自然出现于对逻辑上必需的初始条件的考虑中，最后一个特征的出现是由于在终止条件的描述中可以得到自由度；在终止条件的描述中，我们可以自由地说明预期。[①] 当我们增加前两章提到的终止条件时，所有这些特征都出现于GE模型中。这些条件使得我们可以区分内部和外部货币并且引入政府这个参与者；它们提供了一个研究预期的背景。因而许多与货币职能有关的概念和逻辑问题都可以无需OLG来解决。如果情况是这样，那么引入OLG模型的"增值"又在哪里呢？

由OLG增加的真实价值在于它提供了正确的结构将来

自于社会和人口统计学的重要新参数和变量加入到经济中，这又使得我们能够为生育过程、教育、继承的动机和未出生世代的策略作用（如果有的话）建模。OLG 要求提出正确的问题，不仅仅是关于生命周期的，还包括经济学、人口学和生物学的基本联系。特别地，是什么将各代人联系在一起？有哪些（可能有许多）机制决定了代际的资源转移（参阅 Shubik，1981a）。经济学能解释多少，还有多少需要其他的解释？假设经济中资产的存续时间比经济主体的生命长，我们如何计算这些资产所有权的起始时间，我们又当如何考虑它们的最终处置？

我们应当避免不恰当的现实主义的考虑，而仍需回答下面的问题：我们怎样来构建一个可进行的博弈来反映序贯世代经济。然后我们可以将该博弈扩展为 OLG，并尝试将博弈与真实经济进行类比。要回答的第一个问题是，世代之间是否有生物上的或社会学上的联系。从制度和数学的角度来看，这等同于问当代人是否有留下遗产的动机（有意识的或者是其他情况）。即使没有明确的生产方面的考虑，当经济中存在可储藏消费品时，经济主体便有了代际策略选择：是将它们留给下一代还是现在就进行消费。如果个人在生命临近结束时拥有耐用品，他们还面临另外一个策略选择，即将耐用品留给别人还是毁灭它们。但是某些耐用品（例如土地）比其他耐用品更难毁灭。

最简单、最极端并且明显错误的假设条件为，所有人都是完全自私的并因而不会有兴趣留下任何东西给任何人，即使是对代际资源转移的生物学的初级考虑也能证明这一点。因而他们有意识的偏好应当仅包含与他们自己消费水平有关的变量。这并未排除短期或者甚至是中期的理性经济最优化所没有涉及的本能的或长期的生物遗传编码的行为。

我们可以使第 5 章和第 6 章中构建的模型包括除一个额外特征以外的所有特征,并以此得到序贯世代模型:它们不必考虑比个人存续时间长的政府或者是未来世代。在第 5 章和第 6 章的模型中,一个世代生活了 T 个期间,并且通过在开始与结束时“与外部”的交易同裁判产生联系。博弈的初始和终止边界条件一方面提供了参与者与前一期博弈的经济联系,另一方面提供了参与者与下一期由裁判居中调节的博弈的联系,但我们并没有必要把裁判理解为对未来世代负有责任的政府。通过将初始条件表示为参数并将终止条件表示为参数或各种博弈行动的函数,我们可以构建可进行的博弈。

我们可以将这一类有边界条件的博弈用于比较静态学,将其与第 1 卷第 5—15 章的博弈及相关的一般均衡模型进行对比。尽管它提供了引入政府的方式,在构建足以回答许多宏观经济问题的经济模型之前,我们还必须详细分析政府的职能以及与多个世代有关的一些特征。

按照我们一直使用的在模型中逐渐增加新的因素的方法,序贯世代这一多世代模型使得我们可以比较政府作为无限存续(人为假设的)的参与者或者一种策略上积极的制度的目标和职能与生命有限的个人的目标和职能。即使是只有两三个序贯世代的模型也要求我们指明政府的超出个人寿命的政策或计划。另外,在设计对给定的绩效水平最小化对个人信用的依赖程度的经济系统时,它允许我们观察物品使用寿命和人的寿命的相关性和重要性。

即使是在这一水平，我们也必须决定将出生和死亡过程视作内生的还是外生的。例如，裁判对于人口增长有任何控制、政策或偏好吗？如第1卷第3章所指出的，对于宏观经济模型来说，哪些变量被选为内生的，哪些变量被选为外生的通常只是具体建模时的问题。关于人口增长及其经济方面的性质的因果关系问题既是经济学也是生物学的核心问题。

序贯世代：所有的基本情形

每一个实际经济都包含了易损品、可储藏消费品和耐用品的组合。仅考虑三种商品中的任一种都提供了一个极端情形。作为进一步的简化，我们先考虑静态，它决定了资源进出的条件。

图9.1显示了一个经济，其中所有经济主体都只有一期生命。存在一个无限存续的经济主体，我们可以用中性词"裁判"或"代际联系者"来称呼它，或者，中性程度较差一些，称其为"政府"或"国家"。箭头代表商品的使用寿命。方盒内的数字表示新的禀赋。

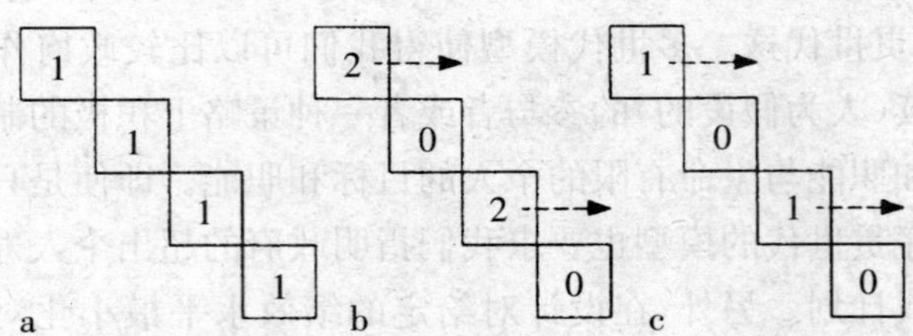

图9.1　有联系者的序贯世代

仅有易损品 在序贯世代模型中，如果资源禀赋在每一期仅由易损品组成（图 9.1a），那就没有必要规定第 1 期以前的初始条件或第 T 期以后的终止条件。不存在代际转移的可能性。序贯经济由一系列分离的有限一般均衡经济组成。

仅有可储藏消费品 当存在使用寿命超过物主寿命的耐用品或可储藏消费品时，代际转移的可能性也就出现了。我们首先仅考虑可储藏消费品（参阅图 9.1b）。这里又有两种情形。如果没有人有遗赠动机，那么又一次地，纯粹的序贯世代经济学可以被分解为一个独立的经济学序列。人们没有动机留下任何东西，也没有东西会被留下。

如果存在遗赠动机，那么我们需要指明赠与人和被赠与人。有几种简单的方式可以用来明确赠与关系。我们可以通过将世代 t 的一个人与一个或多个世代 $t+1$ 的人建立联系来标记每个世代并且允许世代 t 的这个人规定剩余资产的分割。以这种方式，我们可以为家庭继承建模。我们可以将所有资产放入集中池，然后由政府（或裁判）的政策来决定再分配。我们可以让政府积极地购买和出售剩余资产，然后将清算所得转移给继承者。如果我们假定所有的世代具有相同的偏好和资源禀赋（例如，有两期使用寿命的可储藏品），那么稳定均衡就有可能由于遗赠动机而移动，每个人都将一定百分比的可储藏品留给后代。

仅有耐用品 如果耐用品的存续时间还没有经济主体的寿命长，这也没有什么问题。每一个世代可被视为个别的交换经济。如果某些耐用品（例如土地）存续的时间比它们的所有者寿命长，我们必须说明如何处置和分配它们。它们是如何被再分配给新人口的？某些耐用品，例如房屋或个人财产是被流传下来还是被毁灭了？例如，个人财产可能与物主一起被火葬焚毁。从历史上看，每种可能性都是合理存在的。较弱的最优条件可能使我们能够假定个人不会毁灭自己无法消费而对别人又有价值的资产。

为简化起见，假设一个社会没有遗赠动机或外部不确定性，并且仅有存续期超过物主寿命的耐用品。假定一种最极端的情况，这些商品的耐用期是无限的。如果我们要考虑多于一个世代的经济，我们必须说明耐用品是如何从世代 t 转移到世代 $t+1$ 的。从策略上看，终会死去的经济主体如果被禁止毁灭他们的资产，那么他们就没有选择而只能在死前出售他们的资产或是将资产留给后代。为了定义好一个模型，我们必须规定资产再分配的规则。如第 1 卷第 7 章所示，我们有多种选择，再次列举如下：

1. 有价格系统的经济市场；
2. 投票过程；
3. 竞标出价；
4. 讨价还价；
5. 由更高权威、法令和执政地位决定的分配；
6. 由武力、欺诈和欺骗决定的分配；
7. 由习俗决定的分配，包括馈赠和继承；
8. 偶然机会。

假定我们在构建博弈时必须局限于经济市场和价格系统之间的联系，因此我们选择一个由市场经济支持的无限期界稳定状态。

1. 如果所有商品都是可以无限存续的，为了得到静态，商品只能一次性供入经济中；否则的话，它们的数量就会增加。

2. 在博弈开始时,我们必须指明资源如何分配:资源可以由经济主体所有、由政府所有或由两者共同所有。如果资源仅为第一代经济主体所有,后代得不到初始资源,那么就不存在决定代际转移的市场机制。如果资源仅为政府所有,那么存在一个市场机制,它创造出可接受的金融工具使得经济主体可以向政府借入或购买资源。因此,如果稳定解存在,它可能与经济主体对政府负债有关。

3. 如果博弈使用带有货币的市场,我们则必须指明货币。它是由政府创造的还是由"内部经济主体"创造的,或者它是否有独立的物质存在?我们可以考虑商品货币、法币或电子记账货币。

4. 如果我们希望避免对破产或违约规则作出说明并且考虑仅包括无信用交易的交换经济,那么我们就必须说明政府与经济主体之间的价值交换是什么意思。另外,当我们讨论不止一个世代时,如果某人负债死亡,有必要规定债务如何勾销或清算。它是由政府来负担还是被继承?多个世纪以来,在不同的文化中存在不同的方式来处理这一情况。在没有确定福利标准时什么是"正确的"方式这一问题只能说是一个坏问题。

现在我们可以得到一个直接结论。除非债务产生于当前世代与裁判之间,否则在一个没有遗赠和保险动机的系统中,当前世代没有激励留下可以消费的任何资产。在现实中,资产主要通过养育子女、继承、代际购买和销售以及税收和补贴来转移。这里由于我们不考虑税收和继承,剩下的可能性是通过经济主体和裁判之间的购买和销售来转移资产。

各世代之间不能彼此交易，但是裁判或代际联系者的机制可以用来转移资产。谁来制定机制行为规则并不是纯经济学的问题，而是需要由政治经济学和政治与社会行为研究来回答的问题。

我们现在可以重新解释并直接扩展第 6 章中的模型。我们设想由政府最初拥有耐用品。它把货币贷给第一代人购买耐用品。政府规定它回收耐用品的价格，然后它对所有的后续世代重复这一过程。

对交叠世代和货币的评论

尽管对交叠世代的分析留在了下一卷，现在作一些评论还是适宜的。Allais(1947)和 Samuelson(1958)有洞察力的开创性作品代表了微观和宏观经济分析相融合的重大进步，但是回避了两个基本问题。Allais 的精细的和有洞察力的总体经济控制模型既没有考虑控制机制的逻辑必要性也没有考虑令人满意的控制机制的性质。Samuelson 的模型则仔细地分析了货币的社会创造以及交叠世代对利率的含义，但是并没有说明政府的结构，并且实际上对政府职能的讨论只是有限的匆匆几句评论。

我们这里的主要观点是：由于许多制度和商品都比个人的存续时间长得多，政府的经济机制必须被纳入任何正在进行的长期经济模型中。另外，经济主体的相关生物学方面特征也必须加以明确。个人和多数商品的有限的生命期为经济模型提供了许多实体结构。

对完全交叠世代的研究提供了考察许多导致大量经济形态的人口和社会因素的机会。这些包括个人经济生命周期的性质以及对经济的社会政治影响，这些社会政治影响产生于当前有限生命的人口控制了无限存续的制度或人为产生的参与者“政府”。

一旦认识到引入 OLG 模型的特殊需要，我们就必须准备增加对经济交换和生产的研究的复杂层次。当我们的模型考虑交叠世代时，就不可能再是纯粹经济的了。OLG 模型由自身性质所决定必须包含人口、政治和社会各个方面。仔细说明两期交叠世代模型可以使我们看出只需要考虑很少的几种情形。这些情形都列在下面，但是更进一步的考虑留待下一卷进行[可参阅 Gale(1973)对 OLG 交换经济的极佳讨论]。

作为博弈的两期交叠世代模型：所有基本情形

当祖父去世后，他的家庭和朋友会吃掉水果盘里的桃子并喝掉冰箱里的牛奶。提到这种早已不算新鲜事的可能性是为了预先警告我们对易损商品的定义有时是很随意的，并且当我们希望得到数学精确性的时候，我们必须清楚地指出为数学建模而付出的代价。这里易损商品在每期结束时也就报废了，因此不可能再传下去。

仅有易损品交易　有易损品的两期 OLG 模型提出了两个极端情形：要么仅有年轻人得到资源，要么仅有老年人得到资源。图 9.2 显示了这两种情形。我们很容易看到在每一种情形中都没有交易。它们都概括了需求双向一致的缺乏，这可以从图 9.2a 中看出，我们设想第三代老年人获准与第一代年轻人交易，如图中虚线所示。在每种情况下，市场都只有一边是活跃的。

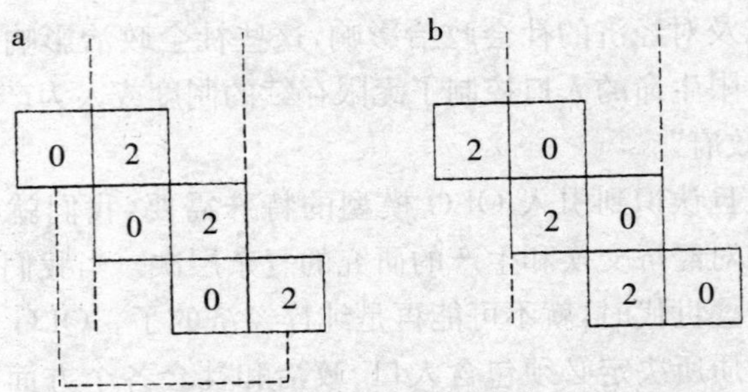

图 9.2 有易损品交易的两期 OLG

对于图 9.2a 所示的情形有一种完善措施：政府向年轻人提供法币贷款，利率为零，并要求老年人在第 2 期生命结束时偿还。在初始时，第一代老年人有一单位负债。用一个极简单的例子就可以说明这一过程。[②] 假定每一世代的效用函数形式为

$$2\sqrt{x_1}+\beta(2\sqrt{x_2}+\mu\min(0,\text{负债})) \qquad (9.1)$$

其中 μ 是违约惩罚，我们可以将其设定为 $1/\beta$。很容易验证，年轻人借入 1 单位法币，老年人向他们出售 1 单位商品，价格为 1。所得收入被用于偿还负债，并且这一过程不断重复。如果我们将博弈截短，我们需要为最后一代人提供清算边界条件。这实质上是一个预期：它将得到 2 单位资源禀赋并能在价格 1 按自己的意愿出售。

对于图 9.2b 所示的情形有两种直接的完善方法：一种不包括政府，但是增加了一种有足够供应的商品货币；另一种则是由政府提供它愿意贷出的法币。第一种不需要违约法律，这是因为所有交易均为价值互换。第二种则需要规定违约惩罚。两个简单的例子可以说明这些情形。假设每个人的效用

函数形式为

$$2\sqrt{x_1}+z_1+\beta(2\sqrt{x_2}+z_2) \tag{9.2}$$

其中 z 表示消费黄金提供的服务的效用，而非其资产价值。如果我们给予第一代老年人 1 单位黄金，他们则使用黄金从下一代年轻人手中购买 1 单位商品[③]，并且如果经济中没有再注入新的商品货币，这个过程就会无限重复。很容易验证这个解并不适用于图 9.2a 中的情形：黄金会流到老年人手中，他们至死也拥有黄金。因此为了定义好一个能产生最优的过程，我们需要“隔代”继承规则。

第二种完善方法具有这样的初始条件：第一代老年人得到 1 单位法币的贷款，然后他们使用贷款向年轻人购买 1 单位第一种商品，这个过程一直重复。如果我们将其视为可进行的有限博弈，很明显我们必须让最后一代人的收益包括博弈结束的后面一期以及该世代面临的终止条件。否则的话，知道在博弈结束时法币毫无价值，最后一代人可以拒绝出售而得利。因此最后一个世代的预期对于保持静态和支持接受法币是很关键的。法币与黄金一样是纯粹的资产（但是没有消费价值）。不存在交易者欠政府的相抵消的债务。[④]它实际上是一个“信用丸”或制度化的信用标志。从操作角度来看，这一博弈可以通过如下方式进行：让政府在时间 $T+1$ 时准备好提供一单位易损品卖给那些在 $T+1$ 期仍健在的人。这一方式不使用法币而是用价值取代了信用并且账目是平衡的。

可储藏消费品交易　根据定义，可储藏消费品必须至少存续两期。假定它们正好存续两期。图 9.3 显示了两种情形。我们立即看到图 9.3a 中的情形需要与图 9.2a 中的情形相同的处理方式。老年人没有留下可储藏消费品的动机；但是使初始时的年轻人得到 1 单位法币并欠裁判 1 单位的债务，老年人可以出售 1 单位的可储藏消费品给年轻人并且得到法币来付清他们欠政府的债务。第二种情形如图 9.3b 所示，可立即得到求解。年轻人可以将商品转为供自己年老时使用。专制的解是最优的。

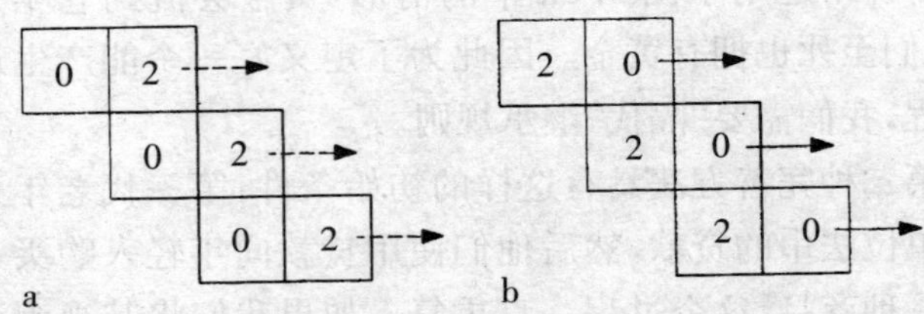

图 9.3 有可储藏消费品交易的两期 OLG

耐用品交易 使用寿命最短的耐用品也能存续两期。图 9.4 显示了两个有关的情形。在图 9.4a 中，我们无法回避规定继承规则。这里必须强调的是，由于所有人都被认为是完全自私的，继承规则与人际关系无关。问题的简单性要求做到这一点，人们如果未能及时出售资产则必须留下资产。其

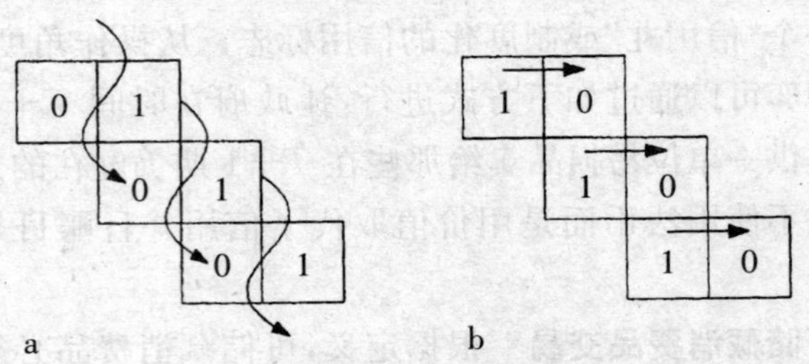

图 9.4 有耐用品交易的两期 OLG

解与图 9.2a 相同，只是增加了一种直接求解的可能性，即通过如图 9.4a 中的曲线所示的隔代继承法求解。图 9.4b（与图 9.3b 一样）没有提出什么新问题。

经济解决方式的必要工具

有六种工具可以使我们在无限期界经济中通过市场实现有效率的资源配置。

1. 政府贷款（接受个人借据）；
2. 政府创造法币；
3. 使用商品货币；
4. 规定违约法律；
5. 规定继承法；
6. 作为终止边界条件的预期的隐含规定。

理想的货币是一种奇妙的商品，它作为线性可分项进入所有的效用函数中，并且它有充足的供应，可以满足所有的期间内（流通中资金和清算）、跨期间和代际的交易。它是信用的完美替代，只是它并不存在。社会已经设计出了法币作为一种替代，法币的效力取决于交易者对政府控制法币供给的预期。

经济学、社会和生物学

宏观经济学不仅研究经济，而且研究构成经济环境的政治和社会。如果微观和宏观经济学被视为应用科学的话，也许经济学家就该阻止仅使用经济考虑来解释许多问题的倾向。

虽然有关生育多少子女以及如何养育他们的决定很明显

包含了很多经济内容，但是大多数人结婚和生育小孩并非主要基于边际生产率的考虑也很明显。要获得对经济生活的最佳理解就应当将其置于政治和社会制度、习俗以及相关的人类生存的生物学事实这些适当的约束之中。这些因素将在下一卷中考虑。

略论货币、不确定性和无限期生存的交易者

尽管具有自然时间贴现的无限期生存的个人的经济模型即使作为寓言故事也显得不实际，另一个模型（其中期与期之间的贴现率是在该期间段死亡的概率并且预期的生命期限是有限的）却支持使用它。当我们在一个有限模型或者甚至是OLG模型中为所有人选择一个固定长度的生命时间时，一个讨厌的问题就产生了。如果我们假定一个人可以活到110岁，那么为什么就不能是110年又15秒呢？使时间贴现为死亡的概率就顺利地修正了末端效应问题。

第8章第1节提出的无限期界不完备市场模型就是基于有无限生命的个人。更好一些的模型引入有有限生命预期的个人。在给定继承法的情况下，我们可以修改Karatzas、Shubik和Sudderth（1994）的证明来论证稳定财富分配的存在性。一个简单的例子即可对此进行说明。

考虑一个例子

考虑一个有固定人口的社会，其中所有人都有一个有限的生命预期 T，这个预期得自于人们在任一年中死亡的概率

恒定为 $1/T$(又见 Yaari,1965)。[5]实质上我们是在考虑有放回的抽样。每一个死去的人立即会由一个新生儿代替。每个年龄为 0(即$[0,1]$)的人没有资源。每个年龄大于 0 且为 t(即$[t,t+1)$,$t\geqslant1$)的人在每一期都生产或拥有 1 单位数量的易损品,我们称这一资源禀赋为"吗哪"。另外,每个人在 1 岁时政府都会给予 1 单位货币。死时所积累的货币或收入都返还政府。我们可以认为吗哪用于销售并可用货币购买。所有人都有一个凹的效用函数[6],该函数可以按时间分离。所有人均考虑他们的期望寿命并都试图最大化他们的期望效用而并不考虑其他人的福利。他们最大化:

$$\emptyset_i=\sum_{t=0}^{\infty}\left(1-\frac{1}{T}\right)^t\varphi_i(x_t^i) \tag{9.3}$$

除非存在适当的继承法或税法,或者除非引入银行业或保险系统,人们所能够做的就是用他们所有的钱买回他们自己的资源,然后他们才可以消费。由于系统中有$(T-1)/T$单位的货币,所有这些货币都被用于购买$(T-1)/T$单位的吗哪,所以形成的稳定价格为 $p=1$。这使得每个人得到的收益为:

$$\sum_{t=1}^{\infty}\left(1-\frac{1}{T}\right)^t\varphi(1)+\varphi(0) \tag{9.4}$$

这一收益形式表现出了不符合生物学的特征:因为年轻人的父母不给他们任何资源,所以年轻人不消费,但是他们却一直能活到有生产能力的时候。

假定政府的补贴规则与前面相同(即每个人在 1 岁时得到一单位货币)。如果我们现在允许存在一个具有下面列出的特征的银行系统，年轻人可以借款和还款，并且每人得到的收益为：

$$\sum_{t=0}^{\infty}\left(1-\frac{1}{T}\right)^{t}\varphi_{i}\left(\frac{T-1}{T}\right) \tag{9.5}$$

这个收益大于前面得到的零。

我们考虑一个外部银行，它愿意贷款的数额最高为个人的预期还款能力，利率为 $1/(T-1)$。它在每一期从所有借款人那里收取利息，但是有一个附加条件，即人死债免。

有 $1/T$ 的人口年龄为 0；每人借款为 $(T-1)/T$。所有活到 1 岁以上的人都消费 $(T-1/T)$ 单位并定期支付债务 $(T-1)/T$ 的利息。银行总共收到的资金为：

$$\left(\frac{T-1}{T}\right)\left(\frac{T-1}{T}\right)\left(\frac{1}{T-1}\right)=\left(\frac{T-1}{T^{2}}\right) \tag{9.6}$$

正好为银行借给 $1/T$ 的人口人均资金数量 $(T-1)/T$。

上面的分析将随机的收入转变为它们的期望值。由于人死债免，考虑到经济主体是策略性参与者，必须存在一个贷款限制、一个足够高的违约惩罚或者两者兼有。否则的话，人们会被诱使而无限制地借款。

如果我们考虑到所有人都是策略性经济主体，我们还必须引入条件，指明当活着的人未能支付利息时当如何处理。我们必须通过引入惩罚（例如进入债务人监狱、奴役或其他带来痛苦的形式）来修改他们的收益函数。我们可以考虑修改过的效用函数形式如下：

$$\sum_{t=0}^{\infty}\left(1-\frac{1}{T}\right)^{t}\left(\varphi_{i}(x_{i})-\mu\min[Y_{t},0]\right) \tag{9.7}$$

其中 Y_t 是在时间 t 未支付利息的数目，它告诉我们惩罚与到期而未支付的利息成正比。

Samuelson(1958)证明，对于具有有限生命的个人并且没有外生不确定性或通货膨胀的交叠世代模型来说，静态利率一定为零。这里的根本差异在于个人的生命时间长度是可变的，即使使用大数定律得出所有人口的年龄结构是恒定的。对于足够高的破产惩罚，没有人会借款超出他们能支付利息的水平。

保险和破产

由于债务人死亡则债务免除，银行实质上是一家保险公司，尽管其通过正的利率获得的收入能弥补未偿付债务的损失。我们认为，稳定经济中的这一预防性正利率解释了 Samuelson(1958)的(非随机)零利率结论和 Getty(1989)的正利率结论之间的差异。这也与 Levine(1991)的(未发表的)评述相一致，他使用了总体模型来解释 Getty 的结论，贴现率则被解释为生存的概率。

交叠世代、不确定性、内部和外部货币

静态

我们关注稳定状态出于两点原因：它比任何其他过程都大大易于数学处理，并且它提供了与静态非过程模型的自然联系。如果我们将金融系统视为一个控制过程，静态就有特

别的意义，这是因为尽管金融控制系统出现于股本的融资中，准确地说，大部分金融控制系统还是不可见的。静态之所以对许多人具有吸引力除了其符合美学外，还有两点原因：它不考虑次序对所有世代都以相同方式对待；它在交易结束时去除了不方便的自由度。

一个两期交叠世代的例子

我们考虑一个有交叠世代的经济，其中每一世代的经济主体的生命期都有两期。我们设想每人每期都拥有相同数量的可以出产“吗哪”的（不可交易的）[7]土地或是放在那里等待销售的易损品。吗哪由那些出价的人购得。吗哪销售收入的所有权是随机决定的（反映了个人持有土地产量的可变性），并且售后的收入分配是在期间开始时进行的。如果在土地生产力方面没有相关性，那么经济作为整体在每一期拥有固定的数量。这使得在微观水平上存在产出不确定性，但是在宏观水平上的产出是确定的。假定总产量为2单位吗哪。

为了完全定义好模型，我们必须说明在经济主体死后土地和法币如何处理。我们假定在同一年龄组的经济主体死后所有的土地和应得收入都集中在一起由新生儿平等继承。我们可以引入信贷机构使贪婪的老年人可以以死后将得到的收入作偿还资金来借款，但是这里我们略去这种可能性。出生—死亡过程是一个简单的替换过程：由一个新的年轻的经济主体替换每一个死去的老年经济主体。

由于个人收入的随机性，即使所有经济主体拥有相同数量的土地和相同的法币初始禀赋，一期结束后将出现三类经济主体：所有人都具有相同初始资源禀赋的年轻经济主体；富

有的老年经济主体;贫穷的老年经济主体。令

b_t^t =年轻经济主体在时间 t 的购买出价;

$b_{1,t}^{t-1}$ =富有的老年经济主体在时间 t 的购买出价;

$b_{2,t}^{t-1}$ =贫穷的老年经济主体在时间 t 的购买出价;

所形成的价格为货币出价数量与提供出售的商品数量之比。因而有

$$p_t = \frac{\int b_t^t + \int b_{1,t}^{t-1} + \int b_{2,t}^{t-1}}{2} \tag{9.8}$$

年轻经济主体、富有的老年经济主体和贫穷的老年经济主体开始时拥有的法币或纸币数量分别为 m_{01}、m_{11} 和 m_{21}。所有的出价都受到出价者财富的约束;因而有

$$0 \leqslant b_t^t \leqslant m_{0t}, \quad 0 \leqslant b_{1,t}^{t-1} \leqslant m_{1t}, \quad 0 \leqslant b_{2,t}^{t-1} \leqslant m_{2t} \tag{9.9}$$

我们通过一个简单论证就可以给出下面结论的一般性证明。对于任意满足如下两个条件的 OLG 模型:(1)所有的经济主体都有相同的效用函数且寿命为 k 个时间期间;(2)每种类型的经济主体作为一个集体面临一个随机的且具有有限概率集的收入,那么系统中将存在一个稳定的财富分配。我们以 $k=2$ 为例进行说明;也给出一般性的命题并将其作为 Karatzas、Shubik 和 Sudderth(1994)的一个修改。

收入和继承 市场将吸收数量为 b_t 的货币,在下一期开始时,这些货币将返还给所有的经济主体,数量与各人的所有权成正比。在这一简单的例子中,我们考虑每种类型经济主体中的一半人得到收入 $2p$,而另一半人得不到收入的概率为 1/2。

老年人在得到他们最后一笔货币收入前就已经死去了。在老年人死后的一期开始时得到的所有老年人的收入都集中在一起并按比例分发给所有在该期出生的年轻人。这由图9.5中的箭头表示。

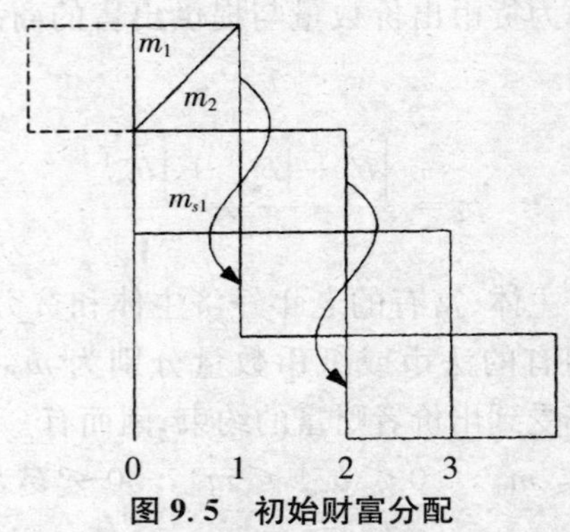

图 9.5　初始财富分配

为明确起见，假定在时间 t 出生的个人的效用函数可以表示为：

$$\varphi(x_t^t, x_{t+1}^t) = \log(x_t^t) + \frac{1}{2}\beta\log(x_{1,t+1}^t) + \frac{1}{2}\beta\log(x_{2,t+1}^t) \tag{9.10}$$

其中，

x_t^t＝于 t 期出生的经济主体在 t 期的消费；

$x_{1,t+1}^t(x_{2,t+1}^t)$＝于 t 期出生的富有的（贫穷的）经济主体在 $t+1$期的消费；

β＝自然时间贴现。

年轻经济主体将出价 $\int b_t^t$。富有的老年经济主体将拥有 $m_{0t}^t - b_t^{t-1} + 2p$，贫穷的老年经济主体将拥有 $m_{0t}^t - b_t^{t-1}$。

当静态存在时，总的出价数量为

$$b_t = \int b_t^t \qquad \text{概率密度为 } 1$$

$$m_{0t} - b_t + 2p = \int (m_{0t}^t - b_t^{t-1} + 2p) \qquad \text{概率密度为} \frac{1}{2}$$

$$m_{0t} - b_t = \int (m_{0t}^t - b_t^{t-1}) \qquad \text{概率密度为} \frac{1}{2} \tag{9.11}$$

相加，消去所有的 b_t 项，我们得到 $m_{0t}+p$。但是我们知道

$$\frac{m_{0t}+p}{2} = p \tag{9.12}$$

因此 $p=m_{0t}$。令 $m_{0t}=1$，则有 $p_t=1$。

我们现在的任务是构建静态。给定价格 p_t 为 1，通过使用后向归纳法来求解一人问题，我们然后可以将所有的年龄按次序排好并察看临终的世代留下的数量是否等于最初的新参与者在 $t=1$ 时得到的遗产。这一过程独立于生命期或存在静态的特定函数形式。对于有限数目不同类型的经济主体它也是成立的。

假定我们令 $m_{01}=1$，然后我们求解(9.14)的一人最优化问题。由于只有两个时间期间，我们知道老年人会全部支出。因此问题等同于找到一个最优的 b，即个人在年轻时支出的数量。这等同于求解下式的最大值

$$\log\left(\frac{b}{p}\right) + \frac{\beta}{2}\log\left(\frac{1-b}{p}\right) + \frac{\beta}{2}\left(\frac{1-b+2p}{p}\right) \tag{9.13}$$

由一阶条件得到

$$\frac{1}{b} - \frac{\beta}{2}\left(\frac{1}{1-b}\right) - \frac{\beta}{2}\left(\frac{1}{1-b+2p}\right) = 0 \tag{9.14}$$

或

$$\frac{1}{b}=\frac{\beta(1-b+p)}{(1-b)(1-b+2p)} \tag{9.15}$$

化简为

$$(1+2p)-[(2+\beta)p+(2+\beta)]b+(1+\beta)b^2=0 \tag{9.16}$$

或

$$b=\frac{[(2+\beta)p+(2+\beta)]\pm\sqrt{(2+\beta)^2(p+1)^2-4(1+\beta)(1+2p)}}{2(1+\beta)} \tag{9.17}$$

但是由(9.16),可知 $p=m_{01}$ 和 $m_{01}=1$,所以有

$$b=\frac{(2+\beta)\pm\sqrt{1+\beta+\beta^2}}{1+\beta} \tag{9.18}$$

取极端情形 $\beta=1,0$ 加以检验,我们分别得到

$$b=\frac{3\pm\sqrt{3}}{2} \quad 和 \quad b=2\pm 1。 \tag{9.19}$$

但是我们知道 $0\leqslant b\leqslant 1$;所以分别有

$$b=\frac{3-\sqrt{3}}{2}\cong 0.6340 \quad 和 \quad b=1 \tag{9.20}$$

我们然后可以验证,当 $\beta=1$ 时,静态的初始条件要求

$$m_{01}=1, \quad m_{11}=2+\left(\frac{\sqrt{3}-1}{2}\right) \quad 和 \quad m_{12}=\left(\frac{\sqrt{3}-1}{2}\right) \tag{9.21}$$

由(9.15)知出价的货币总量总是为 2,而系统中的货币总量为

$$m = m_{01} + \frac{1}{2}m_{11} + \frac{1}{2}m_{21} = 2 + \left(\frac{\sqrt{3}-1}{2}\right)$$

$$= 1.5 + \frac{\sqrt{3}}{2} \cong 2.366 \tag{9.22}$$

因此，“预防性储备”的总量为

$$\frac{\sqrt{3}-1}{2} \cong 0.36605 \tag{9.23}$$

我们可以考虑预防性储备与总货币供给之比作为社会风险的测度，这里该比例为

$$\theta = \frac{0.36605}{2.366} \cong 0.15487 \tag{9.24}$$

正如我们预期的，当 $\beta=0$ 时，$\theta=0$。

寡妇的坛子：一个交叠世代悖论

尽管对金融制度 OLG 方面的全面展开要等到下一卷，我们还是提出一个广为人知的但是非常令人困惑的例子来说明预期在无限期界 OLG 经济（在该经济中价格没有上界，除非外部机构对它进行控制，但是可能存在一个自然的下界）中的作用。我们考虑一个极为简单的经济，其中只存在一种类型交易者，他们的寿命为三期。每个年龄组有相等的人数。在时间 t 出生的人的效用函数形式为

$$2\sqrt{x_t} + 2\sqrt{x_{t+1}} + 2\sqrt{x_{t+2}} + \alpha\min[\text{负债}, 0] \tag{9.25}$$

存在一种可无限期使用的耐用商品，即“寡妇的坛子”，它能永远地每期提供三份膳食。给定的初始条件为：活着

的最年轻的交易者拥有该坛子但是欠外部机构(政府银行)6 美元,中等年龄的交易者拥有 2 美元,老年交易者拥有 1 美元。一份膳食的价格为 1 美元,坛子的价格为 6 美元。在时间 t 开始时,活着的最年轻的人从 $t-1$ 时出生的人手中购买坛子,用于购买的 6 美元资金是以零货币利率向中央银行借的。图 9.6 显示了所有人的资产情况。右上角的数字表示每个人在资产交易后但在膳食出售之前的财务状况。左上角的数字表示对坛子的所有权。右下角的数字是货币持有量。

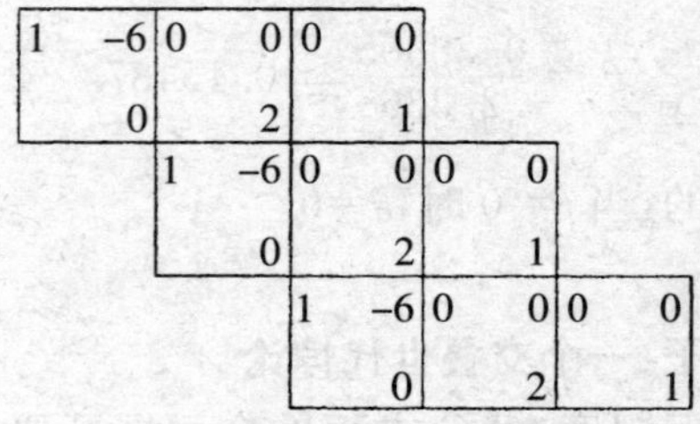

图 9.6　寡妇的坛子

很容易验证,最年轻的人在购买坛子以后向另外两个人每人出售一份膳食,自己保留一份,在进入下一期时则拥有净负债 4 美元和坛子。然后他卖出坛子得到 6 美元,在结清债务后还有 2 美元可以用来在当期和下一期各购买一份膳食。这样就存在一个静态,其中每个人在每一期得到一份膳食并且得到的收益为 6。自给自足解使第一个人得到的收益为 $6\sqrt{3}-6=4.39$,其他人的收益则明显取决于与未出售坛子的处理有关的假定。

尽管我们已经证明存在一个产生帕累托最优解的价格系

统和竞争性市场，但我们还没有证明价格是惟一的。进一步的考虑显示，任何价格 $p \geqslant 6$ 美元都会导致一个均衡，其中一份膳食的价格为 1 美元。破产惩罚的出现为价格设置了一个下限。与坛子价格的任意预期水平相一致的借款可得性可以维持价格。

这个例子对于资产市场的考虑来说提供了启发，例如土地市场或艺术品市场，如已故著名艺术家的绘画作品或玉雕作品。价格可以被分解为两个部分：物品的使用价值和预期的转售价格。只要存在一个正的利率或贬值，价格的上限就会出现。

略论继承规则

经济的过程模型使我们看到经济在何处是一个开放系统以及它是如何与政治和社会联系在一起的。本小节我们构建一个简单的例子来比较两种不同的继承规则。我们以第 8 章提出的个人具有随机收入的例子为基础，进一步假设每个人在每期的死亡有一个（固定的）概率。

我们考虑一个平等主义的遗产继承规则。所有人在死时的遗产税为百分之百。所有的税收收入平均分给所有的新生儿。假定在任何年龄死亡的概率为 $\eta = 1/2$，我们可以修改图 8.3 所示的 Markov 链，以图 9.7 所示的链代替它。

经过类似于第 8 章第 3 节的一定量的计算我们可以得到每种情况下的均衡财富分配。当不存在遗产税时，我们假定富人的财富完整地传给某个新生儿。这样新生儿的财富分配就不是平等的了。⑧

对表 9.1 和表 9.2 进行的比较表明遗产继承方面的差异

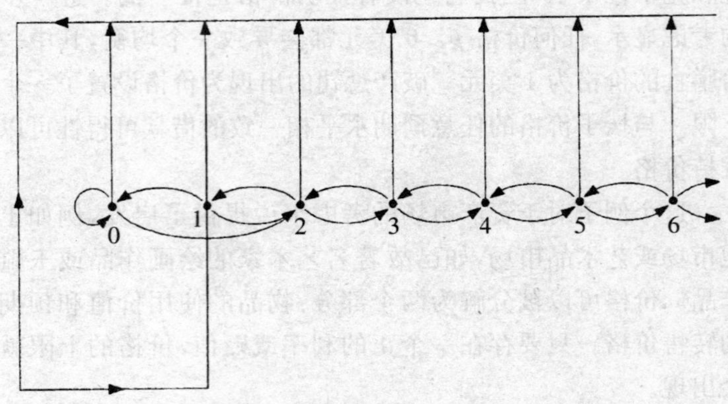

图 9.7　平等继承的财富

意味着均衡财富分配不平等状况的巨大差异。本例说明的要点是经济系统是向社会政治环境开放的。财富分配明显受到遗产继承规则的影响。是否存在一个最优的遗产继承规则这一问题更多是属于规范福利经济学、统一的社会生物学或文化的经济理论而非与制度或环境无涉的经济学。

表 9.1　相等的遗产再分配

$\mu_0 = 0.32701$

$\mu_1 = 0.54501$

$\mu_2 = 0.12004$

$\mu_3 = 0.00652$

⋮

$\mu_n = (0.00652)(0.178633)^{n-3}$

表 9.2 无遗产税

$\mu_0 = 0.5000$
$\mu_1 = 0.1667$
$\mu_2 = 0.2222$
$\mu_3 = 0.074$
$\vdots$
$\mu_n = \left(\frac{2}{3}\right)\left(\frac{1}{3}\right)^{n-1}$

我们考虑的另一个规则不包含遗产税,而是每个人将遗产直接传给他的继承者。稍微思考一下就会发现,这一遗产继承规则不会影响第 8 章第 3 节得到的财富分配。

实际利率和货币利率

正式引入 OLG 和作为参与者的政府以后,货币利率就作为一个潜在的控制变量而出现。因此在目前的简化水平上就出现了一个重要的概念区分——"实际"利率和货币利率。

经济学常常使用一些是非模糊的语言。因而,正如经济学家所使用的,实际利率是一个整体经济增长的向量,在没有各种限制性条件(例如,具有线性技术的经济中的增长率)的情况下很难定义。而货币利率则只是一个标量,可以合理地理解为为了现在得到一定数量的货币必须在未来某一时点放弃的货币数量。在一个非随机、无通货膨胀且同时交易得到完美清算的均衡中,即在一个只需要跨期贷款的经济中,货币利率和实际利率一定是重合的。

从这里以及第 5 章和第 6 章的分析中可以看到,预期在产生“实际利率”方面发挥重要作用。Koopmans(1977b)的一个引人注意的例子也说明了这一点,该例包括两种产品和两个不同的实际增长率。但是如下一节所示,即使是在一个有一种产品的货币经济中,竞争的力量也不足以决定增长。

交叠世代与生产

Hahn 和 Matthews(1964)提供了一个直到 20 世纪 60 年代中期的关于增长理论的全面文献综述。Diamond(1965)提供了一篇关于增长和随机生产的重要论文。Solow(1988)强调理解抽象的经济建模的重要性。大量过分的简化使我们能集中于多变量系统中的简单概念方面,这样做有很大的优点,但也存在着巨大的危险。一方面,通过简化我们可以集中于一两个方面而令系统的其他方面保持不变。细微的反馈被严格排除。另一方面,正是由于我们使用简化来研究现象的基本性质,我们面临真正的将现象的基本性质扭曲得面目全非的风险。

有幸的是,即使在只有一种资本品和劳动的简化水平上,Tobin(1965)的基础性研究也能够说明政府如何通过使用货币系统来控制经济增长,在货币系统中货币不仅仅表现为影响不重要的价格水平的一个面纱。

增长模型文献从某种意义上来说居于宏观经济学和一般均衡理论的中间位置。如同在一般均衡理论中一样,过程细节并不能完全避免。逻辑一致性经常是借助于静态或一个恒定增长水平来实现的,这两种方式都隐含地提供了额外的说明预期的假设条件，否则系统就会因条件不足而不够确定。

在上面的模型中，我们假定资源是外生的。每个人从外部得到劳动力和一些其他资源禀赋（例如阳光和空气）。在初始条件中我们规定了土地的所有权，可再制的耐用品和消费品是生产的结果。本章并未对复杂的生产进行充分的讨论，但是我们确实研究了一些简单的例子。

这里我们重点讨论两期 OLG 模型，模型中使用法币，将劳动力当作一种非耐用商品，土地作为生产中使用的无限期耐用品，食物则是生产出来的消费品，它可被用于消费或进一步的生产。而即便是如此简单的模型，也存在许多变体，因此为了构建一个可进行的博弈，在使用表达符号之前，我们先说明所作的选择以及其他选择的可能的含义。具体例子可参阅 Shubik 和 Yao(1993)。

经济主体及其偏好　经济主体的寿命为两期。他们的偏好可以通过所有的消费品和服务来定义，并且可以由平滑的效用函数表示。他们对遗赠没有直接的偏好，但是因违约而受到惩罚会对他们产生一个负效用。如果经济主体死时留下了归其所有的商品，那么社会规则就需要规定这一商品的处置。

生育过程是外生给定的，并且不对亲子关系作出明确鉴定。

劳动　每个经济主体在每一期拥有 2 单位非耐用服务，我们称其为“劳动/闲暇”。经济主体不能消费超出 2 单位的闲暇，但是他们可以在生产时雇用别人的劳动。“人力资本”是不能交易的；仅有它的服务是可以出售的。

食物　食物是使用土地、劳动和食物生产的。在描述生产时，我们必须进行一个重要的建模选择。为简化起见，我们假定所有的生产都是个体的（世界中存在许多小型农场主）。我们这么做是为了避免考虑联合所有的企业所产生的概念上的困难。在建模时仅考虑个体生产不仅减少了交易需求，而且避免了诸如股份所有权、企业目标以及企业拥有有限生命还是无限生命的问题。一个直接的结果为：如果对于相同的个体，生产函数也是完全相同的，并且个体的数目和资源一起增长，那么生产将是一次齐次的。生产需要花费时间。在我们的模型（最简单的模型）中，生产的时间为一期，这意味着老年人由于死后才能得到产品，因而不会进行生产。食物可以消费也可用于生产中。为简化起见，我们假定它不能被储藏。

土地　土地是能够提供服务流的无限期无折旧耐用品。它为经济主体所有，存在数量有限，但是数量很大。土地提供的服务或其本身作为资产都是可以交易的。为简化起见，土地被隐含地作为免费商品来处理，它不会限制产量，直到生产的增长将其变为一个紧约束为止。

货币　货币在这里被假定为法币。我们假定政府制造货币并准备贷出货币。我们可能还要考虑个人的初始资源禀赋中有非借入货币（即拥有法币作为资产）的可能性，个人法币所有权是初始条件的一部分，并且可能与历史事件有关。这里仅有外部银行提供融资。

政府　政府是一个策略性哑变量，对于其他参与者来说，政府的策略是事先给定的；因此没有必要考虑它的偏好或选择结构或其策略集定义域上的细节。政府在这里仅交易货币和债务，尽管排除政府交易土地或其他商品的可能性并没有逻辑和历史的原因。

两期扩展式博弈如下：首先个人进行融资，然后交易资源，接着进行消费，此后年轻人进行生产。[⑨]产品到下一期间才能生产出来，在再次融资、交易发生、个人进行消费之后，下一批的年轻人开始进行生产。出生发生在 t 期的开始，而死亡则发生在 $t+1$ 期结束时。

考虑一个存在生产的 OLG 模型，其中每个人的寿命为两期，并且每期人口增长率为 α。个人的资源禀赋为 2 单位的劳动[⑩]，此外则无其他。他们可以向政府借任意数目 m 的纸币，然后他们可以向老一代购买食物和劳动，接着则可以生产食物。当他们变老时，他们可以出售部分自己的食物和劳动给年轻一代，并且偿还欠政府的债务和利息。我们希望在利率为 ρ 的情况下找到静态。第一代的老年交易者开始时每人拥有 2 单位劳动和一些食物以及年轻时欠下的债务。

令 m 表示年轻人的借款数量。令 b 表示当价格为 p 时，人们所购买消费的食物的数量（假定劳动价格为 1）。[⑪]令 x 表示用于生产的食物。令 y_1 表示用于生产的他们自己的劳动数量，z 为向老一代购买的劳动数量。令 c 表示这些年轻人变老时所消费的食物数量，y_2 为他们年老时愿意出售的劳动数量。

他们的目标为最大化得自食物和休闲的效用

$$\max\sqrt{b}+\sqrt{2-y_1}+\sqrt{c}+\sqrt{2-y_2} \qquad (9.26)$$

如果对破产的惩罚足够严厉，在对称非合作均衡(SNE)处，他们应该正好有足够的钱来偿还债务和利息。假定他们的生产函数为

$$2\sqrt{x(y_1+z)} \qquad (9.27)$$

由于他们在期间 1 的支出正好为

$$m=(b+x)p+z \tag{9.28}$$

并且他们在第 2 期的净收入为

$$[2\sqrt{x(y_1+z)}-c]p+y_2 \tag{9.29}$$

我们得到

$$\begin{aligned}[2\sqrt{x(y_1+z)}-c]p+y_2&=(1+\rho)m\\&=(1+\rho)[(b+x)p+z]\end{aligned} \tag{9.30}$$

由此，我们得到

$$\begin{aligned}2-y_2=2+[2\sqrt{x(y_1+z)-c}]p-\\(1+\rho)[(b+x)p+z]\end{aligned} \tag{9.31}$$

因此，(9.30)可以被改写为

$$\begin{aligned}\max\pi&=\varphi(b,x,y_1,c,z,y_2)\\&=\sqrt{b}+\sqrt{2-y_1}+\sqrt{c}\\&\quad+\sqrt{2+[2\sqrt{x(y_1+z)}-c]p-(1+\rho)[(b+x)p+z]}\end{aligned} \tag{9.32}$$

令 W 表示 $2-y_2$ 在静态时的值。由(9.31)，我们可以计算

$$\begin{aligned}\frac{\partial\pi}{\partial x}&=0\Rightarrow x^{-1/2}(y_1+z)^{1/2}p=(1+\rho)p\\\frac{\partial\pi}{\partial z}&=0\Rightarrow x^{1/2}(y_1+z)^{-1/2}p=(1+\rho)\end{aligned} \tag{9.33}$$

因此在 SNE 处，有 $(y_1+z)=px$，且 $p=(1+\rho)^2$。注意在 SNE 处，有 $z=y_2/(1+\alpha)$。因而我们得到

$$\left(y_1+\frac{y_2}{1+\alpha}\right)=px,\ p=(1+\rho)^2 \tag{9.34}$$

由(9.33),我们可以计算

$$\frac{\partial\pi}{\partial b}=0\Rightarrow\frac{1}{2}b^{-1/2}-\frac{1}{2}\mathrm{W}^{-1/2}(1+\rho)p=0 \tag{9.35}$$

这又推出

$$b=\frac{\mathrm{W}}{(1+\rho)^2p^2}=\frac{\mathrm{W}}{(1+\rho)^6} \tag{9.36}$$

类似地,我们可以得到

$$c=\frac{\mathrm{W}}{p^2}=\frac{\mathrm{W}}{(1+\rho)^4} \tag{9.37}$$

最后,我们得到

$$\frac{\partial\pi}{\partial y_1}=0\Rightarrow\frac{1}{2}(2-y_1)^{-1/2}+\frac{1}{2}\mathrm{W}^{-1/2}\cdot x^{1/2}(y_1+z)^{-1/2}p$$

$$=\frac{1}{2}\mathrm{W}^{-1/2}(1+\rho) \tag{9.38}$$

这可以推出

$$y_1=2-\frac{\mathrm{W}}{(1+\rho)^2} \tag{9.39}$$

由 W 的定义,我们得到

$$y_2=2-\mathrm{W},\ z=\frac{y_2}{1+\alpha}=\frac{2-\mathrm{W}}{1+\alpha} \tag{9.40}$$

现在我们可知

$$y_1+z=2-\frac{\mathrm{W}}{(1+\alpha)^2}+\frac{2-\mathrm{W}}{(1+\alpha)}$$

$$= (1+\alpha)^{-2}[2(1+\alpha)^2 + [2(1+\alpha) - W(1+\alpha)]/(1+\alpha) - W] \quad (9.41)$$

因此，由(9.38)，设 $\rho=\alpha$，

由于 $x=\dfrac{y_1+z}{p}$， (9.42)

那么，有 $x=(1+\alpha)^{-4}[2(1+\alpha)^2+2(1+\alpha)-W(1+\alpha)-W]$。

因此在对称非合作均衡处，有

$$2\sqrt{x(y_1+z)} = 2(1+\alpha)^{-3}[2(1+\alpha)^2 + 2(1+\alpha) - W(1+\alpha) - W]$$

注意生产数量＝消费数量＋销售数量，因而

$$2(1+\alpha)^{-3}[2(1+\alpha)^2 + 2(1+\alpha) - W(1+\alpha) - W] = \frac{W}{(1+\alpha)^4} + \left\{\frac{W}{(1+\alpha)^6} + (1+\alpha)^{-4}[2(1+\alpha)^2 + 2(1+\alpha) - W(1+\alpha) - W]\right\}(1+\alpha)$$

即

$$(1+\alpha)^{-3}[2(1+\alpha)^2 + 2(1+\alpha) - W(1+\alpha) - W] = \frac{W}{(1+\alpha)^4} + \frac{W}{(1+\alpha)^5}$$

$$\Leftrightarrow 2(1+\alpha)^4 + 2(1+\alpha)^3 - W(1+\alpha)^3 - W(1+\alpha)^2 = W(1+\alpha) + W$$

得到

$$W[(1+\alpha)^3 + (1+\alpha)^2 + (1+\alpha) + 1] = 2(1+\alpha)^3[1+(1+\alpha)]$$

由上式，得

$$W = \frac{2(1+\alpha)^3}{1+(1+\alpha)^2}$$

因此，有

$$b=\frac{2}{(1+\alpha)^3[1+(1+\alpha)^2]}$$

$$x=(1+\alpha)^{-4}\left[2(1+\alpha)^2+2(1+\alpha)-\frac{2(1+\alpha)^4+2(1+\alpha)}{1+(1+\alpha)^2}\right]$$

$$c=\frac{2}{(1+\alpha)[1+(1+\alpha)^2]}$$

$$y_1=2-\frac{2(1+\alpha)}{1+(1+\alpha)^2}$$

$$y_2=2-\frac{2(1+\alpha)^3}{1+(1+\alpha)^3}$$

$$z=\frac{2-\dfrac{2(1+\alpha)^3}{1+(1+\alpha)^2}}{1+\alpha}$$

$$m=(b+x)p+z$$

利率 ρ 是由政府设定的外生控制变量；它不是来自于竞争。年轻人如果要进行生产则需要融资。老年人不会向他们提供融资，这是因为在还款前，老年人已经去世了。老年人也因此而不会进行生产。因而我们需要无限期存在的银行来为年轻人提供融资，并在他们变老时收回贷款。尽管不存在货币的流通需求或期间内需求，还是需要跨期的借款来为生产投入品提供融资。

当 $\rho=\alpha$ 时，各代交易者实现最优稳定收益，但是该机制不能通过竞争产生合适的 ρ。当 $\rho\neq\alpha$ 时，上面的简单结论就不成立了。有幸的是，一个简单的计算机程序就可以使我们评估两种情形：$\rho=\alpha$ 和 $\rho\neq\alpha$。表 9.3 给出了若干例子。如果利率与人口自然增长率相一致，那么我们就可以得到为人熟知的最优增长率；但是因为货币利率是控制变量，所以它可能有不同的设定且稳定增长可能会发生,尽管增长率不是最优的。在表 9.1 中,我们给出了人口出生率为 6%,货币利率为 0%、6%和 12%的不同例子。

表 9.3　生产与政府利率

α	ρ	生产	$2-y_1$	$2-y_2$	b	c	效用
−0.1	−0.1	5.1838	0.9945	0.8055	1.516	1.2277	4.2340
0	0	4	1	1	1	1	4
0	0.06	3.3420	1.0496	1.1793	0.8314	0.9341	3.9887
0.06	0	4.12	0.94	0.94	0.94	0.94	3.8781
0.06	0.06	3.4534	0.9983	1.1217	0.7908	0.8885	3.8909
0.06	0.12	2.8963	1.0373	1.3012	0.6592	0.8269	3.8805
0.1	0	4.2	0.9	0.9	0.9	0.9	3.7947

市场不能产生利率。即使考虑生产,由于纸币只是一种法定的商品形式,而非实际商品,所以整个模型有了一个额外的自由度。这个自由度可以通过政府规定货币的数量或政府的借款或贷款利率来加以去除。除非政府有完美的预见能力,否则它不可能选择与最优增长相一致的最优利率。规定一个不合适的利率造成的效率损失就是缺乏洞察力的成本。这里它不仅仅是一个公共预期的问题,而且还取决于政府正确估计技术性的和生物学意义的经济增长率的能力。在本模型中对此的处理相当简单,可以通过利率爬山式的变化来逼近最优。而在一个复杂的随机性经济中,问题则在于对最优位置的洞察和估计,并且竞争无法解决这一问题。

方程本身可以对正值求解也可以对负值求解。因而表

9.3包括了一个有10%的负增长率和－10%利率的例子。这个例子虽然逻辑上是可能的，但是如果个人有储藏的机会则极难执行。经济增长理论几乎不讨论经济下滑问题，但是经济下滑常常是生活中的现实。

这一模型的另一个不能令人满意的特征为：人口增长率是纯粹外生的。这可能是一个很好的短期近似，但是对于长期情况来说，经济增长与人口增长之间的互相影响是不能忽略的。

从这一模型及其解释中，我们还可以进一步得到若干基本特征。这里明显提出了一个悖论。除非存在普遍的信任和代际的利他主义，老年人不会向年轻人提供运营资本。如果不存在合适的遗产继承动机，引入由年轻人持有的商品货币也没有什么作用。这里起作用的是外部银行，尽管在现实中，我们没有看到在哪个社会中，老年人口总是欠外部银行的钱。除了贷款和还款，我们可以使用补贴和税收作为使法币(或促进匿名大众交易的信用替代物)流通的方式。

尽管模型强调了法币作为信用替代物的作用，它还是相当简化的，在模型中私人信贷市场的双方都没有动机使市场发挥作用。模型中惟一的货币是政府法币。不存在货币替代物或"准货币"。在实际经济中，既存在货币的交易融资需求也存在货币的资本融资需求。如第5章第2节所示，因为法币和某些形式的信贷对于某些交易是可以互换使用的，所以对有效货币供给的控制不仅仅为政府所有，而且还受到金融机构和其他能够创造信贷的机构行动的影响。[12]

任何优秀的金融分析师都非常明白："重要的不在于数字本身是什么，而在于数字的意义是什么。"经济理论的意义通常与背景相关，而背景则常常只是隐含在所研究的模型中，但它还是限制了模型的应用。

我们设计这个例子来表明在一个标准的 OLG 增长模型中，外部银行是需要的，它还表明仅依靠竞争是无法提供产生有效稳定均衡的机制的。重点在于可进行博弈的机制和金融结构，而非增长模型的现实性。特别地，这种类型的模型排除了学习、创新和所有与生产有关的信息和通讯，它们刻画了复杂经济的增长和演进。

经济学、心理学和生物学

学习模型和博弈

用与第 20 章相类似但是更为复杂的方式，我们可以将 OLG 模型转变为一个可进行的博弈，在该博弈中经济主体的种类是有限的并且政府是一个策略性哑变量。与前面相同，当我们考虑最优性时，既要包括政府的收益，也要包括活着的经济主体的收益。

如果所有的经济主体相对于市场都很小，那么终止条件可以被认为是一个预测的市场价格和每个经济主体资源禀赋的集合，而不是关于所有经济主体历史的复杂函数。为了更好地说明模型，我们必须回答：这些数字来自何处？对于这些预期的形成并没有一个统一的理论。我们可以将模型设计为可进行博弈，观察个人的行为，并从这些观察中得出一般性结论。或者，我们也可以对模型作出模拟，此时我们需要一些行为假定来说明个人和政府的活动与他们信念形成之间的联系。

心理学和人工智能研究都试图使用计算机程序来模拟学习。Holland(1975)的基因算法就是其中一例,在该算法中,突变和“基因重组”发挥重要作用,Holland使用基因算法将两个以前存在的“策略”或个人重新组合为一个新的人群来完成某一给定的任务。目前,经济学家和心理学家几乎还没有研究专门经济知识的组成和经济预期的形成。要构建经济预期形成的有洞察力的理论,纯粹形式化的、无背景的学习理论可能需要与区分经济行为与其他行为的背景结合起来。

灵长类动物和其他生物的经济行为

从1936年开始就在少量的关于交换经济的文献中出现了象征性的交易者,只是很少为经济学家所知。Beach(1947)、Carpenter和Locke(1937)、Kummer和Cords(1991)以及Wolfe(1936)研究了卷尾猴、黑猩猩、短尾猴和狒狒群体中的所有权和财产概念。其中一些文章成功地描述了教动物如何使用不同颜色的筹码作为支付手段。Wolfe(1936)的实验包括了使用筹码来作为动物劳动的报酬,然后这些筹码可以用于交换。Battalgio、Kagel和MacDonald(1985)的近期研究则主要是考察动物在不确定性下的选择。非人类的动物对象征性的货币和财产的理解程度如何是一个未有定论的问题。例如,没有人研究猩猩是否能掌握信贷的概念。另外,使用筹码的交换实验并未能说明它们能否掌握价格的概念。实验中的黑猩猩喜爱香蕉甚于葡萄,但是以筹码表示的葡萄的交易价格会诱使黑猩猩转变购买模式吗?随着人们越来越有兴趣将经济最优化理论应用到生物学上,对动物有意识和无意识选择的经济模型的有用性和局限性还值得进一步考虑。

演进、破产和混沌边界

在建立和分析生物学过程和经济过程的数学模型方面我们的能力还是很有限的。通常，文字表述既没有形成约束，精确性也较差。这里的论述受到了与 Stuart Kaufman 关于生物学和经济学讨论的启发，它是在正式数学建模前作出的。

生物和经济系统表现了一个动态演进过程。简单的生物体由更加复杂且高度差异化的生物体所取代，这些复杂生物体能够适应新环境并在其中生存和发展。失败的变异则被弃在一边；不成功的创新也会迅速消亡。失败事件中剩下的资源很快以某种形式得到循环利用。变化的速度越快，成功和失败的次数就会越多。如果变化的速度和环境中的随机因素超出了一个极限，系统就会崩溃。但是在静态均衡与组织的混乱崩溃这两极之间，对于任何最优化标准，无论是长期预期收益最大化，达到成熟年龄的后代预期数目最大化，还是个体或物种存续时间最大化，都存在一个最优水平的内生不确定性，在此最优水平下的内生不确定性会导致系统中正确数量的风险承担、创新或变异。在经济学中，风险承担的水平受到信贷系统和破产与重组法律的高度控制。企业家的行动可被视为选择有不同期望值和风险程度的随机变量，这里的选择既是企业家风险分布情况的函数，也是破产和重组法律的函数。要对经济过程进行逻辑一致和完备的描述，这些法律是非常重要的。但是对于演进也有同样的考虑。给定采用的标准，由于变异速度的提高而导致的预期增加的收益能够抵消增加的资源损失吗？我们有意使用“增加的”一词来避免过多使用的“边际的”一词，这是因为根本无法清楚地知道生物体或系统失败的过程是否平滑或连续。因此，也有一些人将死亡和破产视为连续的，而另一些人则视其为非连续的。在动态的生物和经济系统中，可能存在相对紧闭的界限，超出这些界限，系统就会变为混沌状态。

生物学和经济学：代际资源转移

从 Malthus 开始，生物学和经济学关注的问题明显地紧密联系在一起。微观经济分析和运筹学的发展非常强调有意识的最优化。近期颇有争议的社会生物学（Wilson，1975；Trivers，1985）的发展和博弈论在生物学中的应用（Hamilton，1964；Maynard-Smith，1974；Selten，1991）提出了如下的问题：“经济”最大化是否发生在基因一级的水平上。对生物学家来说，物种的存续和可能的演进是比简单的自由个体最大化更高的研究目标，自由个体最大化有时被用于刻画一些经济学家的（政治）态度。生物学者和经济学者之间不断增加的争论表现在由 Hirschliefer（1992）最近收集的非正式参考文献中，该参考文献包括了大约一百篇论文。这一活动是基于如下共同认识：无论一个人如何考虑有意识的行为或其他行动，中心问题都在于解释代际资源转移，包括信息和实物。

博弈中的博弈

在最后一节中，我们简单描述一种构建存在政府、其他有无限生命的法人和自然人的 OLG 模型的方法［参阅 Woodford and Muller(1988)的经济模型,其中既包括有限生命的经济主体也包括无限生命的经济主体;以及 Shubik(1985a)对博弈中的博弈的分析]。策略性博弈中的参与者可以由策略集和收益函数来刻画。博弈的解包含了对某种选择规则的说明,选择规则通常是基于参与者在各自策略集上的某些行动。这一行动表现出交易者试图最大化收益函数。但是为了描述一个策略性博弈,策略参与者并不一定要有一个效用函数。我们可以对他们施加一个选择规则,以此来指导他们在各种情况下如何行动。即使参与者的生命可以是无限的,引导他们进入未来的决策规则只能基于有限数量的自变量。这里我们认为将政府和公司纳入交叠世代模型中的一个适当方式为:它们被视为有无限生命的策略参与者,但是它们没有效用函数而只有一个由自然人决定的决策规则或选择规则。为简化起见,我们不考虑企业,而重点讨论由自然人控制的政府建模问题。图 9.8 提出了一个交叠世代经济的图解,该经济包含了三种类型的经济主体:(1)年轻人,(2)老年人,(3)政府。前两个为自然人,它们的数目很多,可以方便地由交易者连续统表示,而第三个则是单一的大原子(large atom)。

在 $t=0$ 时,有两代人健在,即那些在 $t=-1$ 和 $t=0$ 时出生的人。政府和健在的经济主体必须在 $t=0$ 时选择行动。他们的选择规则的一个合理约束为:它至多取决于在 $t=0$ 时所有健在的自然人的所有决策。

在时间 t,有两代人健在,即那些在 $t-1$ 时和 t 时出生的人,他们关心自己福利的最大化。我们假定在时间 t 出生的人的效用函数形式为

$$u_t = \varphi(x_t^t,\ x_{t+1}^t) \tag{9.43}$$

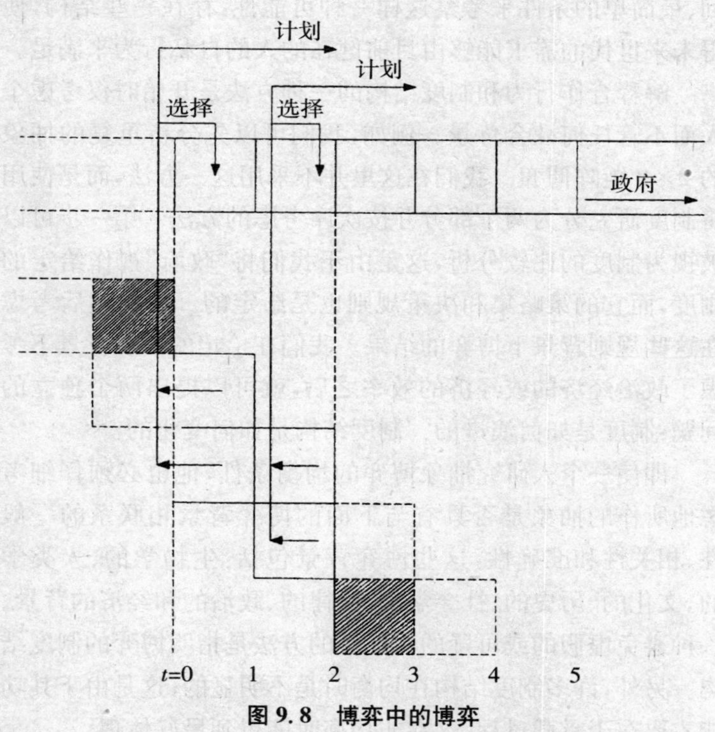

图 9.8　博弈中的博弈

其中 x_t^t 可以被理解为一个典型的在时间 t 出生的人所得到的资源向量。

我们可以令在时间 t 出生的人的策略集为 S_t。任何策略的一部分为一个行动、讯息或个人发送给政府的指示 m_t^t，另一部分为指示 m_t^{t+1}，它取决于系统在 $t+1$ 开始时的状态。

政府在时间 t 的行动可能取决于文化、历史、社会、政治和经济的各方面因素。如果我们把经济主体模型化为非社会的、无历史的个体局部最大化者，那么我们就有了一组最不利、最简单的条件来考察这样一种可能性:存在一些结构,使得未来世代的需求能够由目前健在的人的自私行为来满足。

解释合作行为和制度结构的一种方法是开始时仅考虑个人而不管任何社会背景。例如,我们可以先分析重复的抽象的 2×2 矩阵博弈。我们在这里并不采用这一方法,而是使用将制度研究分为两个部分并按次序考虑的方法。第一步可以被视为制度的比较分析,这是由于我们将“政府”视作给定的制度,而它的策略集和决策规则也是给定的。我们然后考虑在这些规则背景下博弈的结果。我们在给定的制度背景下考虑了政治经济的或经济的效率之后,就可以提出两个独立的问题:制度是如何演进的? 制度结构是如何变化的?

即使一个人研究抽象博弈的均衡条件,他也必须仔细考虑他所作的抽象是否具有与下面的博弈背景相联系的一般性、相关性和准确性,这些博弈背景包括:生物学的、人类学的、文化的、历史的、社会学的、法律的、政治的和经济的背景。一种避免虚假的或可疑的一般性的方法是指明博弈的制度结构。另外,许多制度结构在均衡时是不明显的,这是由于其功能主要在于承载过程,这在非均衡时能得到最好体现。

在正式博弈论中,有必要记住行动和策略的差异。行动是针对特定信息集所作出的选择。策略则是一个计划,它描述了视随机情况针对一系列行动进行的选择。当研究策略性有限博弈时,我们假定参与者选择策略并在选择后保持策略不变。

我们可以称政府行为为行动或策略,但是更准确的词汇为选择或行动以及政策或计划。我们可以认为政府在任意时点完成两项活动。它设定税收、补贴、稳定货币供给、控制中央银行利率、管理国债以及承担许多社会福利项目，提供公共产品和服务。政府还宣布或表明政策，例如，在未来几年内增加税收和减少公债的法案或计划。

从实践来看，我们注意到大多数政府在任一时点都有某种形式的计划，但是计划在不断更新、调整或以其他方式变化。公众对于政府在时间 t 宣布的政策是否与其在时间 $t+1$ 的行动相一致常常持有很大的怀疑。但对于人类事务，即使政策在未来会变化，也会存在当前可感知的宣布政策的需要，这会在承诺和履行之间表现出差距。

如果你考察政府计划和政策，你就会比较清楚地发现它们都不是长期性的。你会猜想这些计划和政策至多延续两届政府之间的时间。在主要由关心自己福利的人们组成的民主社会里，我们有理由认为最年轻的在策略上积极的个人的生命时限是任何宣布过的计划时限的上界。

令政府在时间 t 的可行行动集为 A_t，且个别的行动为 $a_t \in A_t$。令 P_t 为政府在时间 t 宣布的计划集，$p_t \in P_t$ 为一个特定计划。政府在时间 t 的行动和所宣布的计划都可被视作老年的和年轻的自然人在时间 t 的行动的函数。因而有

$$a_t = f_1(m_t^{t-1}, m^t), \quad p_t = f_2(m_t^{t-1}, m^t)$$

我们可能要求 a_t 和 p_t 是一致的——至少当前行动与当前计划相一致。我们可能希望要求交叠的计划之间的一致性，尽管对于演进理论来说，这并没有逻辑必要性。

如果政府只是一个人为的参与者且所有自然人相对于整个社会来说都很小，那么每个人的策略就相对简单，并且由取决于上一期间末系统状态的行动序列组成。

假定我们设计一个最小规模的 OLG 实验博弈。我们可以考虑正好是一个世代的生命时限的两期，不妨说，从 $t=0$ 到 $t=2$。我们再看一下图 9.8 中的两个阴影方块。它们表示已经或将要与那些在两期博弈之间生存的人直接相互影响的世代。因此，在今天生存的人的生命时限空间进行的博弈中存在四个自然人：政府、刚刚去世的一代人、目前生存的一代人以及与其相交叠的下一代人。故去的人的影响以历史的方式进入初始条件。有两种方式可以考虑新生一代（他们对于当前生存的一代有策略意义）的影响：你可以作出一个一般性的行为假定，以对人们行为的预期代替人本身；或者你可以作出一个特殊的预期假定，来处理在交叠世代的策略联系方面的潜在无限回归的完整结构。

我们可以使用“博弈中的博弈”这一工具来使局部最优与全局演进相一致。当小型参与者将环境近似视为给定进行最优化时，他们的行动也在改变着环境，但是变化的速度比他们日常所关心的问题慢。

让我们再回来考虑作为非自然参与者的政府。我们可以认为它的选择是基于自然人的选择。更简单一些的假定为：政府的选择是基于自然人的特点，而非他们的行动。这实质上意味着政府是受社会福利函数支配的。

Goodhart（1991，第 22 页）认为，通过融合一般均衡理论与宏观经济理论来研究货币理论并不是最富有成效的方法。如果我们的目的是对政策给予直接评论，那么这将是一个缓慢的过程。但是，如果我们的目的是更具综合性和严密性地讨论较宽的领域，我认为这是一个正确的方法。这样做的代价则是必须面对一系列的复杂问题，这些问题需要更彻底地修改原有模型,这可能并不是被普遍接受的。特别地,在一般均衡理论中考虑时间性和动态性使我们认识到:将经济人的模型扩展到动态性而又不考虑学习和适应只能是徒劳。如果未来的政策是不确定的,那么我们所能希望得到的只能是一个新凯恩斯的聪明的但是具有特殊性的理论。但是如果我们要构建科学的经济动态学的基础,那么逻辑一致性、完备性和连贯性又是必需的。

关于决策制定和环境设定的附带评论

为了与关于博弈中的博弈的评论相一致,我们有必要反对在经济理论和运筹学方面对"决策制定"的过于强调。在复杂的组织中,一个人的决策会决定另一个人的策略集。组织中的问题越复杂、越无法估量,高层经理的工作就越集中于设定人们的工作环境。他们必须将策略集划分成块,使得他们下属的工作达到最优。他们的工作不是一个简单的选择,而是一个责任、信任、判断和有意识地创造不确定性的混合物。他们就是这样选择符合自己意愿的上述因素的集合体。这些不可估量的因素是重要金融决策的核心,它们在更加复杂理论的最终发展中必须发挥明确的作用。

注 释

① 满足无限期界模型的横断条件(transversality conditions)实质上等同于要求每个人的预算在无限期界平衡。

② 在这一分析中,每期的即期价格相同并且外部银行收取的利率为零。破产惩罚水平则很关键。如果你在时间 t 借了一笔跨期贷款,通常至少要到 $t+1$ 时才会到期。因而,如果贴现率为 β,那么

惩罚水平至少为在时间 t 时的收入的边际效用还是不够的。它至少必须乘以 $1/\beta$ 以使惩罚的现值足够高。这里的银行是外部银行，而非利润最大化的内部人。因而，根据守恒法则，它可以提供零利率贷款。如果它收取了正利率，那么它必须消费掉其利润以保持活跃货币的数量不变。

③ 我们假定老年人所支付的资产黄金是不带红利的，即他们得到黄金在交易期间的消费服务。

④ 由于不存在借款或贷款，模型并不需要引入违约惩罚。

⑤ 这一模型接近于 Yaari(1962)的模型，只是这里稍微更加关注货币供给。

⑥ 我们假定效用函数及其一阶导数在点零处有界。

⑦ 下一步自然是允许土地交易并且考虑产出的相关性。如本章第 1 节的第 9 小节已经指出，这会产生与金融学中的 CAPM 相联系的模型。

⑧ 对本章第 3 节简单例子的扩展明显使用了模型的饱和特征。否则的话，一个自私的人不会留下一点钱。这个例子旨在说明继承规则变化的巨大影响。我们可以通过放弃饱和与完全自私假定来构建更加符合实际的模型，但是计算就更复杂了。

⑨ 选择一个由年轻人而非老年人进行生产的模型的原因为：在两期生命和一期时滞的(不现实的)假定下，当老年人生产出产品时，他们已经去世了。更现实的模型可以假定人的寿命有 70 个期间，而生产所需时间可以在小于 1 个期间到 10 个期间之间。

⑩ 由于劳动或其他任何服务或商品的计量单位是任意决定的，因而我们可以以任何方式标准化初始资源禀赋。为什么选择 2 单位而非 1 单位劳动？答案在于使静态计算更加漂亮一些。

⑪ 严格说来，土地和劳动的价格都是内生决定的。价格水平的下界是违约惩罚。我们可以通过如下方式简化计算：设定土地的价格为 1，然后选择合适的违约惩罚使得价格为 1。

⑫ 这里的模型与第1卷第6章和第7章中的最基本策略市场博弈形式有着相同的市场出清类型。机制被扩展至OLG模型。对宏观经济学的许多重要的政策和控制问题的解释取决于假定的时滞和决策结构的细节。这方面的文献很多,在此我们并不打算作一归纳。有关的文献综述可以参阅 Barro 和 Grossman(1971),Davidson(1974)以及 Geanakoplos 和 Polemarchakis(1986)。

第Ⅲ部分

货币和制度

10 交易技术和交易成本

交易和生产

在任何经济中，交易的过程中都会将资源用尽。到市场上去要花费时间；物物交换经济中的讨价还价要花费时间；分类、评级、运输、描述、展示、搜寻、记账和处理信息都要使用各种各样的资源。

在原始经济或者不那么原始的经济中，部分或者全部交易成本可以归结到与去市场或者集肆有关的节日或者仪式等活动上。市场提供了重要的社会活动，而且在诸如交易会或者艺术拍卖会中，它们仍然发挥了这样的作用。

没有市场的经济中的交易可以通过如下的方式进行模型化：直接引入将“A 持有的鸡蛋”和“开始 A 持有后来转给 B 的鸡蛋”视为不同商品的生产交易技术。大致上看，我们所谓的“交易成本”可以通过扩展生产的内涵来描述。从消费者的视角来看，最终的产品是“家里的鸡蛋”或者“吃掉的鸡蛋”，而非超市里的鸡蛋。

如果上述就是交易成本的全部含义，那我们的任务就算完成了。遗憾的是，如果只是对技术进行简单的扩展，有几个问题就会得不到解决：不可分性、固定成本、与流通技术(distribution technology)有关的收益递增现象，以及涉及流通和交易的信息和信任方面的问题。这些问题很容易破坏价格体系的存在所需要的条件。

建模中的一些问题

在现代货币经济中，交易中发生的多种成本都是用货币来支付的。这些货币支付常常代表了交易、零售、流通或者信息服务的回报。房地产经纪人、股票经纪人、拍卖人会得到支付的佣金，这些佣金通常是货币额的一个比例。经济顾问、广告机构、赛马的内幕消息提供者(racing sheet tipster)、咨询者和其他专家常常会得到服务费、谢礼、工资等报酬，并在市场上出卖他们的信息产品。

交通企业、卡车司机、拌匀工、包装工、批发商和零售商的服务会得到报酬。他们的贡献与经纪人和顾问的贡献之间的区别是，他们的产品更容易从实物方面来衡量。开展交易中的主要的投入品是：

1. 定义好的、易于衡量的商品；
2. 劳动；
3. 大的固定工厂和组织结构；
4. 难以衡量的专业技能和信息模式。

这些投入品的例子有助于提供关于建模问题的洞见。纸制品、瓶子、柳条箱、汽油、卡车和展示台都是大宗大宗消费的，可以比较容易地对它们的消费进行正式模型化。职员、发送者、卡车驾驶员、仓库管理员、搬运工、邮递员和其他人的时间花费在交易和交换中。将这些投入视为不同质量的人—小时来度量，也许不是一个太坏的近似。

大多数现代经济中的市场营销、运输、零售和信息系统会涉及固定设备、制度、法律实体和习俗的较大的一般费用。铁轨、公路、电话电缆和接线总机是固定设备的例子。股票交易所、金融界、零售商联盟以及诸如律师、会计师和其他咨询人员等专业人员之间的非正式但重要的联系网络，都是信息收集、信息处理和信息评估网络的典型例子，它们对于需要很多年才建立起来的市场的运作是非常重要的。交易的法律和习俗，包括特殊的用语、法令以及诸如拍卖中的举手和缔约结束时的握手信号，都是联合社会投资(joint social investment)的例子。它们可能不具有法律效力，但是交易者一旦违反了，就算越轨了。

Wallis 和 North(1986)将交易成本定义为“用来将产权从一个人转移到另一个人所需的土地、劳动、资本、企业家才能的成本”。他们的研究表明，在 1870 年和 1970 年之间，美国经济中的运输部门从占 GNP 的 25％上升到占 GNP 的 45％(Wallis and North，1987)。这个比例可能很高，但任何合理的估计都可以说明这个部门是很大的。

货币表示的交易开支

当购买房屋、股票和其他东西时，交易开支(transaction expense payment)常常是付给经济主体(agent)的费用；当购买耐用消费品这样的东西时，交易开支则常常是运费、手续费或者安装费；或者是反映在出厂价和最终的零售价之间的差额上的营销、评级、存货和运输方面隐藏的要素支付(factor payment)。在现代经济中，个人可以在选择用货币还是实物来支付交易费用方面有一定的自由度。买便宜货使得人们部分地用他们的时间[①]或者专业知识来支付。在不存在发达市场的地区、在高额通货膨胀的时期或者处于避税的目的，人们都会进行物物交换。一般而言，物物交换比市场上的商品—货币交换更具人格化，尽管如下的假定可能是合理的：与没有货币作为中介衡量手段，以一种商品来衡量另一种商品的价值相比，人们可以更容易地用货币单位来判断商品的价值。

论商人、市场和交易

在构建社会现象或者经济现象的数学模型时，一个有用的做法是看一下用来描述被模型化现象的词汇的范围。在基本词典中，检索与市场有关的关键词会得到：

商人(merchant)：trader，dealer，monger，chandler，salesman，charger，regrater，shopkeeper，tradesman，retailer，chapman，hawker，huckster，higgler，peddler，smous，codger，sutler，costerman，cheap jack，caterer，tallyman，jobber，broker，buyer；

市场(market)：mart，marketplace，forum，fair，bazaar，bourse，exchange，stock exchange，shop，stall，store，booth，depot，warehouse，entrepot，emporium；

支付(payment)：defrayment，discharge，quittance，settlement，liquidation，clearance，satisfaction；

交易(trade)：commerce，mercature，exchange，traffic，barter，scorce，quid pro quo，dealing，agiotage，arbitrage，trucking，transacting，bargaining。

在对社会行为或者经济行为数学建模时，一个有用的做法是考察用到的词语，并判断它们的基本意思是否反映在数学模型中。

交易成本和差价

如果交易成本微不足道，那么就没有必要对它进行单独建模。即使是随便看一下批发和零售中的佣金和加价也可发现，交易成本是至关重要的。这里给出一些例子。1989 年购买 100 股每股 20 美元的股票，需要付给折扣经纪人（discount broker）44 美元（《新英格兰折扣经纪》，1989 年 1 月 18 日）。房屋经纪的佣金大约是房屋价格的 6%。[②]索斯比拍卖行（Sotheby's）拍卖的艺术品的佣金是 10%。[③]早在 1983 年，每小时付给大法律事务所高级合伙人的费用为 175—350 美元（《纽约时报》，1983 年 1 月 18 日，第 10 页）。在营销领域，几年前，像一箱苹果这样的农产品从果园到消费者那里增加值超过了 400%（生产成本为 1.5 美元，增加值为 6.3 美元）。[④]

作为一个原始概念的市场结构

在前面几章中，市场的存在基本上是通过假定给出的。我们并没有问，为什么 1980 年的软糖和 2001 年的橘子之间不存在市场。即使在制度和技术方面容易提出很多市场不存在的原因，但是没有必要解释它们不存在的原因。本章将从政治经济学常理和制度分析的角度考察很多原因。在第 1 卷第 11 章中，我们粗略地提到，运用法币和信贷需要破产法。足够严格的破产法和说明纸币是法定货币的补充法（second law）足以描述和得出运用法币和信贷工具运作的体系。

要解释新市场的设立和关闭，我们需要理解交易成本。有很多想解释经济制度演进的文字上的论述（可以参阅 Williamson，1975）。但是，如果我们只是想在给定的短期市场结构中来研究货币和金融工具的动态学，那么就没有必要将这种结构视为一个原始的概念（primitive concept）。

在文字描述的层面，运用类比可以勾勒出很多关于制度和市场演进的理论。历史学家常常对历史和文化的很多方面和巧合更加敏感；而对成本和经济的力量却不甚敏感。经济理论家则相反。这里将这两种方法结合起来。在短期内，我们将制度视为给定的；在长期内，尽管追求经济效率是重要的，但我们必须对法律、社会和政治背景有全面的理解，从而能够对经济制度的研究进行操作层面上有意义的描述。

具有交易成本的封闭的经济

为了与全书采用的方法保持一致，我们试图区分为最发达的经济中的流通和贸易方式给出了制度背景的很多不同现象。

至少有六种几乎同时出现的交易成本的不同方面，它们造成了不同的经济问题：

1. 运输、空间经济和其他在最终消费所用资源的流通中未估量的生产；

2. 不可分性和固定成本（setup cost）；

3. 由包括公共品、半公共品、私人物品的社会经济网路，诸如公路、计算机网络、铁路、计算机系统和邮政服务，导致的重要的规模收益递增；

4. 规定法律的可执行性、标准的制定和社会决定的贸易费用的政治经济结构和法律结构，不论它们是许可证、建筑审查、法律许可还是增值税；

5. 需要存货和上述法律结构的跨时的交易；

6. 外生或者内生的不确定性、信息、知识、理解和专业知识。

尽管这些特征的存在独立于货币的出现，但是货币和金融机构降低了交易、时间、空间、风险、不可分性和信息条件引起的成本。

有成本交易的一般性构造

刻画经济成本的重要方面，同时无需详细地描述交易技术的制造特征的一种直观上简单的方法是观察到资源是在买卖的过程中得到利用的。因此，如果假定价格是给定的，有着 m 种商品的经济将有 $2m$ 种价格，其中有 m 种买价，m 种卖价。经济将是不守恒的，市场会消耗资源，这种资源的外流可以归因于这种交易技术的使用。

将交易成本包括进一般均衡框架的最早的尝试是由 Foley (1970)与 Hahn(1971b)作出的。货币在 Foley 的分析中没有发挥作用，Hahn 也只是非正式地对其进行了初步的讨论。这两篇文章的一个重要的区别是，Foley 关注的是一期模型，而 Hahn 强调的是市场序列。多期的模型出现了关于期货市场的存在、合约中的不确定性和现金流等方面的新问题。

另一种将交易成本模型化的高度简单的方法是，每笔买卖都被赋予一个用尽资源的向量。Arrow(1981)与 Rogawski 和 Shubik(1986)都注意到这种新方法。Starr(1970)模型化了一个用尽时间的过程。这类模型在策略分析中有如下优点:价格不是被假定的,而是从分析中得出来的。

当交易有成本时,无成本交易的关键特征——生产决策和流通决策完全分离,再也不成立了。Hirschleifer(1973)用两个简单的图证明了这一点。假设某人用生产技术 $T(x, y)=0$ 将商品 Y 转换成商品 X。假设 Y 充当等价商品,将其价格固定为 1,设 X 的价格为 p。如果没有交易成本,并且个人的初始禀赋是由 $(0, y)$ 给出的,那么他会进行生产以最大化他的财富。这表现在图 10.1 中的 Q^* 点上,这里的直线 MM' 的斜率为 p,与生产技术集是相切的。给定最大财富 $w=px^*+y^*$,个人的交易会达到 C^* 点,在这一点,MM' 所表示的他的预算集与某一条无差异曲线相切。

如果对一个人来说,卖价低于买价,那么就不能将生产决策和消费决策分开。假设 Y 以 X 表示的售价是由图 10.2 中

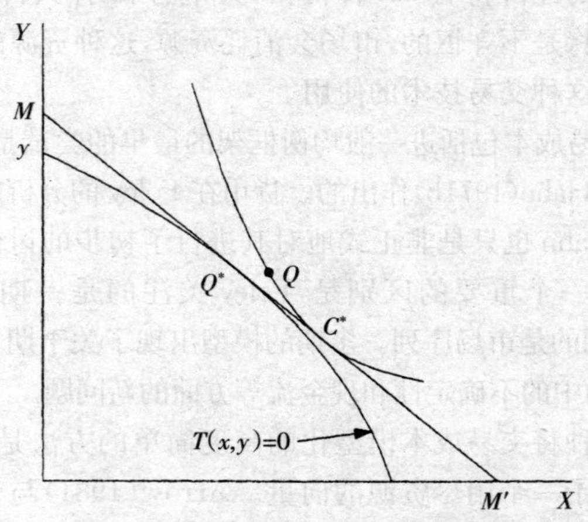

图 10.1 生产和消费的分离

的斜率 $Q^{*}Q$ 来表示的，那么对他来说，生产到 K^{*}，既不买也不卖是合算的。如果存在与 $B^{*}B$(买价)相切的无差异曲线，那么个人生产到 B^{*}，并且沿着 $B^{*}B$ 到 K' 交易是合算的。通常平面的预算集已经由两块所代替，一块代表买，一块代表卖。

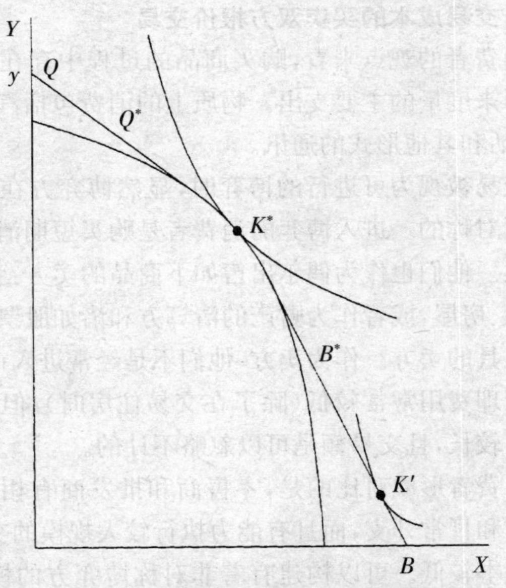

图 10.2 有交易成本的生产和消费

Foley(1970)证明了存在这样的均衡[还可以参阅 Kurz (1974a,1974b)与 Honkapohja(1979)]。在一般均衡的完整背景中，他(像 Hirschleifer 一样)注意到交易成本可以消除交易。

这类模型中的帕累托最优性是禀赋依从的。Arrow (1981)已经指出，存在交易费用时，福利经济学第一定理成立：每一个竞争性均衡都是帕累托有效的。但是福利经济学第二定理不成立:对每一个帕累托有效的资源配置来说,不存在禀赋的再分配使得给定的帕累托有效的配置对新的禀赋分配来说是一个竞争性均衡。

具有交易成本的买卖双方报价交易

从消费者的观点来看,购买商品的过程中存在两种以时间和货币来度量的主要支出。物质上的消费包括汽油、运费、文件、电话和其他形式的通讯。

当交易被视为可进行的博弈时,显然博弈方在博弈中的地位是不对称的。进入博弈的消费者是购买短期消费品和耐用品的人。他们也作为偶尔出售如下商品的卖方:劳动力、耐用消费品、房屋,或者作为财产的清算方和诸如股票和债券这类金融工具的卖方。作为卖方,他们不是经常进入市场,他们的一般管理费用常常较低(除了在交易住房时),但是他们的搜寻时间较长,且交易额是可以忽略不计的。

与消费者形成对比的是,零售商和批发商有相对较高的固定成本和日常开支,而且有能力执行较大规模的交易,买卖的可变成本较低。可以构建有着非对称博弈方的模型,其中的博弈方可以被认为是消费者或者是中间人。虽然下一章第1节采用了这样的方法,本章中所有的博弈方被视为内在对称的。

令 s^i 表示交易者 i 提供出售的商品数量,令 b^i 表示买方 i 的出价。对于交易者 i 采用的每一个策略(s^i,b^i),都针对着一个资源向量($\bar{s}_1^i$,…,$\bar{s}_m^i$),它表示开展交易的过程中消耗的资源。还有必要说明“资源的蒸发”如何取决于价格形成机制。通过施加一个比上面建议结构的一般性差一些的交易成本结构，可以做到这一点。[⑤]

令 α_{jk}^{i} 表示交易者 i 在出售 1 单位的商品 j 中损失的商品 k 的数量。我们假定，作为最佳逼近，任何出价 b_j^i 没有带来损失。我们可以考察本书第 1 卷第 7 章第 1 节由下式给出的价格机制：

$$p_j = \sum_{i=1}^{n} b_j^i \Big/ \sum_{i=1}^{n} s_j^i \tag{10.1}$$

但是正如(10.2)式和(10.3)式所示，可行集和最终分配减少了：

$$0 \leqslant s_j^i \leqslant a_j^i - \sum_{k=1}^{m} \alpha_{kj}^i s_k^i, \quad j = 1, \cdots, m \tag{10.2}$$

$$x_j^i = a_j^i - \sum_{k=1}^{m} \alpha_{kj}^i s_k^i + b_j^i / p_j, \quad j = 1, \cdots, m \tag{10.3}$$

这个博弈的进行要比第 1 卷第 7 章第 1 节中描述的直接的要价—出价博弈难，我们从上面(10.2)中的不等式中可以看到这一点。在原始的模型中，很容易证明策略是可行的。这里，必须同时满足 m 个线性不等式。假如交易成本不是完全限制性的，那么就可以通过调整 Dubey 和 Shubik 的证明，得到有效非合作均衡；Rogawaski 和 Shubik(1986)还给出了其详细的存在性证明。但是，随着交易成本的增加，虚售(wash sale)均衡的数量会减少。

尽管市场上会出现 m 种(非货币性)商品并会形成 m 种价格，但实际上有 $2nm$ 种价格和商品。这些价格是购买一单位商品 j 的价格和交易者 i 出售一单位商品 j 得到的价格。每个交易者的情况可能有所不同，因为每个人可能会有不同的交易成本。市场可能只为每种商品提供一个价格，但是所有的交易者必须考虑他们自己的买卖费用。

给定初始禀赋，我们可以定义可行的交易集，该交易集的“东北”(northeast)边界定义了制度上最优的结果。可以证明，对连续统的交易者而言，在这个平面上存在一个 NE。

这个模型使我们可以对策略性市场博弈分析进行扩展，从而可以考察交易成本，而不考虑经纪人和其他中介。明确地引入中介会带来控制、交易需要、存货梯队(echelon)以及信息的细分和策略集方面的问题。

内生货币的充分条件

货币是使原来一直做的事情做起来速度更快也更方便的工具，仅此而已。

——J. S. Mill (1891)

在第 1 卷第 7 章中，我们注意到，Amir 等(1990)已经证明了，有着完备市场的策略性市场博弈中存在着非合作均衡[即，如果存在 m 种商品，那么就有 $m(m-1)/2$ 个市场]。

加入交易成本(如果它是线性的、凸的)来重构模型看来是很简单的。成本一般表示每两个商品会有不同的资源的损失。假设存在有着如下特征的特殊商品 k：它与其他商品的交换不会造成资源的损失。因此，我们就有一个三者间的不等式，使得对于给定的均衡价格集而言，使得用 i 交换 k，然后再用 k 来交换 j，要比直接用 i 来交换 j 便宜。对有限数量的交易者来说，这个博弈将会有很多均衡点，会存在很多不同的市场组合。但是对连续统的交易者来说，如果存在足够的货币(参见第 1 卷第 7 章)，那么惟一的有效均衡是那些用商品

k 作货币的均衡，而且将有$(m-1)$个有效的市场。这些均衡将是帕累托最优的 CE。

人们也许会认为，如下的假定是不合理的：商品 k 不存在交易成本，而所有其他的商品有交易成本。但是相对而言，与其他商品相比，商品 k 的交易成本在几个相关的维度方面基本上是零，如运输的方便程度、辨认和衡量。

实际上，交易成本常常会涉及不可分性和规模收益递增，这表现在制度的存在和发展上(不妨参阅 Arthur，1989)。因此，从某种程度上说，上面的评论可以被视为是如下问题的"最简单"的解：内生的货币是如何出现的(还可以参阅 Kiyotaki and Wright，1989)。

交易的组合学

Ostroy(1970)、Starr(1972，1976)与 Bradley(1973)研究的是交易的组合学。在他们的研究中，个人是面对面交易的，他们是通过某种形式的匹配机制或者搜寻机制而走到一起的。假设允许交易 m 种商品的 n 个人只能三五成群进行交易。在什么条件下，他们能够最终达到有效率的交易？要经过多少轮的交易才能获得效率？(参阅 Starr，1976)

从第 1 卷第 5 章和第 7 章中的双边需求吻合的例子中可以清楚地看到，如果需要以下这个条件，即没有人充当中间人，那么通过双边交易达到帕累托最优分配是不可能的。如果我们认为个人有足够的远见进行交易，因而可以忽略掉双边需求吻合的问题，那么我们就可以在易货贸易中提出几个组合学上的问题。如果交易 m 种商品的 n 个人的交易是无成本的，他们在有限个成对的交易中能够达到效率吗？如果他们可以达到,并且给定偏好和禀赋,我们能够得到作为 n 和 m 的函数的所需交易轮次的上界吗? 为了完整地定义交易,我们必须规定在双边交易中选择一点的方式。

要考虑的另一个假定是,所有人拥有足够的第 m 种商品,该商品可以替换所有其他商品。因此,需求的双向一致永远是成立的。

将第 1 卷第 5 章第 2 节中的例子稍加扩展得到的简单的例子可以说明问题。考察三个人,他们有着如下的效用函数和禀赋,交易四种商品:

$$\emptyset_A(x^1, x^1, z^1, m^1) = x^1 + 2y^1 + m^1 \text{ 以及}(1,0,0,2)$$
$$\emptyset_B(x^2, x^2, z^2, m^2) = y^2 + 2z^2 + m^2 \text{ 以及}(0,1,0,2)$$
$$\emptyset_C(x^3, y^3, z^3, m^3) = 2x^3 + z^3 + m^3 \text{ 以及}(0,0,1,2)$$

人们大量持有且所有人都需要的第四种商品,使得在所有的交易中都存在双边需求的吻合。一般均衡解是显然的。(1,1,1,1)的价格使得最终的分配是(0,1,0,2)、(0,0,0,2)和(1,0,0,2),每人的效用为 4。容易验证,通过三轮的双边交易可以达到竞争性均衡,其中表 10.1 描述了 AB、BC 和 AC 之间的交易。Ostroy 和 Starr(1974)正式地证明了,在总是存在交换物(quid pro quo)的经济中,总是存在能够达到竞争性均衡配置的成对进行的交易模式。

这里有两个评论。在上面的例子中,人们可能想称最后的商品为货币,但是(正如第 1 卷第 5 章第 4 节所说明的那样),从简单市场的完备性的角度上来定义货币更有意义。这里不存在市场,只有两人之间的双边交易。

在上面的例子中,交易者可以达到竞争性均衡以外的均

表 10.1 三轮交易中的竞争性均衡

交易轮次	谁持有商品		
	A	B	C
初始	(1,0,0,2)	(0,1,0,2)	(0,0,1,2)
AB 之后	(1,1,0,0)	(0,0,0,4)	(0,0,1,2)
BC 之后	(1,1,0,0)	(0,0,1,2)	(0,0,0,4)
AC 之后	(0,1,0,2)	(0,0,1,2)	(1,0,0,2)

衡。容易验证,他们可以达到任何帕累托最优的分配。在表 10.2 中,两轮交易后,交易者达到的分配是,B 得到了所有的好处。在这个例子中,中间人得到了所有好处!

表 10.2 中间人得到所有好处

交易轮次	谁持有商品		
	A	B	C
初始	(1,0,0,2)	(0,1,0,2)	(0,0,1,2)
AB 之后	(1,1,0,1)	(0,0,0,3)	(0,0,1,2)
BC 之后	(0,1,0,1)	(0,0,0,3)	(0,0,1,2)

Star(1972)对双边交易和市场进行比较,通过考察基于已知价格体系的交易,避免了这种未定性(indeterminacy)。这个假定看上去没有直接的经济解释,但是它将价格形成和交易机制区分开来,这样,我们就可以考察交易的纯粹组合学。

在给定的均衡价格下,Ostroy 和 Starr(1974)想考察什么交易规则达到了交易的完全扩展并且满足以下条件:

1. 交易者不能交易他们没有的商品。

2. 所有的交易都有同样的价值。如果 i 和 j 用 y_i 来交换 w_j,那么 $py_i - pw_j = 0$(这里的 p、y_i 和 w 分别是价格和商品的 m 维向量)。

3. 任何交易中交易的商品只是两个交易者(分散)的超额需求的函数。

a. 在 i 和 j 的交易中,只有当期的超额需求向量 i 和 j 是已知的。

b. 交易规则可能不是商品具体标号的函数。

Bradley(1973)已经证明了,对至少有五个交易者和四种商品的经济而言,要获得全面的实施(即,给定价格下与 CE 相关的交易)并满足条件 1、条件 2、条件 3a 和条件 3b 是不可能的。

定理 10.1 在如下经济中:价格给定,只有 n 个交易者和 m 种商品的双边交易,存在满足条件 1、条件 2、条件 3a 和条件 3b 的交易规则,如果:

1. m 是 2, n 是任意的;

2. n 是 2 或 3,m 是任意的;

如果 $n \geqslant 5$ 且 $m \geqslant 4$,那么就不存在这样的规则。[6]

交易和交易成本 上面讨论了交易模式,而没有考虑成本。上面的讨论在明显的问题上花费了这么长时间是为了说明,如果所有的交易环节造成的费用是差不多相同的,那么需要多个环节的交易过程将比需要很少环节的交易过程的费用更高。为何在系列的双边交易中运用几乎同时进行的匿名市场,这是一个直观并且重要的原因。

交易、固定成本和不可分性

交易技术常常会涉及收益递增。Heller 和 Starr(1976)指出,一只苹果和一筐苹果交易中用到的劳力、时间和其他资源差别不大。一个更鲜明的例子是,开一张 1 美元的支票和开一张 1000 美元的支票的费用几乎是相同的。

仅仅交易中的规模经济本身就可以解释为什么持有现金。即使现金与存款有相同的利率，诸如方便性、防止盗窃和会计信息的要求也可以提供足够的细节来解释为什么存在着非零的最优现金持有。交易技术的细节还产生了在途票据，它的存在、规模和收益必须加以考虑。

虽然一般均衡理论没有涉及制度，但是即使较小的固定成本、较小的不可分性等其他“缺陷”，加上清算成本（liquidation cost）和数量约束（capacity constraint），也给经济赋予了某种结构。即使它们要求建立具有数学难度的模型，它们仍使得我们可以对正式的经济模型进行扩展，从而有助于我们理解制度结构。

将生产和交换经济重新模型化为有着较大的交易者和企业的有限集的策略性市场博弈，我们可以得到 ε-均衡——没有人能够改进较小的 ε 的均衡。在 Debreu（1959）的形式化水平上，我们可以考察有很多小企业[参阅 Novshek（1980）与 Novshek 和 Sonnenschein（1978）]和进入、退出的经济。大多数对有着进入和退出的封闭的总体经济中的企业的分析属于寡头理论和产业组织理论的范围[参见 Shubik（1984）第 8 章之综述]。

简言之，交易成本和其他的小缺陷需要制度来有效地解决它们。各种各样的（物理的、金融的、组织的）数量约束会限制很多制度的规模，如同经济力量和非经济力量的融合会改变现行的制度或者产生新制度一样。

由于小市场缺陷也会导致不完美的（即使是可运行的）价格体系，所以会出现套利的机会。大多数关于整个经济预期或者股市预期的讨论考察的是由对政治、经济风险和其他风险的不同评价所导致的套利。市场结构中的每个小缺陷或者“非凸性”上也会有一些套利机会。进行套利的常常是发明新制度、金融工具或者其他能够创造优势的方法的专家,这些优势可以延续几天或者几年。

Heller 和 Starr(1976)考察了有着完全期货市场和现货市场的序列经济。在有限期界 T 内,所有的交易者在每期都面临着预算约束。而且,对 t 期的交易,交易技术规定了开展交易的过程中会用尽什么资源。如果同样商品的现货市场和期货市场上的交易成本不同,我们可以得到更少的作为使用该技术的成本的函数的完备市场。Heller 和 Starr(1976)在他们当初的模型中加入了非凸性并考察了相关的凸化的经济,他们证明了这个经济中存在着竞争性价格均衡,并且评估了这个均衡作为一个逼近的优点。

运输成本

如果重要的交易成本只是运输成本,那么我们就会有足够的积极性把交易当作生产过程来研究。由于这个问题超出了本书研究的数学范围,所以我们只对运输对交易成本和金融机构的意义做一些一般性的说明。

如果不考虑搜寻和获取信息的成本,并且仅将交换视为生产技术的一部分,我们就可以解决下面一类问题。考察有着价格体系和法币的经济,在这个经济中,人口和资本资产分布在一个平面或者一个球面上。给定运输货物的成本(以资源来衡量)和两点之间的支付,货栈、银行、市场批发点和零售点的最优分布是什么?进一步,这些交易成本与其他的生产成本相比有何特点?

存在一系列困难的运筹学问题，在这些问题中，人口流动、产业的分布与仓储和运输的各种特征被视为变量。无需深入细节，交易和金融工具的历史就可以说明商品和票据的交易技术的重要意义。货栈收据、提单和汇票都是交易技术的产物，这种交易技术一方面要求仓储、审计、验证和运输商品，另一方面要求远距离支付。尤其是，自从13世纪起，汇票在远距离交易中发挥了重要作用（参见 Kindleberger，1984）。有了这些金融工具，就产生了将这些博弈规则编码化、保证实施和最小化对信任的需要的法律。

交易成本和核

近年来，有些著作将 n 人核的概念用到了交易中，明显的代表是 Gale（1978，1982）、Honkapohja（1977）、Repullo（1982）与 Townsend（1978）。⑦前面三个作者讨论了多阶段博弈的核；最后一个作者仅讨论了一阶段博弈。由于以下原因，我怀疑用核的方法来研究多阶段博弈的有效性。

合作博弈的重要内容和简便性在于，它是高度前制度的（preinstitutional），并避免了过程的细节。集市上的交易联盟的随机形成和他们的议价序列作为战略式的博弈是很难描述的。因此，运用联盟的形式来避免细节是有吸引力的。但总是存在着如下的危险，即泼洗澡水的时候，将小孩也泼出去了。尤其是，如果各期是由商品的结转联系起来的，并且议价会花费时间和其他资源，那么即使在高度抽象的水平上，完整地描述联盟能够做什么也是一个问题。对于大多数单期的情形来说，这个问题有一个直观的解。例如，第1卷第6至10章的策略性市场博弈很容易被准确地重新构建为联盟形式的博弈。但是，即使如此，如果博弈者的数量是有限的，并且他们运用市场，那么在定义和描述一个群体对另一个群体的威胁时会出现其他问题[参阅 Shubik(1984)第 9 章的讨论]。

Townsend(1978)观察到，由于导致策略集的非凸性的固定成本等原因，多数的交易技术会造成数学上的困难。按照 Heller 和 Starr(1976)，有希望的是，如果存在着很多小的经济主体，那么非凸性就没有多大关系；并且随着小经济主体数量的增加，固定成本问题和相互联系的市场所产生的外部性问题(例如货币性外部性)将会减轻。[⑧]

注 释

① 虽然对某些人来说，买便宜货的过程最重要的是消费品本身，但是从搜寻和讨价还价中也能得到不少的快乐。

② 康涅狄格州(Connecticut)New Haven 市的房地产经纪 Barbara Tower。

③ 索斯比拍卖行 1989 年对普通出售者的固定收费。这类交易是针对特殊藏品的。

④ 修改自马萨诸塞州(Massachusetts)Springfield 市的 John Phelon 的未发表的研究。

⑤ 通过将交易成本模型化为一个凸生产集也可以得到 Rogawski 和 Shubik(1986)的结论。

⑥ 取自 Bradley(1973)。

⑦ 第 10 章第 2 节的第 6 小节多少超出了我们采用的基本方法，因此那些不关心建立关于生产和交易的博弈论模型的人可以将这一小节略过去。

⑧ 尤其是，如果运用经济主体为连续统的模型来代表竞争性经济，那么在对连续统进行积分时，我们就得到了凸化的效果。

经纪人、经销商和固定成本

有着经纪人和经销商的交易

论中间人

在第 10 章的市场模型中，卖者和买者是对称的。在某些情形下，这个假定是对现实的一个较好的近似；在另外的一些情形下，这个假定则显然是不足的。例如，纽约股票交易所是一个连续的双向拍卖市场，我们可以合理地认为这个市场上的小的买者与卖者的关系大致是对称的。但即使在这里，市场也是由中间人——经纪兼自营商来运作的。在大多数现代经济的零售交易中，卖者是零售企业。它们确定价格，买者要么接受要么拒绝，价格在数天或者数月内是固定在某一水平的。

存在很多决定价格灵活性程度的制度性细节。诸如货币的单位等细节会使得改变糖块的大小比改变它的价格更实际。各种价格的刚性可能是由习俗、法律、习惯、交易技术、政治或者交易和商业的具体细节决定的。在选择决定动态经济体系的结构的条件时，价格刚性的事实和具体市场机制的性质会提供值得考虑的形式。但是，一旦我们偏离将经济市场作为处理策略上相似的交易者的同时行动的机制的经济模型，并且允许有限的序贯行动时，信息条件从而潜在的策略就会变得非常复杂。现代社会中的交易技术和它消耗的资源在每个经济中都是一个重要的因素，占附加值的10％到50％不等，具体的比例取决于如何对不同的服务进行分类。

个人的交易如何呢？物物交换是可以忽略不计的。家庭在零售店进行大部分日常采购。汽车是通过经销商（融资）购买的。住房大都是通过房地产中介购买的，公寓也主要是通过房地产中介来租赁的。股票和债券类的金融票据是通过经纪人和经销商来买卖的。保险是通过代理人（agent）来购买的，财产的清算则是通过律师、银行人员和代理人的结合来进行的。

零售商从批发商那里进行购买，或者直接从制造商那里购买。大的零售商和制造商可能有高度专业化的购买部门，而且几乎所有的产业都由它们的贸易协会和出版物来提供基本的商业信息。

由于避税的诱惑是很高的，所以税收的任何增加都会使得人们去寻求无稽可查的一对一的物物交换或者现金交易。但是，现代大众社会的事实使得人们很难做到这一点。即便出售自己的旧车或者房屋也需要相当多的技能投资、广告费支出以及知识和时间。

采用更多的符号和更复杂的策略，可以将物物交换包括进正式的模型[Kurz（1974a）与 Honkapohja（1979）已经做到了这一点]。除非有关于易货交易避税的具体细节上的明确的问题,否则这种做法除了证明均衡的存在性,并确认下面非常明显(但很难正式模型化并加以证明)的观察——如果物物交换的成本较高,并且有组织的市场交易很旺盛,那么一般而言将不会有多少物物交换——之外,没有多少意义。

中间人起码可以发挥三个方面的不同作用。下一小节中说明的作用是保持存量的缓冲库存点的作用。我们在第 1 卷第 5 章研究具有完备市场的交易时出现的中间人是流动性的源泉。所有的这些因素都是相关的,并提醒我们回答如下问题:金融机构和金融工具的作用是什么?

有着经纪兼自营商的出价和开价

从一般的意义上来说,关于交易的策略性模型必须考虑直接交易,也必须考虑通过经纪人进行的交易。但是,为了集中研究经纪人对交易的影响,我们不考虑直接交易,并要求所有的交易必须经过经纪人进行。这种建模方法使我们将对经纪人、经销商、零售商和其他中间人的策略性特征的研究与有关交易成本的产生、信息、搜寻和物物交换的问题区分开来。

在很多市场上,人们会充当经纪兼自营商(broker-dealers),既安排交易,也有自己的库存。在这里的模型中,我们考察经销商,但是通过假定他们在第一个模型中出售任何东西,我们回避了存货问题。在第二个模型中,则必须考虑存货问题。

经纪人或者经销商准备与交易者发生买卖的事实提出了一个基本问题。如果经纪人不能履行他们的诺言会产生什么后果?自然地,解决这个问题的主要任务应该落到违约的经纪人身上,但是经纪业要想保持它的诚信,就必须对它的所有成员的承诺进行最终的担保。

在我们的第一个模型中,使用的是 Cournot 机制,清算是自动进行的,因此不需要违约机制。不能保证出价和开价之间马上匹配的价格形成机制需要一种方法来处理违约或履行承诺。一般而言,我们需要对经纪人施加某种形式的市场约束机制,这样他们就不会过高出价(overbid);并且在过高出价的情形下,我们需要能运用产业资源(主要是属于责任方的资源)来解决问题的机制。在封闭的交换模型中,引入清算所和关于商品、货币的违约规则看来是一个办法。经纪人向清算所中注入资金,如果某一经纪人出现资金短缺,那么他可以以一定的价格获得在清算所累积的资本。我们的第二个模型将涉及这些问题。

总结一下,我们的框架是建立在如下假设之上的:

1. 所有的交易都要经过经纪人。①

2. 对经纪人来说,每种商品都有两个市场——买方市场和卖方市场。

3. 经纪人将卖出他们购买的所有商品;没有存货。

4. 引入了清算所和破产规则,从而可以保证经纪人能够履行他们所有的金融承诺(在第一个模型中无需引入破产规则)。

5. 经纪人和交易者意识到彼此的禀赋和效用。

6. 所有的博弈方同时独立采取行动。

Nti 和 Shubik(1984)给出了运用货币和有着经纪人服务的交换经济的准确的数学模型,并且还给出了存在性证明。这里举一个简单的例子来说明经纪兼自营商体系,并将其与直接的货币性交易进行比较。[②]假设有 n 个买者、n 个卖者和 l 个经纪人交易一种商品。每个卖者有 10 单位的商品，每个买者或者经纪人有 10 单位的货币。卖者的标号为 $i=1,\cdots,n$，买者的标号为 $j=1,\cdots,n$，经纪人的标号为 $k=1,\cdots,l$。交易者的效用函数为 $U=\log x+\log m$，这里 x 是交易者消费的商品的数量，m 是交易者交易后持有的货币。在经纪兼自营商体系中，交易者的效用和经纪人的利润为

$$U^i=\log(10-q_i)+\log(q_i)+\log\left(\sum_{k=1}^{l}b_k\right)-\log\left(\sum_{i=1}^{n}q_i\right)$$

$$U^j=\log(10-b_j)+\log(b_j)+\log\left(\sum_{j=1}^{n}b_j\right)-\log\left(\sum_{i=1}^{n}q_i\right)$$

$$\pi^k=10-q_k+b_k\left(\sum_{j=1}^{n}b_j/\sum_{k=1}^{l}q_k\right)$$

均衡策略为

$$q_i=\frac{10(n-1)}{2n-1}=b_j,i,j=1,\cdots,n$$

$$b_k=\frac{n(l-1)}{l^2}q_i=\frac{n(l-1)10(n-1)}{l^2(2n-1)},k=1,\cdots,l$$

均衡的价格为 $p^b=(l-1)/l<1$ 和 $p^s=1$。如果交易是直接的，那么交易者均衡的出价将与上面的相同，产生惟一的交易价格 $p=1$。竞争性配置是价格 $p=1$ 处的(5,5)。

在经纪兼自营商体系中，竞争性价格处于买价和卖价之间。在这个例子中，该体系的成本是由卖者来承担的。如果经纪兼自营商可以持有存货，那么买者会遭受损失。以买者和卖者的效用损失总和所衡量的该体系的成本是与经纪人的数量反方向变化的。当搜寻成本和其他交易成本上升时，直

接的货币交易会让位于经纪兼自营商体系，有着经纪费的一般模型会诱使某些经纪人专门交易某种商品，而在某些部门，直接的货币交易会占主导。

具有清算所和不能交货惩罚的价格竞争

Dubey 和 Shubik（1981）与 Dubey（1982）已经模型化并分析了如下的交易：人们给出出价和开价，以及待售的数量（参阅第 1 卷第 7 章）。有着 m 种商品和一种商品货币的市场上的交易者的策略是如下形式的 $4m$ 维向量：

$$(p_1^i, q_1^i, \tilde{p}_1^i, \tilde{q}_1^i, \cdots; p_m^i, q_m^i, \tilde{p}_m^i, \tilde{q}_m^i)$$

这里 $p_j^i = i$ 准备卖出 q_j^i（或者更少）单位 j 商品的价格（或者更高），$\tilde{p}_j^i$ 是 i 准备购买 $\tilde{q}_j^i$（或者更少）单位商品 j 的价格（或者更低）。对这个模型来说，我们已经证明了，存在类型对称的均衡点（type symmetric equilibrium point，TSEP），并且进行一次重复后，CE 就是 TSEP。

我们可以对经纪人模型进行如下的修改，让经纪人 k 仍然对他购买的商品 j 出价 c_j^k，但是我们可以要求 k 给出价格和待售的数量。如果同时做到了这一点，那么经纪人的策略就变成了如下形式的 $3m$ 维向量：

$$(c_1^k, p_1^k, q_1^k; \cdots; c_m^k, p_m^k, q_m^k)$$

这可以解释为如下的情形：在经纪人知道他们已经买了多少东西之前，他们必须决定待售商品的数量。如果经纪人 k 购买了 x_j^k 单位的商品 j，并决定有 $q_j^k > x_j^k$ 单位的商品待售，那么 k 有可能陷于不能交货的困境。我们必须规定在这种情形下会发生什么。正是在这一点上可以自然地引入清算所和适当的不能交货惩罚。有很多不同的方法可以对清算所进行模型化，具体的方法取决于具体的结构。在此，我们并不想建立正式的策略性模型，而是强调，简单的正式清算程序增加了独立但非混沌的市场调节的可能性。

Rubinstein 和 Wolinsky（1987）对中间人的作用进行了如下的模型化。在他们的模型中，有三类经济主体：卖者、买者和中间人。卖者出售的是一单位不可分的商品。他们可以通过随机的匹配（random matching）进行交易；如果他们交易，交易后他们就离开市场。中间人永远都在市场上。所有参与人都对时间进行贴现，这意味着拖延是有成本的。即使在这种简化水平上，在卖者和买者之间也存在着不对称。而且中间人进行直接买卖和以委托方式出售之间也存在着区别。

零售商、经销商和经纪人

即使在上面的模型中，也需要中间人发挥作用，而且买者和卖者的地位也未必是对称的。一般而言，零售贸易暗示了如下观点：卖者通常不多，而且在经济方面要比买者大。进一步，经销商在运输、盘存、展示和出售方面会有相当的成本；而且买者常常不具有信息、经验和专业知识，而且他们掌握的知识与卖者常常也不同。

模型化零售市场要研究两类因素：交易成本以及由信息不对称和不同的市场力量引起的卖者和买者之间策略上的差异。大多数经济中的零售贸易是卖者设定价格，买者接受或者拒绝，价格在几天或者很多年内都是固定在一定的水平上的。根据具体的文化和地域，人们可以对价格的短暂变化进行谈判，但是即使在这种情况下，也常常采取纯粹价格之外另一种维度的折扣或者折让(如更长的保修期、特殊的附件和私下的折扣等)。

零售商和顾客之间的另一个重要的区别是,即使零售商是由个人拥有的,它们一般而言也是由交易条件而不是由最后的持货条件来驱动的。它们为了卖而买,而不是为了消费。但是即使是在最简单的水平上,这也说明时间和存货成本在中间人交易中起到了基本作用。特定的运筹学模型可能至少与产业(根据任何合理的定义)的数量一样多,每个模型反映了与特定商品最相关的营销变量。在回答有关具体零售和批发活动的营销特征的具体问题时,定价和交货中的时滞、消费者保证、质量以及其他的一些与具体产品有关的变量与能够产生具有操作价值的模型的地理和文化因素是融合在一起的。在这里的抽象水平上,这些因素还是一个黑匣子。虽然它们对营销有直接的意义,并且在估计经济中的价格变化和存货水平的动态中也具有相当的重要性,但它们几乎就是金融体系所需要的数据。

美国的零售、批发和营销

在现代社会中,没有多少商品是由其最终生产者直接到达最终消费者手中的。分销商或者零售商会发挥中间人的作用。在 1985 年,美国零售业的 1780 万个雇员和批发业中的 580 万个雇员为 2.39 亿人——组成 8680 万个家庭——提供服务。零售和批发人员占美国劳动力的 16%。

美国早在 18 世纪早期就有了报纸广告;第一家百货商店是在 19 世纪 60 年代开业的;John Wanamaker 还在 1865 年倡导退款保证的做法;现代营销在 18 世纪末和 19 世纪早期

成为一种职业:一般营销方面的大学课程最早于1901年出现在伊利诺斯州和密歇根州;1915年则成立了全国营销和广告学教师协会。

现代市场营销的发展表明信息对交易的重要性。尽管不考虑心理和劝导,发现什么顾客需要什么以及他们能在何时以何种方式支付会提出很多有益的问题,但这些基本上超出了我们对货币和金融工具的作用的主要探讨,即使没有外生的不确定性和搜寻。

非凸的交易成本

有着固定成本的策略性市场博弈

如果我们假定运用货币的交易技术会有成本,包括诸如去银行的次数这样的固定成本,那么最优化问题会涉及非凸性的收益。证明均衡的存在性并计算它们(如果它们存在的话)就会变得复杂起来。

从直觉上来说,我们感到,小的固定成本或者"小的非凸性"应该不会否定我们对价格体系的运用。我们应该能够将持有现金余额的需求和最小化获取现金成本的方法融合进使用法币的封闭交易经济中。

Allais(1947)与Baumol(1952)分别运用存货理论所揭示的思想,对现金的交易需求进行了相当简单的局部均衡的分析(还可以参见Tobin,1956;Orr,1970)。假设个人A预计在某段时间内会平稳地支付M美元,他还拥有能赚取利率i

的资金。抽取 x 单位的现金,A 为每笔交易要付出一次性成本(lump cost)b。由于 A 平均持有现金 $x/2$,所以 A 的利息成本为 $ix/2$。由于 A 的交易成本为 bT,这里 $T=M/x$,所以 A 的总的交易成本为

$$bM/x + ix/2$$

如果 A 想最小化他的费用,那么一阶条件给出了 A 对现金的交易需求:

$$x = \sqrt{2bM/i}$$

由于去银行的次数是一个整数变量,而我们将其表示为连续函数,所以这个公式实际上只是一个近似。[③]

这种对封闭体系中的交易成本模型化的方法提出了几个关于货币本质和封闭经济中的支付方面的基本问题。这里描述一个完全封闭的经济模型是为了说明货币和交易成本之间的关系。我们在其他地方给出了这个版本模型中均衡的存在性证明(Shubik and Yao,1990a)。

假设存在 n 种不同类型的交易者,每种类型都是一个连续统。存在 m 种商品,也存在一种法币。交易成本是用消耗的实际资源来衡量的。虽然我们假定实际商品的交易成本与交易的规模成比例,单程到银行所用的资源被视为独立于交易的货币数量。

个人 i 拥有初始禀赋($\alpha_1^i,\alpha_2^i,\cdots,\alpha_m^i$),并且在开始时出价和开价。支付模式包括如下内容:在时间期限内,什么时候 i 必须为购买进行支付,什么时候 i 因出售而得到支付。

在任何时点上,个人的收入流可以大于,也可以小于他们的支出。两者之间的差额可以解释为在途的货币或者银行持

有但不赚取利息的货币，也就是说由缺少时间方面的协调来解释。在这个模型中，我们已经排除了跨期融资的消费和生产方面的原因。交易结束时，我们预计到，均衡中总体的账目会平衡。我们假定，存在单一的外部银行，在利率 $\rho \geqslant 0$ 上，它会借出任何数量的法币，并且在任何时候愿意以利率 ρ 借款或者接受存款。

对任何在期末有负的现金余额的个人，会有一个破产惩罚 μ。任何人的效用函数可以写成如下形式：

$$\varphi(x_1^i, x_2^i, \cdots, x_m^i) + \mu_i \min[0, \text{现金余额}]$$

引入足够严厉的惩罚可以限制交易者的借贷，消除策略性的破产。如果外生的利率 $\rho > 0$，那么银行会赚取利润。因此，为了平衡账目，我们必须要求银行购买商品来将它的利润花掉。我们对银行的行动进行如下的处理：银行类似一个策略性哑变量，它必须在事前宣布它如何在不同的市场上来配置它的收入。

即使交易成本不消耗任何实际资源，正的利率的存在也会使得银行消耗实际资源。我们可以将其视为联系增长模型的桥梁——在这个增长模型里，没有消耗的实际资源可以被视为经济中的资本存量。虽然引入外部银行、利率及其利润的支出方案看上去有点就事论事（ad hoc），但这样做只是承认了，我们这里研究的内容内在地嵌入于当前的动力系统中，而且这是我们考察对该系统定义好的静态近似所需要的最少的条件。

在正式地描述具体模型时，我们选择了简单的现金流条件。存在 n 类交易者，每类都包括交易者的连续统。在开始的时候，交易者 i 的禀赋为 $a^i=(a_1^i,\cdots,a_m^i)(a_j^i\geqslant 0)$。交易者 i 可以从外部银行借入交易所需的货币数量为 u^i；这个期间的利率是外生给定的。所有交易者的支付都是时间的线性函数，但是在交易结束之前得不到任何支付。交易者 i 去银行的次数可以是任意的，但是每次去银行都有固定成本（$\alpha_{m+1,1}^i$，$\cdots,\alpha_{m+1,m}^i$）。类似地，要卖出一单位的商品 j，i 必须支付 α_{jk}^i 单位的商品 $k(k\neq j)$。也就是说，存在如下交易矩阵

$$\begin{bmatrix} -1 & & \cdots & \alpha_{1m}^i & 0 \\ \alpha_{21}^i & -1 & \cdots & \alpha_{2m}^i & 0 \\ \vdots & & & \vdots & \vdots \\ \alpha_{m1}^i & & \cdots & -1 & 0 \\ \alpha_{m+1,1}^i & & \cdots & \alpha_{m+1,m}^i & -1 \end{bmatrix}$$

在交易结束时，银行必须按照事前给定的价格：$(\bar{p}_1,\cdots,\bar{p}_m)$ 购买商品，因此交易者就可以通过向银行出售适当数量的商品来偿还债务（还有利息）。

交易者 i 的策略为

$$s^i=(u^i,k^i;b_1^i,\cdots,b_m^i,q_1^i,\cdots,q_m^i;r_1^i,\cdots,r_m^i)$$

这里

$u^i=i$ 借入的货币总量；

$k^i=i$ 去银行的次数；

$b_j^i=i$ 对商品 j 的出价；

$q_j^i=i$ 对商品 j 的开价；

$r_j^i=i$ 卖给银行的商品的比例。

s^i 中出现的数量受制于以下约束：

$$\begin{cases} 0 \leqslant u^i \leqslant U \\ 0 \leqslant k^i \leqslant K, k^i \text{ 是整数} \\ q_j^i + \sum_{k \neq j} q_k^i q_{kj}^i + k^i \alpha_{m+1j}^i \leqslant a_j^i, q_j^i \geqslant 0 \\ \sum_j b_j^i \leqslant u^i, b_j^i \geqslant 0 \\ 0 \leqslant r_j^i \leqslant 1 \end{cases}$$

这里 U 和 K 较大,但是有界。④

市场价格是由下式给出的

$$p_j = \begin{cases} \dfrac{\int b_j^i}{\int q_j^i}, \text{如果} \int b_j^i > 0 \text{ 且} \int q_j^i > 0 \\ 0, \text{其他情况下。} \end{cases}$$

发生交易后,i 持有的商品是由下式给出的

$$x_j^i = \begin{cases} a_j^i - q_j^i - \sum_{k \neq j} q_k^i \alpha_{kj}^i - k_i \alpha_{m+1j}^i + b_j^i / p_j \quad (p_j \neq 0) \\ a_j^i - \sum_{k \neq j} q_k^i \alpha_{kj}^i - k_i \alpha_{m+1j}^i \quad (p_j = 0) \end{cases}$$

最终的商品和货币持有量是由下式给出的

$$z_j^i = (1 - \bar{r}_j) x_j^i - \sum_{k \neq j} \alpha_{kj}^i \bar{r}_k x_k^i$$

$$z_{m+1}^i = \frac{-\rho(1+k)}{2k^i} u_i^i - \sum_j b_j^i + \sum_j q_j^i p_j + \sum_j \bar{p}_j \bar{r}_j^i x_j^i$$

因此,交易者 i 的收益为

$$\pi^i = \varphi^i(z_1^i, \cdots, z_m^i) + \mu^i \min\{0, z_{m+1}^i\}$$

这里假定 φ^i 在 $\mathscr{R}_{++}^m$ 上是连续可微、凹并严格递增的,假定

$\mu^i>0$足够大。Shubik 和 Yao(1990a)为这个模型提供了存在性证明。Dimitri Tsomocos 计算过的一个例子可以说明这个模型。

一个简单的例子　为了说明这个模型,我们考虑一个有着两种商品、一种法币和对数可分的效用函数的例子。这样的交换经济是可以模型化为有着单一法币的策略性市场博弈的最小经济,因为在有着一种商品和一种货币的经济中,两种商品都可以被当作货币。而且,我们通过对博弈方的策略集施加如下限制将排除掉虚售的可能性:

$$b_j^i q_j^i = 0$$

也就是说,交易者 i 不能在同一个市场上买进和卖出。尽管在第 1 卷第 5 章的第 1 节中已经论述了具有虚售的均衡点的存在性,并且已经论述了有着大量虚售的市场对所有的交易者是最好的,但是如果存在交易成本,那么这样的改进的空间会大大缩小。因此,我们使用的简化,没有改变我们理论的实质,却改进了我们例子中的数学上的可操作性。

我们的例子包括以下三个步骤:

1. 求解竞争性均衡;
2. 求解具有交易成本和银行利率 $r=0$ 的非合作均衡。
3. 求解具有交易成本和银行利率 $r>0$ 的非合作均衡。

求解没有交易成本且银行利率 $r=0$ 的竞争性均衡　考察分别具有初始禀赋(10,30)和(30,10)的两种类型的交易者 i 和 j,且效用函数的形式为

$$u_i = \log(x_1^i) + \log(x_2^i)$$

我们期望类型 i 的交易者通过买商品 1 和卖商品 2 来进行最

大化，而类型 j 的交易者则采取相反的行为。这样，交易者 i 想最大化他的收益 G_i：

$$G_i = \log\left(10 + b_1^i \frac{q_1}{b_1}\right) + \log(30 - q_2^i)$$

并满足 i 的现金流约束

$$u^i - b_1^i + q_2^i \frac{b_2}{q_2} - u^i \geqslant 0 \Rightarrow b_1^i \leqslant q_2^i \frac{b_2}{q_2}$$

交易者 j 将最大化他的收益 G_j：

$$G_j = \log(30 - q_1^j) + \log\left(10 + b_2^j \frac{q_2}{b_2}\right)$$

满足

$$b_2^j \leqslant q_1^j \frac{b_1}{q_1}$$

这里 $q_1 = nq_1^i$，$q_2 = nq_2^i$，$b_2 = nq_2^i$，$b_1 = nq_1^i$。这个系统的拉格朗日方程为

$$\mathscr{L}_i = \log\left(10 + b_1^i \frac{q_1}{b_1}\right) + \log(30 - q_2^i) - \lambda_1\left(b_1^i - q_2^i \frac{b_2}{q_2}\right),$$

$$\mathscr{L}_j = \log(30 - q_1^j) + \log\left(10 + b_2^j \frac{q_1}{b_1}\right) - \gamma_1\left(b_2^j - q_1^j \frac{b_1}{q_1}\right).$$

经过烦琐的计算之后，我们得到

$$q_1^j = q_2^i = \frac{10(2n^2 - 6n + 1)}{(2n^2 - 2n + 1)} \tag{11.1}$$

我们看到，当 $n=1$ 和 $n=2$ 时就会出现没有交易的情况。

当 $n \to \infty$ 时，可以得到竞争性均衡：

$$q_1^j = q_2^i = 10$$

竞争性价格向量为

$$p_1 = p_2 = \frac{b}{q} = 5$$

对交易者 i 和 j 来说，最后的配置都将是(20,20)。

求解具有交易成本且银行利率 $r=0$ 的非合作均衡 在这种变体中，我们必须明确地通过交易成本矩阵来引入交易成本，在我们的例子中这个矩阵为

$$M^i = \begin{bmatrix} -1 & \mu_{12}^i & 0 \\ \mu_{21}^i & -1 & 0 \\ \mu_{31}^i & \mu_{32}^i & -1 \end{bmatrix}$$

向量 X^i 给出所购商品的最终配置：

$$X^i = \left[-\frac{b_1^i}{p_1}, \frac{b_2^i}{p_2}, -1\right]$$

其中最后的一项表示去银行的次数。⑤在这种情形下，由于 $r=0$，所以 $k=1$。因此，

$$X^i M^i = \left[\frac{b_1^i}{p_1} + \mu_{21}^i\left(\frac{b_2^i}{p_2}\right) - \mu_{31}^i, -\mu_{12}^i\left(\frac{b_1^i}{p_1}\right) - \frac{b_2^i}{p_2} + \mu_{31}^i, 1\right]$$

为了使得解在数学上可以处理，我们假定

$$M^i = M^j = M$$

经过修改最终配置和现金流约束，我们得到，交易者 i 想最大化他的收益 G_i：

$$G_i = \log\left(10 + b_1^i \frac{q_1}{p_1} - \mu_{21} \frac{b_2^i}{p_2} - \mu_{31}\right)$$
$$+ \log\left(30 - q_2^i - \mu_{12}\left(b_1^i \frac{q_1}{b_1}\right) - \mu_{32}\right)$$

满足

$$b_1^i \leqslant q_2^i \frac{b_2}{p_2}$$

类似地，交易者 j 试图最大化他的收益 G_j。

为了简化计算，我们加上对称性条件

$$\mu_{31} = \mu_{32} \text{ 和 } \mu_{21} = \mu_{12} \tag{11.2}$$

这并未改变我们模型的实质。运用完全类似求解竞争性均衡的方法，我们最后得到

$$q_1^i = q_2^i \tag{11.3}$$

$$\lambda_1 = \gamma_1 \tag{11.4}$$

我们得到

$$q_1^i = q_2^i = \frac{30 - \mu_{32} - \left[\mu_{12} + \left(\frac{n}{n-1}\right)^2\right]\left[10 - \mu_{32}\right]}{1 + 2\mu_{12} + \left(\frac{n}{n-1}\right)^2} \tag{11.5}$$

当 n→∞，取极限得到

$$q_2^i = q_1^i = \frac{10 - \frac{1}{2}\mu_{12}(10 - \mu_{32})}{1 + \mu_{12}} \tag{11.6}$$

求解具有交易成本且银行利率 $r>0$ 的非合作均衡　在这种变体中，k（即人们去银行的次数）变成了交易者策略的决策变量。[6] 而且，现金流约束变得更复杂了，并且采取了基本模型中描述的形式。因此，u 变成了所有交易者的决策变量。

最后，价格形成机制采取了基本模型中描述的形式。为了数学处理上的便利，我们还维持了原来的简化 $M^i = M^j = M$。

因此，对最终配置和现金流约束进行修改之后，我们得到，交易者 i 试图最大化他的收益 G_i：

$$G_i = \log\left(10 + b_1^i \frac{1}{p_1} - \mu_{21} \frac{b_2^i}{p_2} - k^i \mu_{31}\right) + \log\left(30 - q_2^i - \mu_{12}\left(b_1^i \frac{1}{p_1}\right) - k^i \mu_{32}\right)$$

满足

$$u^i - b^i + q_2^i p_2 - \left(\frac{k^i + 1}{2k^i} r\right) u^i \geqslant 0$$

$$\Rightarrow - b_1^i + q_2^i p_2 - \left(\frac{k^i + 1}{2k^i} r\right) u^i \geqslant 0$$

$$\Rightarrow b_1^i + \left(\frac{k^i + 1}{2k^i}\right) u^i \leqslant q_2^i p_2$$

类似地，交易者 j 试图最大化他的收益 G_j。在这个例子中，R 表示的银行准备金等于

$$R = r\left(\frac{k^i + 1}{2k^i}\right) u^i + r\left(\frac{k^j + 1}{2k^j}\right) u^j \tag{11.7}$$

令 $\mu_{31} = \mu_{32}$ 和 $\mu_{2A} = \mu_{12}$ 可利用对称性，并取 $n \to \infty$ 时的极限值，我们得到

$$q_1^i = q_2^i = \frac{10 - \frac{1}{2}\mu_{12}(10 - k\mu_{32})}{1 + \mu_{12}} \tag{11.8}$$

和

$$\mu^i = \mu^j = \frac{1}{r}\left[\frac{2\mu_{32}(\mu_{12} + 1)(2 + \mu_{12})}{\mu_{12}(10 - k\mu_{32}) - 20}\right] k^i \tag{11.9}$$

讨论简单例子中的解 我们先来讨论第二个变体(即具有交易成本且银行利率 $r=0$ 的非合作均衡)中得到的解。首先,如果我们令 $\mu_{12}=\mu_{32}=0$,当 $n\to\infty$时,我们就得到了竞争性均衡的解。其次,当 μ_{32} 增加时,q_2^i 也增加。但是,当 μ_{12} 增加时,q_2^i 下降。对 q_1^i、μ_{31} 和 μ_{22} 也有类似的结论。因此,我们得到了第一个命题。

命题 11.1 交易成本的出现影响了市场提供的数量。因此,如果交易成本是如此之高,使得交易是不可行的,那么它的出现就会影响价格。

知道了 $\mu_{ij}\geqslant 0$,交易成本不限制交易的条件是

$$20-10\mu_{12}+\mu_{12}\mu_{32}>0$$

最后,我们注意到,命题 11.1 与 Saving(1971)的如下基本假定是相反的:引入成本不影响价格。

我们现在分析第三个变体(即具有交易成本且银行利率 $r>0$ 的非合作均衡)。我们看到,如果我们令交易成本等于零,当 $n\to\infty$时,我们又得到了竞争性均衡解。而且,我们注意到在交易成本和市场上提供的数量之间存在着相同的关系。回到(11.9)式,我们得到如下结论:

- r 与 u 反方向变化
- r 与 k 同方向变化
- μ_{32} 与 k 反方向变化
- μ_{32} 与 u 同方向变化

如此,我们就可以陈述我们的第二个命题:

命题 11.2 如果交换经济中存在着交易成本和非负的利率,如果这些费用没有高到贸易不能发生,那么现金的交易

需求与利率成反比例，与货币交易产生的交易成本成正比例。

我们注意到，命题 11.2 与 Allais-Baumol-Tobin 对现金交易需求的分析(参阅 Baumol and Tobin, 1989)一致。[7]

最后，我们看到

$$\frac{\partial R}{\partial k^i} < 0$$

由于 r、u^i、k^i 在第三种变体中都是正的，所以 R 定义在(11.7)式中。因此，收入函数是一个严格递减函数。因此，我们有了第三个命题：

命题 11.3 银行的收入与交易者去银行的次数成反比例。

对银行收入最大化的评注 在描述基本模型时，我们计算银行的收入等于

$$R = \sum_{i=1}^{n} \left[\left(\frac{k^i + 1}{2k^i} \right) r u^i \right] \tag{11.10}$$

因此，银行的决策变量是利率。但是，由于 k 和 u 不能被当作常数，而且如命题 11.2 所述与 r 相关，所以我们不能关于 r 最大化 R。可能会出现如下的情形：银行设定的利率是如此之高，以至于交易完全不能进行，这是因为交易者不能从银行中得到任何借款。因此，对于最大化银行收入的情形，这个模型没有定义好。

现金的作用

最优化方面的初步考虑也会要求持有现金或者不生息的银行券必定有着抵消利息损失的价值，这就是从上一小节的

模型中所得到的基本结论。现金,尤其是零钱,是交易技术中的生产方式。不论在理论上,还是在实践上,它们虽然放弃了利息但会在以下方面带来好处:方便、减少记账和匿名性。在交易时间或者资源消耗上不存在损失的世界中,对现金的需求消失了,没有摩擦的交易模型中的无现金的社会出现了。

序贯的经济和货币

定量的差别常常会带来定性的差别。当在多阶段的经济中考察交易成本时,显然如此。组合概率(combinatoric possibilities)和对应制度增加得如此之快,以至于微观经济分析或者运筹学分析会面临如下风险:要么迷失在具体细节中,要么迷失在得到了没有启发性的存在性证明中。

具有交易成本的多阶段经济

如果明确地引入时间段,那么交易安排的可能性就会大大增加。因此,即使对有着 m 种商品和一种货币的两阶段交换经济而言,简单市场的数量也会变成

$$\underbrace{(2m+1)(2m+2)/2}_{\text{所有简单市场}}=\underbrace{m(m+1)/2}_{\text{第一期的现货市场}}+\underbrace{(m+1)^2}_{\text{期货}}+\underbrace{m(m+1)/2}_{\text{第二期的现货市场}}$$

尽管为了简便起见,将我们的论述局限于交换是合意的,但是如果交易跨越了两期或者两个以上的时期,那么必须考虑到物理折旧和存货。不必过于具体,在上一节提到的交易成本之外,再引入 $n(m+1)$ 个新的交易成本是合理的。这些

交易成本是个人 i 将商品 k 从 t 期保存到 $t+1$ 期的成本。[⑧] Kegnes(1936,第 6 章)注意到衡量现行经济中生产性机器折旧方面的概念性困难。建立可行的多期策略性市场博弈提出了一系列问题,如果我们想完整地定义一个可行的机制,那么这些问题是不能忽略的。在讨论具有凸的和非凸的交易成本的有限序列市场中的交易成本方面,我们仅限于评论 Kurz (1974a,1974b,1974c)与 Heller 和 Starr(1976)。

Kurz(1974a)考察了有着 $H(h=1,\cdots,H)$ 个跨 $T(T=1,\cdots,T)$ 期决策的交易者的交换经济。每期都有 N 种商品,并且直到最后一期都有现货市场和期货市场。人们不仅在现货市场和期货市场上交易,他们还会有物理上的交易成本,并可以储藏商品。在他们的交易中,不存在外生的不确定性。虽然 Kurz 的这篇论文的重点是证明如下经济中存在着修正的价格接受均衡(交易损失):这个经济中不存在货币,所有的交易者有其自己的交易技术 T^{kt} 来刻画可行的交易集,这篇论文还观察到,如果现货交易和期货交易的成本不同,那么就需要信贷,从而信贷或者法币会提高效率。

Heller 和 Starr(1976)的模型是建立在 Heller(1974)与 Kurz(1974a)以及 Hahn(1971a)的基础上的。这个模型考察了非凸的交易成本,如固定成本,并且通过证明需求对应(demand correspondence)具有所需的连续性特征存在着合理的充分条件,来证明均衡的存在性。Hellar 和 Starr(1976)既考虑了货币经济,也考察了非货币经济[Kurz(1974a)亦然]。货币经济需要考虑法币和债券。基本上,政府在开始的时候分发了 M 单位,并且要求,在隐性的无穷罚金之下,交易结束的时候应该归还货币。货币的储存没有成本,而且它的耐久性是完全的。

上面提到的论文证明，对具有凸的交易成本（或者具有诸如固定成本等非凸性）的多阶段经济而言，可以证明竞争性的价格体系中存在着均衡。对这些结果的进一步思考会得出如下结论：由于有达到给定经济结果的更经济的方式，所以很多市场将不会发生作用。交易成本和固定成本的存在消除了一般均衡体系中的大部分模糊和不确定性，并为在市场之间的选择提供了充足的理由。

第 3 章的模型提出的多阶段策略性市场博弈与这些论文有关。尤其是，这个模型和有限交易者的存在性证明得自早已提到的三个结果：有着有限数量的交易者和完备市场的策略性市场博弈存在着均衡（Amir et al.，1990）；Rogawsi 和 Shubik（1986）的交易模型以及 Shubik 和 Yao（1989，1990b）的多阶段交易模型。如果交易者的数量是有限的，那么交易成本和稀薄市场的寡头特征会互相影响。先验地说，如果没有明确的动态学，很多不同的市场状态会得到均衡。在有着期货市场和其他相机性支付的策略性市场博弈中，必须明确破产惩罚，但与 Heller 和 Starr（1976）中隐含的罚金不同的是，破产惩罚不必是无限的。在模型中必须明确地引入货币和撤回货币（withdrawal）。

论制度的演进

几乎所有的具有交易成本的封闭经济模型基本上都是相同的。首先，存在着证明了均衡的存在性并将其与 Arrow-Debreu 模型联系起来的漂亮结果（至少对数理经济学家来说如此）。除此之外，交易成本的存在也足以要求发明市场制度。通过建立可进行的博弈,这一点可以看得很清楚,但即使是试图直接拓展一般均衡的模型也要求有市场作为一种加总-分解(aggregating-disaggregating)的交易机制。一旦我们有了市场,节约交易技术的成本所需的信息处理特征要求我们通过信息的加总来内生地创造出不确定性和不对称信息。尽管交易成本(不论有没有内生的不确定性)提供了经济制度存在性的最起码的解释,逻辑的解释和可以检验的动态理论之间还存在着相当的距离。

包含特殊变量的特殊模型的数量是惊人的;的确,先验地说,存在着太多的可以建立的合理模型。我们知道,经济中存在着很多摩擦力。一块面包的价格的变化频率要小于通用汽车公司股票的变化频率。一些工资趋向于呈刚性;某些价格采取了象征性价值和社会价值(例如多年来 Staten 岛渡轮的收费)。其他的价格,如美元-日元的汇率,每秒钟都在发生变化。制度性事实和技术性事实决定了价格变动性或者刚性的具体细节。虽然这个过程背后的逻辑告诉我们,这些变化的速度是有界限的,但是这些界限的大小和它们对经济控制的意义所需要的实证研究水平超出了本书的范围。

新市场的出现是历史、政治、经济和技术诸因素综合作用的结果。只有"经济学帝国主义者"才需要对所有制度的生成和消亡提供基本上是经济方面的解释。为什么阿根廷的保险公司的组织方式类似于英国而非美国的保险公司,可能更多地是由于英国人过去组织过这些公司的历史事实,而不是由于抽象的英国制度形式和美国制度形式的相对边际价值的计算。

根据 Occam 的理论,仅仅交易成本的存在就足以解释很多制度形式。即使随便读一下历史也可看出,不存在普遍的惟一的动态学。由于我们的目的是加深对货币和金融机构的理解,而非构建关于制度演进的一般理论,因而我们采取的方法是从具有交易成本的有效交易的逻辑必然性中得出大部分金融机构最起码的特征。我们已经构建并考察了有着这些最起码制度的博弈,这些博弈偶尔还对制度的起源做了简要的历史概述和评论。但是,在我看来,描述这些制度是如何形成的动态学研究更应该归于历史学,而非一般的经济理论。

制度和抽象:分析和研究

在第 1 到第 9 章中,市场结构是公理性地外生给定的,而没有讨论选择一套市场却没有选择另外一套市场的原因。第 10 章和第 11 章则从演进的方面对市场结构的出现做了解释。这些符合均衡分析的高度形式化、简化的短期经济模型是研究强调了信息、推测和研究问题的经济动态学的必要前提。

建立完整的过程模型使我们可以从均衡过渡到动态。但是这里提出的数理制度方法只是必要的第一步。它提供了关于过程载体而非过程本身的洞见。经济思想的重点必须从均衡和演绎转到推测、学习和归纳。

注　释

① 这里“经纪人”被视为“经销商”的同义词,除非需要对它们进行区分。

② Dimitri Tsomocos 的一篇学生论文给出了这个例子中详细的计算。

③ 进一步,建模方面的一个隐性假定是,支付的银行利率是独立于存

款期限的。对于我们目前研究的问题来说，这个假定可能是合理的，但是我们应该注意到，储蓄存款利率和活期存款利率的一个根本区别是存款的期限不同。

④ 由于交易成本为正，k^i 有一个自然的上界。另一方面，$\rho>0$ 和 $\bar{p}_j$ 不变意味着 u^i 必定有一个上界。

⑤ 使用负号是出于计算上的原因。

⑥ 在这个例子中，银行在第一阶段购买两种不同商品赚取的利息分成两部分(百分比)——这个机制与我们前面论述的不同。在这种情形下，价格的有界性不再成立。另一方面，由于 k 的取值为整数，所以最优化问题不再有类型对称的解。

⑦ 这个善意的注释是为了提醒我们注意语言上的障碍，与理性预期几乎是不一致的。

⑧ 或者更一般地说，是将 i 在 t 时期持有的任何商品束变成 $t+1$ 期相同商品束的 n 个转换。

12 货币、制度和政治经济学

有权之士是财神，黄金面前我俯首；
金银财宝我心爱，珍珠玛瑙最钟情。
——Francisco de Quevedo[①]

货币和金融机构的理论

数理制度经济学

货币和金融制度的发展一直受下面这个重要原理——在大众匿名交易中最小化对信任(从而对信息)的需求——的引导。几个世纪以来，如同有着不同机能的多细胞动物的生物演进，经济的金融结构也已经演进到一个提供信息处理和数据评估作为传感输入(sensory input)的神经网络。

物理上的现实已经排除了如下可能性：在有效供给和合理的流通中运用特殊商品货币作为一维的价值衡量手段和储藏手段，来达成无需信任的直接价值交换价值的有效交易。黄金的使用至多不过是这种理想的商品货币的一个近似。

权威的发展、政府的固定化、稳定的法律和习惯的形成，以及衡量、记账、计算的能力已经为具有足够声誉、能发行可以接受的票据的公共机构和私人机构的演进提供了背景。这种票据可采取多种形式，如政府货币、银行债券、不同形式的信用卡或者纯粹的计算机信息，它们充当了个人信任的替代品。

大众交易对信任象征物的需求给政府提供了控制经济的自然机制。货币的使用提高了政府的有效税收，而且可以运用金融机构的发展来扩大政府指令的范围。

人口的增长以及市场、交易和通讯的发展都为制造商、批发商、零售商和信贷评估人之间的进一步分工提供了可能。对陌生人或者匿名的人所需的信任被替换成只对少数有着高度能见度和长期声誉的信息处理、信贷评估和收款机构的信任。这种体系具有高度的内在动态变化，并且对政治冲击和社会冲击非常敏感[参见 Minsky(1986)具有洞察力的分析]。

一个统一的可接受的货币理论要求融合经济理论、制度研究和历史考察，大多数经济理论家和历史学家不适应这种融合。这一理论还要求，在研究提供了全面的过程描述但是对经济进行了过分简化的模型时，要"搁置旧念"。在搁置旧念的同时，也不要对宏观经济学家日常工作中遇到的热点政策问题试图作出不够成熟的回答。

在将微观经济理论和宏观控制理论进行最终整合的过程中，我们会发现，给定信任水平、知识和能力，在政府部门的规模和它控制经济的能力之间存在着权衡取舍。政府部门与电路中的电容没有什么两样：如果它太大，它就会降低电路中巨大波动的影响。

在先前的著作(Shubik,1959b)中,我曾提出,构建经济动态学需要数理制度经济学。当时,我还没有完全理解博弈论建模及分析对政治经济学的重要贡献。政策和经济都是人类社会创造出来的,而博弈规则是来引导社会过程的,但是在经济中,这些规则表现在作为过程载体的法律和制度中。构建在博弈论上定义好的可进行的博弈是创造作为逻辑必然性的制度的关键所在。

简单和复杂:静态学和动态学

虽然考察简单的博弈就可以得到有着金融工具和机构的可处理的均衡理论,但是均衡理论未必是动态理论。这种简化的模型对在多重均衡中进行选择都没有提供指导。可以应用的一般动态理论比我们今天要求更多的背景、结构,还要求理解预期形成的行为机制。

过程中的关键因素

时刻记住简化和最起码制度的概念,我们下面简要地回顾一下经济机制的发明和创造。我们首先做一个心理学方面不太令人满意的假定:个人偏好是完全排序的(completely-ordered),并且几率的考虑(或者相对差别的考量)决定了效用函数的可能性(Shapley,1975a)。[②]这些假定是可以接受的,在解决涉及选择和偏好的心理学基础和大众经济行为的社会心理学和社会学特征的更困难的、心理学上更复杂的问题前,来研究展开这个过程的机制的结构时,这些假定在经济学分析方面有很多好处。

在集中分析经济交换之前,我们问过(第1卷第5章),资源在社会中换手的方式有多少种？合理的完整分类学告诉我们，只有少数不同的方式。然后我们转而考察经济交换，并计算面对面的物物交换的组合学，来证明以这种交易来作为大众社会中交易的解是不合理的。我们曾引入了市场和市场结构的概念，并曾指出，货币的策略性特征是与所有的市场都有关系。我们还继而通过图形来表示了市场结构，并且讨论了将策略性市场博弈的概念公理化的方法。

在第 1 卷第 6 章中，我们构建了一期交换的具体模型，在这个模型中，存在单一的商品货币，在货币和每种商品之间都存在着一个市场。在考察具体模型（全部出售模型）的正式数学结构之前，我们研究了一些涉及价格和数量的单一同时行动的基本价格形成模型，这些模型中最简单的是 Cournot 和 Edgeworth-Bertrand 竞争模型的变体。

在第 1 卷的第 6 章和第 7 章中，我们研究了 Cournot 模型的几个变体，指出了几个基本特点。首先，当有限数量变大时，就可以在寡头理论和竞争理论之间建立清晰的联系。其次，对 Cournot 类博弈中的有限数目来说，非合作均衡不是有效的；尽管在适当定义的条件下，当数目变大时，非合作均衡会接近相关交换经济中的 CE。再次，交易者数量较少时，很容易界定稀薄市场的概念，会发现与虚售有关的均衡点是一个连续统，其中所有人过度交易的行动会使得市场变得稠密起来。

在对（纯策略非合作）均衡存在性的正式证明中，我们提到了一个关键假设，即，至少存在两个愿意得到任何商品的人，并且至少存在两个愿意提供任何商品的人。任何市场上对于两个人的明确的竞争性需要在 Arrow-Debreu 竞争性均衡的存在性证明中不是必需的。

我们发现,有着$(m+1)$种商品和m个市场的单一同时行动博弈模型要求货币的交易需求或一个信贷清算所。价格是由不同市场上人们的行动形成的,从逻辑上来说,价格必须在支付前就已形成。除非存在某个信贷机构或者中央清算所来提供短期信贷,否则从销售中得到的现金不能马上用于购买。对最优化行为必须施加现金支付约束。我们发现,在某些情形下,这个约束是紧的;即使有很多交易者,它也可以限制交易并使得有效的交易不能发生。我们还明确了有效交易所需的充足货币的概念。

我们还看到,单一行动博弈中,商品货币是如何用作策略性去耦(decoupling)手段并作为在途货币或者交易需求;但是,更重要的是,由于所有的交易必须满足价值与价值的对等交换,它作为一种去耦手段是如何允许无需信任的交易的。尤其是,我们观察到,货币要满足需求的双边吻合这个条件。

在第1卷第7章中,我们考察了有着价格-数量和购买-出售策略的双向拍卖(double-auction)市场。通过构建正式的模型,我们总结道,在这种有着高度非连续收益的市场上,两种类型的交易者进行竞争就可以达到效率,这与Cournot模型形成鲜明对比,在Cournot模型中,收敛到均衡的过程是平滑的。我们在这里解决了一些关键问题。结果对存在一种以上的货币敏感吗?如果我们考察完全成对的市场,会出现什么结果?我们发现,有着完全成对市场的经济仍然可能是一个匿名的大众经济,存在很多市场这个事实本身并不意味着需要面对面的讨价还价或谈判,并且有着完全成对市场的经济不是关于物物交换或原始交易的合理模型,在这种物物交换或原始交易中，个人和群体是重要的。m 种商品间有着完全成对市场下的票据的特点是，每一种商品都可以被当作货币——它们在策略上是对称的。

我们考察了 Shapley 和 Shubik 的两个相关的但有重要区别的策略性市场博弈模型的均衡的存在性证明，指出 Shapley 模型隐性地让所有人相信中央清算体系，该体系经过价格计算后可以让所有交易者运用他们的全部收入。因此，所有市场上所有交易者的需求双边吻合的这个条件并不需要；各个价格是一致的，而且对连续统的交易者来说，NE 和 CE 是重合的。相反，即使 Shubik 交易中心（trading post）模型中的所有商品都是货币，也会出现需求双边不吻合的情形。商品的流通可能是在交换率之间没有一致性的方式下进行的，而且 NE 与 CE 并不等同。尤其是，不仅仅存在有效的分散交易所需的足够货币与货币是适当流通的之间是有区别的。如果存在所有的市场，那么总会有充足的货币，但是在交易中心模型中，它的流通可能是糟糕的。

交易和信任：黄金和票据

信任、交易和信贷

在第 1 卷第 5—10 章中，大众市场出现了，其中价格形成是一种简单的交易机制。选择单一商品作为支付手段提供了交易$(m+1)$种商品时在 m 个而非 $m(m+1)/2$ 个市场上做生意的快捷、匿名方式。但是在运用匿名市场的组织和时间方面得到的节约所付出的代价是伴随着熟人间的交易的非正式信任。现金是信任的一种替代物。但是,要想得到有效的交易,货币不仅必须有价值,它还必须得到很好的流通且供应充足。从经验上来看,似乎还不存在具有货币的一切理想特征的物质商品,尽管在历史的进程中,已经用到了白银、黄金和其他金属。如果运用大众市场的社会收益是值得的,并且取决于一种货币的使用,那么对社会的挑战就是,设计黄金、白银或其他货币商品的替代品,或者想办法克服这种货币的局限性。

这里有一个教训和三种"办法"。教训是,完全的商品货币消除了交易中对信任的需求。交易中,价值与价值是直接交换的。这样的理想商品看来供应不足。社会可能需要通过三种主要方法来克服理想商品的缺乏:(1)创造内部信贷;(2)创造外部货币和信贷;(3)改变交易技术和货币使用的速度。在匿名性很强的经济中,信贷市场将对更多个人知识,档案资料,有关人品、抵押物与能力的信息的需求集中到少数机构中。信贷的主要轨迹是政府、银行和其他金融机构。

内部信贷:第一种办法

在第1卷第9章和第10章中,我们仅仅分析了一期的经济,在这种经济中,对货币或者交易手段的需要只能用满足短期交易的需求来解释。有了中央清算所,本来可以不需要使用货币,但是如果在交易中需要马上付现金,那么就要求有黄金、信贷、法币、银行券或其他支付手段。一旦我们放弃完全用商品货币来支付,在策略博弈的设计中新问题就出现了。如果人们接受彼此的承诺,那么这个博弈可能会达到一点,在这点上会有某些失诺行为。因此,处理违约的规则必须是可进行博弈的应有之义。对这项要求的考察会使得如下因素成为定义过程的逻辑必然性:违约规则、破产法、重组条件、扣押、债权人清算和偿付的优先级。

在第 1 卷第 9 章中,我们看到在没有外生不确定性的一期经济中[③],足够严厉的惩罚足以让聪明的经济主体有效地避免策略性破产。我们可以构建如下博弈:所有的交易者都有信贷额度,而且他们可以在各自的上限下开支票。在 CE 和 NE 中,资源的配置与相对价格是重合的,这样就可以得到最优交易,尽管 NE 中价格水平的下界取决于破产惩罚的严厉程度,而上界取决于信贷额度的大小。

在正式的一期博弈中,我们掩盖了某些方面的特征。让所有的人都可以开具他们的信用票据(credit notes)在管理上的难度是相当大的。让一个中央银行对每个交易者进行透支,并对违约行为施加适当的惩罚在管理上则要容易得多。这项惩罚能够防止不诚实的人破坏这个体系,但是它不能阻止愚蠢的人影响市场,从而有可能对其他人和他们自己带来损害。而且,第 9 章和第 10 章中提到的惩罚是外生的,或者是外在于经济的。让罚金取决于商品的没收充公或者出售可能更好,但有时候这样做是困难的。考虑到以上几点,有关信贷使用的简单模型说明了,违约规则的防止违约效果必须提供使用内部货币或者信贷而非商品货币所需的力量和习惯。

在第 1 卷第 10 章中,我们还提到,在商品货币和纯粹的个人信贷或者未保险(unbacked)的内部银行之间存在着一个过渡组织形式,即以商品(如黄金)作比例准备金的银行。但是，当我们试图构建部分准备金的共同银行时，需要考虑一些新的问题。必须把货币体系当作社会创造出来的东西，而且几乎是公共产品。Ricardo 预见到经济体系的逻辑必然性与允许私人群体或者政府控制货币供应的政治和权威方面的区别。

在试图提高交易中使用商品货币的一期体系中的效率方面，如果考虑贷款，我们就会遇到货币利率两方面的特征。如果破产惩罚非常低，对有些借款人而言违约就是合算的。但是放贷人能够算计到这一点，并在放贷前就考虑到了。因此，事前的利率将高于事后利率，两者之差是策略性风险溢价。当社会中没有足够的商品货币用来进行有效的交易时，如果个人可以借出黄金并且违约罚金足够高，那么将存在均衡，在这个均衡中，没有违约，利率为正，这里的利率是必须用商品货币支付这个额外的数量约束的影子价格。如果有足够的商品货币，那么不论它是如何流通的，利率将为零。④

外部货币或者法币

如果有足够的商品货币，那么在逻辑上就没有必要创造出法币来为只讨论交易的一期策略性市场博弈提供融资或者通货；虽然在第 1 卷第 11 章中我们看到，这样做是足够充分的。而且，引入确定数量的纸币会给出价格水平的上界（忽略掉流通速度）。当考察私人信贷或者内部信贷时，没有施加上界。我们观察到，只要人们能从政府借出法币，如果发行的货币的数量和违约惩罚之间的关系是适当的，那么就可以得到有效的交易。

简言之，违约惩罚对价格施加了下界，并且发行的货币的数量对价格施加了上界。当这两个界限不一致时，就会发生违约或者破产；当它们一致时，就可以决定惟一的价格水平；其他情形下，在一个区间内的均衡价格都是可行的。

在第 1 卷第 11 章中，我们考察了基于扣押商品施加违约惩罚的可能性。这类惩罚的成功在很大程度上取决于个人拥有的财产的物理特征和管理过程的效率。至关重要的是财产是如何划分为耐用品和易损品的，法律是如何有效地发现并要求归还财产的。

在第 1 卷第 12 章中，当我们考察有着不完备市场的破产时，就会出现几个新现象。尤其是，如果市场是完备的，那么就很容易界定有效的破产法——它是用来阻止债务人策略性违约的规则。而且，在完备市场下，容易界定最优交易的概念；在适当的条件下，CE 和 NE 是重合的。在不完备市场下，即使有信贷市场，交易也不会是帕累托最优的，除非信贷机构能够使得市场完备化。有些破产规则可能太严厉，有些则可能太轻。直观地看，当收入不确定时，太严厉的惩罚会阻止借款，太轻的惩罚会阻止放贷。惩罚的严厉程度在风险方面控制了个人的策略性行动。因此，简言之，破产惩罚是一种公共产品，它的设计应该反映社会整体的风险偏好。较高的破产惩罚表明，社会作为一个整体不鼓励冒险行为。在第 8 章中，我们考察了不完备市场下的最优违约惩罚的本质。

无信任的交易意味着价值与价值的交换。但是这个定义如何与期货合约或者保险合约的交易相匹配呢？后两者是票据承诺，不是价值对价值的交易。与轮盘赌的赌注不同，它们甚至不是价值与直接预期价值的交换。关于轮盘赌桌上体现的信任的数量的正确类比是，它只不过是清算所中的信任。

赌徒们拿出他们的货币，并且想看到赌场主管在轮盘转过后能够有足够的货币偿付他们。但是对于保单而言，经过很多年才要求偿付。在极端缺乏信任的情况下，人们可能会要求双方的全额支付由第三者保存，直到最后的偿付。实际上，第三者保存的支付、定金或者准备金率都是需要的。

在第1卷第12章结束的时候，我们提到了美国破产的幅度并回顾了破产法的演进。对违约者的惩罚不仅仅是经济方面的，也不仅仅是非经济方面，而是两方面的因素都有。在不完备市场下的企业经济中的“正常”状态或者均衡状态是，将会发生某种水平的破产。

对标准等价物的选择

在第1卷第13章中，我们还研究了货币的其他方面的特征。首先，我们指出，选择哪种商品作为标准等价物不是一个看上去无关紧要的假定。它暗含着如下假定：均衡必须满足“无套利”条件。因此，Shapley 窗口模型隐含着一个向所有交易者提供短期信贷的中央清算所，这使得他们可以利用每一个套利机会。但是，在 Shubik 交易中心模型（第1卷第7章第3节）中，我们看到，没有提供短期信贷，因此有可能存在违反了一致价格条件的均衡。

交易额和现金流最小化

在第1卷第13章中，我们还讨论了总财富和交易额之间的关系。我们指出，当均衡的数量大于1时，我们可以按照以下标准来选择均衡：最小化达到均衡的资源配置所需要的现金流。[5]在第14章中，我们考察了一些粗略的经济统计来直觉地理解各种财富和贸易指数与经济中货币数量的关系。

货币流通速度

如果货币是一种商品且交易需要花费时间，只要我们将其作为交易中的货币使用，我们就失去了这种商品除了交易以外的其他用途(这一点对于处于流通中的其他商品也是成立的)。对此可以正式建模，我们可以假定交易需要特定数量的时间(例如一期或一期的部分时间)，并且没有人在这段时间内得到货币的耐用消费品服务。我们得到一个均衡，在均衡中，一定数量的黄金永远处于流通中，实质上是充当所有交易的担保和流通资本。

这一模型是基于固定的外生交易期间。但是大家都知道个人至少对支付和清算的速度有部分控制。对此可以通过把单一期间划分为多场交易并且给交易者选择他们在单一期间内愿意交易的次数的机会来正式建模。他们在商品货币有完全流动性的每个期间内都失去了他们的商品货币的消费价值(或者是他们的法币的利率价值)。如我们在第 1 卷第 15 章中所发现的，存在最优的货币流通速度，它取决于货币作为支付手段的替代用途的价值。这样一来，足够货币的概念必须被修正，这是因为流通速度的增加补偿了供给短缺，但是这也是有成本的。

金融工具的增长

我们注意到金融工具的增长在极大程度上是较近期的现象，大部分主要发生于过去 300 年。第 1 卷第 14 章提供了对金融工具增长的简单历史回顾以及一些“估测”。

多期交换和利率

商品的物质属性和策略性质

当我们研究多期交换时，商品的物质属性给贷款市场和有担保交易的性质提供了许多策略结构。在对易损品、可储藏消费品和耐用品采取的行动方面存在明显的策略差异。物质属性，例如物品变质的程度、它是否可以被移动、它是否可以被毁灭以及它是否易于隐藏都决定了物品是否能作为有担保贷款的抵押品。

商品的物质属性对于选择商品货币显然很重要。理想的商品货币将是不贬值的无限期耐用品，它能产生具有恒定边际价值的恒定的服务流。简言之，它是在每期产生“效用”的价值的完美储藏。在这个不完美的世界里，黄金是人们能够发现的最接近这一理想的商品。

在第1章，我们指出了使用耐用品和使用可储藏消费品作为商品货币的差别。两者都曾被使用过，黄金、白银、盐块、茶砖和可可豆的历史就说明了这一点。我们注意到只有当存在一个针对其服务的贷款市场以及一个资产本身的市场时，耐用品才能被有效地用作商品货币。我们还注意到一种有效的可储藏消费品货币存在的条件尽管逻辑上是可能的但是从实证的角度来看是不可能的。这些观察结论意味着在合适的控制条件下，纸币或符号货币可能比商品货币更有效率。但是由于法币通货的控制不仅仅是经济学的问题，而且是政治经济学的问题,我们还必须描述政府的控制方面。

租借和贷款

如我们在第 1 章第 5 节和第 2 章所指出的,研究商品货币和其他耐用品资产的物质属性及它们在跨期融资中的使用而得到的一个有些惊人的结论为:租借市场和贷款都具有经济上有用的功能,即使是在高度抽象的水平上。

所有权票据市场

尽管在多期交易中,所有耐用品或可储藏品都是价值储藏,但在现代经济中,许多耐用品都是不可移动的或不易分割的(例如土地、厂房以及作为整体的公司)。只要有足够的法律来强制合同的执行,实体资产就可以由所有权票据代表并且所有权票据的交易可以作为一种比交易资产本身更便利的扩展无信任交易的方式。因而,如我们在第 2 章第 2 节所看到的,股票市场和抵押贷款市场出现于无外生不确定性的经济中是因为它们扩展了抵押品系统。

货币利率:初步讨论

虽然在一期交换经济中没有资本增长,也没有人口增长或时间贴现,实际上基本找不到利率出现的传统原因,但是我们在第 1 卷第 10 章到第 15 章的分析揭示出若干其他现象导致了非负货币利率。

由于在没有外生不确定性的一期交换经济中仅有货币的交易需求,如果清算中心不能提供足够的信贷,那么就可能需要现金支付,个人之间也可能相互借贷黄金。正利率代表了货币不足的影子价格(参见第 1 卷第 10 章第 1 节),它也可以充当为预防策略性违约而收取的额外费用(参见第 1 卷第 11 章第 2 节)。如果交易花费较长时间,正利率可能产生于商品货币替代用途的损失(参见第 1 卷第 15 章)。

当存在外生不确定性且给定供贷款用的外部货币数目时,正利率由竞标出价内生地决定(参见第 1 卷第 12 章)。正利率不仅充当风险报酬,而且反映了社会在选择影响利率的违约惩罚时对风险的态度。

多期经济中的商品货币利率

在第 1 章我们发现,在有商品货币而没有信贷的多阶段经济中,耐用品和可储藏消费品的出现极大地扩展了无信任交易的领域,这是由于个人使用资产作为抵押品,来回交易资产。将我们的交易模型扩展至多期将使我们能够更清楚地看出信任和交易的关系。如果个人愿意信任清算所这样的短期机制,那么每期交易都可以取净值。如果每个人的净值都不为零,那么每期都会有一些人不得不借助支付手段来完成跨期交易。但是跨期交易要求的信任程度要远大于清算机制,尽管通过交易作为价值储藏的资产而不求助于信贷可以将所需信任程度降到最低。

如果没有足够的货币或货币的分配很差,即使资产交易很活跃,信贷也必须被引入。在第 3 章中,我们沿用了第 1 卷第 10 章所使用的方法,将多期经济中引入的信贷扩展至如下的经济中:商品货币仍被用于交易,但是也可以通过与欠条相交换的形式贷出去。给定违约条件足以阻止策略性破产,一期跨期利率包括了两个成分。这两个成分分别为:反映了商品货币被放弃的用途的费用(作为一个特例,包括了“自然的”时间贴现)和当货币供应不足时由货币量约束产生的报酬。

在重点讨论作为支付手段的法币之前,我们考虑(在第 3 章第 2 节)所有交易者都充当银行家,能够发行自己的纸币作为支付手段的可能性。虽然有可能构建这种类型的可进行博弈,但是为了验证所有其他人发行的纸币的安全性,每个人都需要的信息、管理和数据处理,这使我们意识到人们对商品货币或政府发行的通货的信任力度。

固定的法币供给和储藏

在第 4 章我们考察的六个基本模型中,前两个模型都不包括借款。货币要么是纯债务,要么是纯资产。在模型 1 中,货币在交易结束时必须返还;在模型 2 中,人们拥有货币,在交易中使用它,并且不再收回。因而只要定义了计量单位,就很容易定义货币数量。它既不会被创造出来,也不会被销毁,尽管价格可以通过储藏来调节。在模型 3 和模型 4 中,通过引入愿意贷款或接受存款的外部银行,我们创造出了另一个经济解,它(当没有总体不确定性时)可被视为通过储藏进行价格调节的对偶问题——通过向一个外部银行或“中央”银行借款和存款进行的价格调节,该银行的目标不是赚取利润,而是管理货币供给。从数学角度来看,没有贷款的模型和有外部贷款的模型之间的区分值得注意。如果没有贷款,货币供给是固定的且任何价格调节都必须通过储藏。许多现金流约束都变成了不等式。模型 1(其中货币是债务)和模型 2(其中货币是资产)的基本差别为:在模型 1 中,最后一个现金流约束为不等式(预期有储藏),而当法币是资产时,最后一个现金流约束为等式。这一特点通常消除了货币是资产的模型中的价格不确定性。

外部利率和变动的货币供给

在第 8 章，我们看到，一旦允许借贷，一个新的金融工具就被创造出来，并且我们需要对未能偿还到期债务的处理条件作出详尽的说明。对于违约的借款人可以施加各种各样的条件。一些条件不属于纯粹的经济分析，例如入狱；其他条件则可能包括扣押收入和剥夺资产。即使有外生不确定性，也会存在一个有着异乎寻常的特征的最优破产规则。如果信贷额度受到限制并且个人有义务按能力还款，无力偿还的部分债务则被免除，那么在定态时，中央银行在每期开始时持有系统中的所有货币，然后将这些货币全部贷出，所收取的正利率正好足以补偿坏账损失。这种贷款和违约规则等同于完全保险。在实践中，它要求中央银行能够准确地判断每个经济行为人的预期收入并且能够无成本地验证并收缴所有有偿债能力的人的债务。如果不存在外生不确定性，那么就会出现一个自然的破产规则，其惩罚的严厉程度足以防止策略性违约。

在第 4 章我们已经注意到，模型 3 和模型 4 与模型 1 和模型 2 在数学方面的差异表现为：在模型 3 和模型 4 中，所有的约束条件都是等式，也就是说，货币供给是完全变动的并且满足现金流约束。固定利率和固定货币供给的作用在没有外生不确定性的交换经济中是对偶问题。它们都能得出相同的最优解，只是价格水平不同，并且一个是固定利率与变动的货币供给之间的权衡，另一个是固定货币供给和储藏（有一个隐含的影子利率）之间的权衡。

外部银行的出现使得一定初始数量的法币的价值在任何有限期界过程中都得到保证。个人欠银行的钱本来是可以保留下来的。当考虑无限期界时，时间、外部银行的活动以及作为资产的法币的初始发行在定态时都会消失，尽管它们都是需要的。

中央银行或内部货币

第 5 章第 3 节的模型讨论了剩下的两种有固定货币供给和竞争性内部货币市场的情形。这样就得到了前两种情形(一个利率有时为零且出现储藏，另一个利率为正但是反映了货币的数量约束)的混合。

在这一抽象水平上，引入准备金率银行系统并没有带来什么新现象，只是提高了相对于货币市场的价格水平。

预期、资产和政府

残值和预期

耐用品的出现在现实方面和未向时间开放的多阶段模型的意义方面提出了一些基本问题。尽管形式上正确，也易于数学处理，在一个经济中所有剩余资本存量的价值为零这种想法并不吸引人。在第 6 章，我们通过引入一个 $T+1$ 期间的残值向量使 T 期间模型向未来开放。如果经济中使用法币交易 m 种商品，那么至少存在$(m+1)$个自由度。残值反映了对未来价值的经济预期。从数学角度来看，它提供了一种通过使用有界有限期界近似来逼近无限期界的方法。

预期的形成

在第 6 章，我们将预期视为外生变量并把最终价格视为参数。但是在更接近现实的经济模型中，最终价格取决于预期，而预期的自变量由所有参与者的策略给出。另一种建模方法为所有的参与者都有外生预期函数，这些函数可以导出内生的预期。但是关键的实证问题在于，预期函数应当具有什么形式？

在现实中，宏观经济预测是技术、经济、政治和社会心理预测的综合。我们可以比较准确地推测出美国下一年会有多少房屋，这是因为存在一个很大的房屋存量，只有很小一部分自由流量。对于总人口及其年龄结构的估计也是如此。虽然估计将进入市场的新产品要难几个数量级，并且估计政治和社会发展对经济的影响也是如此困难，但是按照经济理论的观点，这些讯息都是清晰的。预期具有影响力。取决于许多实际限制，形成预期的逻辑一致的方法和结果的范围都是很大的。

预期、不确定性和资产

在考虑无信任的交易时，我们注意到了资产的两个重要特征。第一，估计未来有形资产的可获得性使长期计算更容易了；第二，评估长期资产的现值使长期计算更难了。

如果存量与流量之比很高且存量是长期存在的，那么我们预计在几年内存量可获得性的能力相对较强。我们可以比较准确地估计出在未来的两三年内（给定没有战争的情况）在美国将出现的主要水电站的数目。

遗憾的是,在一个存在外生不确定性且没有完美预见的世界里,由于资产的未来状况取决于受随机冲击影响的长期生产或增长过程,资产的现值估计变得越来越困难。因而有担保贷款取决于评估的技术。银行和其他金融机构的资产负债表表明,完全有能力进行两种金融工具的比较计算的银行家不一定表现出有实际资产担保的贷款所需要的技能。

"托宾的 Q"是用来度量股票市场资产价格与要素市场资产重置价格之间差异的一种方法(参阅 Brainard, Shapiro and Shoven, 1990),它清晰地表现了存在外生不确定性的社会中的不均衡。这基于 Keynes 早期的观察研究。

在第 6 章我们设计可进行博弈时,我们注意到计算所有的决定终止条件的变量是可能的。因此我们至少可以清楚地说明如下任务的性质:从外生给定的终止条件得出内生形成的预期。

不确定性和无限期界

在讨论交叠世代之前,我们先考虑无限期界经济模型。使模型具有时间开放性又带来了与如下关系有关的基本问题:有定义好的起点和终点的经济模型与没有定义好的起点和终点的经济模型之间的关系。

作为比较的第一步,我们先考察表现出某种形式的定态的经济。我们发现模型可以是"自我复制"的,这是因为在任何时点上,留给下一期的资本存量都与开始时假定存在的资本存量相同或是其倍数。这样我们就可以通过假定能给出获得无限期界定态的充分条件的期望,来去除所有的由无限期界留下的额外自由度,相关的有限期界模型也能很好地表现这一点。

这一类型的处理不是求解由预期形成提出的问题,而是回避这些问题。但它还是对预期的形成提出了一个似乎合理的假定,即(其他条件不变)如果所有的变量都保持不变或在过去表现出了固定的增长,那么它们在未来也是如此。遗憾的是,这并没有告诉我们与系统动态性有关的内容,也没有指明不均衡的运动问题。

对经济动态学的理解既要求对过程载体的实际充分描述(本书的主题),也要求在制定运动法则时对人的行为有一定理解。在第 7 章,为了表明我所坚信的对经济过程的更深理解必须遵从的方向,我们简单讨论了有各种不同预期的大众主体行为。

无限期界和不完备市场

在第 8 章,我们构建了一个交换经济模型,该经济中的主体是具有无限生命的,并且他们的收入包含了随机性。模型的数学结构为一组有着经济主体连续统的独立平行动态规划。经济主体是类型对称的但不是代表性总体;与预期更新机制一样,货币的数量、货币进出系统都是很明确的。与未偿付债务有关的破产、重组和清算规则在需要时也被加以了明确说明。

金融理论的根本在于理解如何处理不确定性。经济的控制机制集中于信贷约束,信贷约束影响个人应付现金流约束的能力。当外生不确定性出现于不完备市场背景中时,多数动态性问题都是路径依赖的。特别地,由于宏观经济不确定性,稳定均衡是不存在的。

股票市场和股份

如我们在第 8 章中所看到的,如果每期可得商品超过一种且每种商品的总量是随机的,我们就可以合理地考虑每个人拥有许多不同生产资源的股份,并且这些股份是可以交易的。尽管第 8 章只是浅议了与股份交易有关的模型,但是这些模型还是为金融理论中的资本资产定价模型(CAPMs)提供了自然的一般化,只是多了几个基本特征:模型是封闭的,法币的职能和数量是明确的。Arrow 认为,张成所有附随机条件的金融工具所需的股票数目要求引入卖空来实现有 m 种股票的 m 维空间的完全张成。如果我们要构建存在卖空的可进行策略性市场博弈,我们就遇到了与存在贷款市场时相同的问题。博弈必须有规则规定当个人不能履行卖空协议时将如何处理。违约规则必须加以规定。

在第 8 章,我们只是浅谈了当前理论没有回答的几个基本问题。例如,为什么人们交易股票?如果所有人在均衡时都持有最优组合,那么就不需要进一步的交易,只要有 OLG 生命周期的交易即可。我们只需随意地观察一下就可以知道,由于创新和各种不同预期以及经济、政治和社会的风险评估造成的不均衡使系统处于运动之中。即使说系统"趋向于均衡"也是值得怀疑的。在金融界人们都知道,一个优秀的推销员同时又是一个优秀的经理,会首先卖出炙手可热的股票(sizzle),然后用得来的资金购买成长股(steak),这就完全改变了正常的因果链条。

序贯世代和交叠世代

我们首先介绍有残值的有限博弈，然后介绍有无限生命参与者的无限期界模型，这为讨论序贯世代和交叠世代提供了一个基础，它还说明了即使是构建最简单的考虑耐用品或生产的过程模型都需要考虑一些额外的因素。我们指出过在构建包括 OLG 的博弈时要考虑六个方面的因素：政府的借款(发行公债)和贷款(接受个人欠条或以前就存在的法币)；政府创造法币；商品货币的使用；违约法律的规定；遗产继承法的规定；作为终止边界条件的预期的隐含提供。在一个不留下任何商品的有限静态世界里，政府贷款、法币、遗产继承法和外生预期都是不需要的。

我们看到交叠世代模型不仅带来了几个新的逻辑问题，它们还带来了许多与经济行为和生物学方面的生存和资源转移之间的关系有关的实际社会、政治和经济问题。为了定义好 OLG 模型，我们必须考虑几个基本问题：照料、继承、年轻人和老年人的养育以及生育动机。

自然人和法人(包括公民和一些机构)的区别表明作为策略性哑变量的机构可以被当作代际联系人。第 9 章指出了这些特点。

关于国际贸易

在本卷中，我们回避了国际贸易问题，这并不是因为我们认为它不重要，而是因为国际贸易提出了一系列新问题，这些问题只有在完成对单一国家的货币机制分析之后才能较好地解决。法币和国债是国家政府的策略性创造。在考虑有两种以上的法币和债务合约的世界时,再多的友好示意也不能使我们回避国际法和国内法中的基本问题。使用这里总结的方法,我们可以直接扩展交易,使其包括几个使用商品货币而没有信贷的国家间的交易。但是即使在这样的经济中,也会出现所有与寡头垄断和竞争有关的难以处理的问题。

土地和劳动

土地和劳动是特殊商品,应得到特殊的处理。土地可以被近似认为是可以无限使用的耐用资产,它既不能被生产出来,也不会被摧毁。劳动是个人所拥有的资产,(在一个没有奴隶制的社会中)只存在劳动服务市场,而不存在劳动资本市场。如果(如第 4 章第 1 节所指出的)对于所有资产都存在市场并且所有人都可以准确评估所有资产,那么就不需要贷款市场,这是因为资产完全可以出售。

在第 9 章第 4 节,我们考察了一个完全的 OLG 模型,该模型包括增长的人口和大量的土地供给。我们使用该模型说明了在规模报酬不变的技术条件下实际利率和货币利率与人口增长(不作为经济变量)之间的广为人知的关系。如果我们要考虑宏观经济增长模式,那么就必须同时考虑人口统计学、经济学和政治经济学。实际上,遗产继承规则的影响(如第 9 章第 3 节所示)提供了另一个生物学、社会学和经济学因素混合在一起的例子。

再谈货币利率

交叠世代的引入(第 9 章第 1 节)使得利率的产生不再是

由于自然时间贴现。对于固定的人口，我们明确得到了一个生命周期驻波。

伴随资本存量融资的正的货币利率在增长模型中是作为与实际增长率的大小有关的控制变量出现的（第9章第4节和第6章）。如我们在第8章第5节所见，在无增长经济中，破产规则宽免了非策略性破产，这时出现了事后的零利率和事前的正利率，两个利率之差可用来弥补贷款人的违约损失。

制度、货币和金融中介

帕累托最优和制度效率

交易成本是社会现实。买卖需要过程，而过程又需要使用资源。一旦我们认识到交易过程不是守恒的，我们就会知道经济效率取决于初始条件。交易越多，完成交易所使用的资源也就越多。在有明确交易机制的情况下对经济效率的研究实际上就成为一个比较制度分析，该分析常常取决于有关社会的政治和技术的特定事实。因此当股票市场交易增加时，交易者就从咖啡店或悬铃树走向了正式的交易室。当交易量增加时，交易时间会从一周几个小时到一天数个小时，从每次喊出一种股票的价格到双向拍卖市场，到最后几乎成为全球性的连续营业市场。当一个社会更加了解和适应银行时，邮政储蓄就会消失。

在社会变化和制度变化的大潮中，我们必须谨慎对待经济学家所呼唤的“效率”。效率（和母性一样）被认为是一种美德。但是问题在于,效率是什么背景下的效率?

一旦我们考虑到过程,与效率有关的问题就可以以比较的形式进行讨论。我们可以比较制度 A 和制度 B,并且研究在给定的目标和操作范围内,从经济角度来看,一个制度是否比另一个制度更加可行。通常答案是这样的:在部分操作范围内,制度 A 优于制度 B,在另一些范围内则正好相反。

交易和货币

我们的方法既不是凯恩斯主义的,也不是货币主义的。在我们能够比较明确地回答与货币政策有关的重要问题之前,首先要对机制的性质和运作有些感觉。本卷主要是对初级交易机制和工具的微观经济学研究。我们并不打算使模型贴近现实。这些模型都是定义好的可进行博弈,其中的细节(货币、信贷、利率等等)都得到了明确定义且因果关系也得到了考虑。货币发行量的变化是使价格上升还是下降?这样的问题可以由简单的博弈从理论和实证上来回答,但我们还是必须防止通常语言的多义性。必须使如"货币供给的增加"这样的表述更加精确,比如是由谁导致的增加,如何增加的?

交易和交易成本的研究要求我们注意交易时间的作用以及对存量和流量适当建模的重要性。因而通货、流动货币、信贷和商品库存都是经济过程描述的基础。在途票据表明了存量的流动需求。如果我们明确引入交易的时间性,与实际平衡条件、复式记账和均衡条件有关的令人困惑的问题就会消失。一旦我们定义了一个完整的交易机制,关于 Say 法则和 Walras 法则的准确意义的争论就不具有操作上的意义了,甚至争论根本就不会出现。

引入交易成本使得我们要重新考虑效率。它使我们认识到交易成本产生了集中工具，例如大众市场，这些工具又通过破坏信息造成内生不确定性；它还使我们认识到实际上各种形式的支付（现金、信贷、铸币、银行券、支票、信用卡或汇票）之间的差异是由技术、法律、习俗引起的交易成本考虑决定的。

金融机构和宏观经济学

美国的银行业规制帮助创造了欧洲美元市场；利息差异和不可分性为货币市场基金的产生提供了机会。计算机和通讯方式的变化完全改变了国际套利的可能性。历史偶然事件、税收、暂时性短缺、政治动乱都为新工具或制度的出现提供了机会。人们已经认识到了新的需求，值得冒设立成本的风险的机会也出现了。

在很大程度上，金融机构可以被视作是一些结构，它们被设计来实现与完成交易和生产有关的目的。但是本书的一个中心主题为：被设计用来促进交易或用于政府控制的金融机构和工具很可能不经意地实现了其他目的。法币的发行是为了促进交易，但它也给中央政府提供了很大权力。大部分政府收集的统计信息最初是为了服务于税收和经济控制，但是这些信息也可以为企业家所用。国债是由君主以一定的政治权力为代价而欠债所产生的，但是国债管理本身创造了经济控制权力的机会。

制度是博弈规则的一部分，在短期内可以被视作给定。但是当时间期界增加时，经济学家不能忽视制度变化的潜在可能。政府经济政策制定者面临的一个关键问题是：当他们改变政府规定时，社会和经济的博弈规则变化的程度有多大。每一个新法律都有自己的漏洞。

我们的讨论旨在融合微观经济学和宏观经济学。一般均衡结构本质上是前制度的，但是它的重要优点在于一致性和完备性。要想超越它，就有必要引入过程。策略性市场博弈这一构想已经被用于这种目的。但即使是最基本的过程描述也面临被细节问题淹没的危险。这一危险是可以避免的，但是代价为寻求最简制度并且把研究问题分解为基本的“几大块”。本卷因此几乎专门讨论在如下前提下的交易：存在与(1)在研究如何处理生产前确定需要什么样的金融机构和工具来促进交易；(2)将政府和金融机构视为实际参与者有关的足够的复杂性。

一个成功的货币和金融机构理论必须能够考虑金融系统如何控制以及在多大程度上控制市场、交换和生产。但是即使是从一般均衡模型转向策略性博弈也要求我们考虑存在差异的参与者和工具，这在一般均衡理论中充其量只是表面的东西，但是却构成了宏观经济模型的主要内容。

一旦完成了构建关于交换和生产的适当过程模型的任务，将微观经济模型扩展为宏观经济理论的前提条件也就具备了。交易和生产需要由法律和习俗支持的货币和信贷系统来提供必要的博弈规则。但是这一经济和金融基础结构反过来又充当对经济的社会政治控制的基础。如果没有一个有组织的社会就不会出现一个有组织的经济。然而政府用于使交易和生产能够顺利有效进行的手段同时也是控制手段。

有经济效率的价格系统这一概念从学术角度甚至是美学角度都具有吸引力。它是理解经济学的极具价值的深刻基础。但是价格理论是前制度的和静态的。为了包括动态学和政治经济学，我们必须扩展简单的一般均衡模型并且这些模型的行为基础也必须发生根本变化。政府、金融中介、企业和个人生活的多世代方面都必须明确加以考虑。博弈规则应当反映法律结构和官僚体系结构，我们还必须考虑学习。一旦我们认识到了交易成本，接下来就要考虑简化交易的需求、不确定性和不完备市场。这些特点需要货币、信贷、银行和保险。

我们更强调结构而非行为。我们已经使用了得自独立最优化行为假定的非合作均衡解，这主要是出于相信它使我们能超越一般均衡理论的结论，而不是出于这一信念：它提供了对经济行为的适当描述。更重要的是，策略性市场博弈提供了一类更一般和更灵活的过程模型，这些模型可以使用不同的行为假定而且它们能够抓住并正式分析宏观经济学关注的主要问题。另外，即使是考虑相对弱的和随意定义的经济动机这一概念，经济行为也会受到策略性市场博弈的结构特征的极大约束；即使是最简单的策略性市场博弈，也反映了政治经济学的过程控制模型。

微观经济学理论的基本优势在于它在被视为非社会科学的地方比在被视为社会科学的地方表现得更好。在大众市场中，许多不同的目的导致了相同的行为表现。因此一般均衡系统的一个有吸引力的特征为：有效价格系统与效率、分权、竞争、均等势力和公平是一致的。这些因素中的每一个都可以通过不同的解概念来研究。

要构建一个一般性的制度无涉的、背景无关的经济动态学只是一个无法实现的目标。对金融制度和其他经济制度的基本结构和目的的理解还需要走很长的路才能很好地描述经济行为。

Adam Smith、Marx 与 Keynes 的权威作品的流行可能会使那些不谨慎的人相信对经济的观察结论是普遍的、无时间性的和制度无涉的。看不见的手、人民大众的贫困、消费倾向、投机动机、流动性和许多其他特别流行的概念很大程度上只是一定时期和地点的口号。在特定的社会背景下，一个有判断力的商人或政客能够立即看出这些概念的直观含义。但是，正如一般均衡理论的发展所表明的，直觉观念和准确构建的模型之间的差别是巨大的。

流动性、完美预见、理性预期、Say 法则等等在可进行的博弈的构建中——在引导博弈过程的博弈规则的说明中——失去了它们的神秘性。货币或信贷的定义是通过定义主体、工具和主体操作工具的规则来进行的。另外，金融系统被用来在信任最小化条件下实现效率这一直观概念可以被描述得更加精确。此外，资产、担保贷款和破产条件的作用都是扩展超越一般均衡的策略性市场博弈的必需要素。

然而，在构建允许某些现象发生的最简单的机制时，以及在寻求具有价格形成机制的匿名市场的必要条件时，我们不得不牺牲现实性。我们模型中相对较少的和抽象的条件几乎不能刻画 19 世纪英格兰或 20 世纪纽约的市场。

正如第 1 卷第 3 章所指出的，宏观经济学的要旨在于政策问题，在于回答此时此地的问题。基本宏观经济理论应该与正式微观经济理论观点相一致，但是应该比微观理论走得更远。一般均衡理论帮助我们理解了价格在静态经济中的作用。将一般均衡模型转化为过程模型需要构建货币和控制系统，而货币和控制系统又充当了构建政治经济的控制结构的基础。这至少要求我们引入政府部门并说明其目的和权力。

但是引入政府不仅超越了一般均衡理论，而且它提出了与福利和政治经济学有关的基本问题。政府解释社会对公共品的需求并提供许多公共品。因而如果我们接受给定形式的政府并且政府提供机制来确定公共品的供给和有效需求，就必须在政治结构的背景下理解经济效率。

要充分理解货币和金融机构理论就必须在政治经济学的范畴内进行。政府、交叠世代和预期的出现都是不可避免的。出生、死亡、政府、税收和利率都是社会生活现实，它们不能仅在静态背景下被分析处理。福利也不能与控制相分离。控制则既要求说明政府对经济的策略权力，也要求说明全民对政府的政治权力。

作为初步讨论，经济学家可以通过把政府政策设为给定来处理福利经济学和公共品的问题。然而，关心福利的政治经济学家也需要考虑经济和政策之间的相互反馈。

仅仅出于经济中的交换和生产的需要也足以说明金融工具的机制和监督金融工具使用的法律存在的合理性。但是建于微观经济学基础上的合适的宏观经济理论是通过扩大研究范围实现的，扩大的研究范围包括了金融系统，它不仅是交换和生产的促进者，而且是政治经济控制的主要工具。

控制和知识

在控制复杂过程的知识和能力之间存在一个基本权衡。对细节理解得越多，数据就越好，控制主体也就更可能根据环境细节来调整自己的行动。我认为，策略规模(strategic size)可能比知识更重要。一个规模很小的主体可能有极强的洞见，但是影响力却微乎其微。而当主体的规模相当大时则可能正好相反。政府通常是规模很大的主体；另外，它还是一个垄断者。在一个民主社会中，可能存在不同政党竞争政府的控制权，但是在同一个民族国家中却没有相互竞争的政府。

政府不是自然人——它是由自然人的社会创造出来的。为了分析的方便，在研究许多有关价格、市场和技术效率的基本经济学问题时，微观经济学家可以忽略政府或将其视为高度简化的策略性哑变量。这种学术处理的便利性宏观经济学家是无法得到的。政策和行政官僚体系的经济方面必须是可行的宏观经济理论的基本组成部分。

任何在社会中的经济利益超过 GNP 的百分之几的政府所拥有的策略权力都是巨大的，而无论政客们如何想或政府官员如何表现。因而宏观经济学家必须理解控制机制的效能以及它是如何对信息作出反应的。宏观经济理论不仅必须是过程导向的，而且必须与特定背景相联系，而政府、官僚体系和社会就是其背景。

货币和金融机构理论的要素

即使是高度抽象的货币和金融机构理论也是许多不同因素的综合。即使是最初级的水平，制度也是必要的博弈规则。

法币是个人信任的替代物，而银行票据则是便于管理的信贷形式，但是它并不具有逻辑必要性；如果信息处理和评估是无成本的(事实并非如此)，银行票据就可以直接由政府银行系统所取代，该系统接受存款并发放交易贷款。银行票据是一种信贷形式，我们称其为“内部货币”，它与法币和商品货币有区别，法币和商品货币不是信贷形式，而是资产。

货币控制系统是被设计用来控制当前系统状态的，但是这要求对系统的未来情况作出估计。由于系统是无限期界的，预期不能通过逆向归纳来分析。生活是随时间向前行进的，而预期则是由拥有有限信息和数据处理能力的个人通过历史而形成的。因此金融系统的关键功能是作为一个价值评估工具。基于预期的价值评估被用于分配信贷。

货币和金融机构理论的要素如下：

1. 货币交易需求、流通资本和在途票据的功能必须加以讨论。不必考虑任何外生不确定性，仅交易成本在逻辑上就足以构成货币理论的基础。

2. 必须说明破产、违约和重组的性质和作用。

3. 必须明确各种不同利率的作用以及它们是内生的还是外生的。

4. 必须考虑交叠世代的影响。

5. 必须明确创造和销毁外部和内部货币的机制。

6. 必须恰当地描述预期形成的行为基础和未来机会评估的行为基础。

货币和金融机构的演进

具有不同的生产和金融职能的现代大众经济的演进类似于复杂生物体从极其简单的祖先开始的演进。在一个仅有少数人和相对简单生产过程的社会里，经济控制的信息方面问题是最简单的。信任和承诺的履行与人们之间互相了解的程度和联系的频率相关。偏僻村庄居民之间的了解和关系与路边商贩和过路的驾车者之间的了解和关系大不相同。

足值的货币使得在完全陌生的人之间无需信任就可以进

行交易。具有全部所需性质(便于携带、可识别性、可分性等等)的完美价值储藏是不存在的。已经演进的完美价值储藏的替代形式是信任的替代符号,它在交易中的价值由相应社会中的政府强制执行。这种强制执行只在一定限度内是好的,这些限度取决于习俗、经济主体的预期以及对政府政策的信任。

在大众经济中,伴随着作为法定支付手段和信用的正式替代物的货币政府控制的演进,出现了一系列经营信贷和支付手段的借贷的金融机构。伴随着生产和分配在规模和范围方面的增长,生产和许多市场中的供给由那些与客户匿名交易的主体最有效率地提供。贸易商或生产制造商(除非它们足够大,能够既包括金融机构又包括贸易企业或生产企业)发现购买信贷提供者和评估者的服务是有利的。信贷提供和价值评估从其自身性质来看需要高水平的关于个人和经济过程的信息。大部分这种信息并非匿名的,因而需要对个人和企业前景的了解。在银行业关于人品和能力的格言不仅仅是优秀的实践,也是优秀的理论。

货币是作为信任替代物的正式的支付手段。金融机构是经济中专门负责评估、交换以及为信贷与所有权融资的机构。它们进行风险评估,其中,至少交易的一方不会转移有直接价值的资产。因此需要有信用评估。在许多交易中,金融机构都使用抵押品来最小化对信用的需求并且作为对较差的风险评估的防范。

对货币的控制(再加上税收和提供公共品的权力)使政府对经济拥有了很大的控制权,控制的效力作为政府规模和公共信任的函数而变化。在一个既有外生不确定性又有策略不确定性的社会里,金融机构是经济的感觉器官。如果在一个社会中,数据处理包含了交易成本,那么即使没有外生不确定性,效率方面的考虑也会需要金融机构的产生,这是因为我们需要处理集中汇总。因而劳动分工和效率都要求金融工具作为资金来源和使用的集中—分散工具。

生物学和变异,经济学和破产

至少从 Malthus 开始,就已经存在一种经济学思想路线,将经济学的一些基本理论问题与生物学联系起来。多数经济学都重点研究资源配置,而多数生物学则重点研究生长和变异。但是对经济增长的基本理解必须考虑生物学的生长和变异,而在生物学中寻求因果关系也必须考虑经济的资源配置。尽管本书使用的方法将静态均衡理论作为讨论的起点,构建过程模型还是需要说明与风险承担和违约惩罚有关的规则。在经济中,这些都表现在破产和重组法律的社会政治方面,破产和重组法律是对个人风险承担的控制,它们在经济学中所起的作用正如变异在生物学中所起的作用。我们对生物学了解得越多,信息和组织的作用就越重要。我们对经济组织了解得越多,货币和金融机构作为经济的神经网络的作用就越明显。

时间、动态性、价格水平和对称性的打破

过程模型的构建和在途票据的融资初看起来是对一般均衡理论的微小调整。但是,它表明了若干重要差别。引入货币使我们能够容易地构建完整的过程模型,并由这一模型设立必要条件来研究动态学。外部银行或中央银行以及没有内

在价值的法币的存在使得只要经济中存在一些没有相抵消的债务的现金，经济就会用光这些现金。所有其他金融工具都是成对出现的，如复式记账法所示。法币的供给可以通过改变国债水平或通过其他方式而发生变化。但是这里的观点为一定存在某些法币，它们没有可以相互抵消的债务。当所有数量的债务都付清以后，某些数量的法币一定会留作资产。因此，法币是惟一的没有相抵消金融工具的金融工具。在这一方面它有些像商品货币。但是由于它是一个"烫手山芋"，在博弈结束时它都会被花费掉。这意味着价格水平不再存在不确定性，而其在一般均衡经济中是存在的。

大多数现代经济都已高度(但并不是完全)货币化了。如果经济完全货币化了(例如在全部出售模型中，所有资产每期都要通过市场)，那么不仅会出现正数量的法币来为在途票据融资，而且这样做的效率也很高。

在任何有限期界经济中，价格不可能是固定不变的。对于给定的一组固定投入和初始固定数量货币，当期界变长时，在稳态时使用货币所需的利率趋向于零。解取决于使策略性破产得不到好处的破产条件。所需的货币数量为 $M>0$。由于单位是可以任意选定的，不失一般性，我们可以选择没有相抵消资产的货币数量为 $M=1$，并且根据货币单位调整破产惩罚使其足以阻止破产。

在许多货币经济模型中(例如，Dubey and Geanakoplos, 1989; Hool, 1976; Bewley, 1980; Grandmont and Younes, 1973; Lucas, 1980; Shubik, 1973, 1998)，都存在一期交易时滞。期间的长度通常并不加以规定，只要不为零就可以了。给定某一有限的 Δt，如果存在一个外部银行以一正利率进行借款或贷款，那么个人在为在途票据融资时会花费现金。在无限期界中，这一点并不明显，这是因为当 $\rho=0$ 时存在一个奇点(singularity)并且没有任何货币花费的完全稳态是可能存在的。在途票据的融资是无成本的，存在完全对称性，但不存在没有相抵消金融工具的金融工具，模型变得没有时间性，价格水平也不再是确定的了。$\rho=0$ 的 OLG 模型的稳态证实了 Aristotle 的货币实质上无用的观点(参阅 Shubik，1998)。

随着市场更加有效率和全球化发展——在某些情形下是一天二十四小时连续开放——连续时间模型似乎能够对经济学提供有价值的洞见。尽管传输速度可能接近光速，许多生产和消费过程还是需要大量的时间。另外，金融的要素为价值评估、直觉理解和风险评估。这些都需要较多时间，其他条件不变，在准确性和评估时间之间存在一个权衡。因而我们可以预期存在最优的受到人的直觉理解力约束的最小交易时间。

一般均衡价格系统对于生产和交换的静态性质提供了洞见，但是没有提供关于货币和金融在引导经济方面所起的作用的洞见。引入货币和金融机构只是研究可行的经济动态学的第一步，经济动态学的重点是有关直觉理解、评估和归纳的问题，而不是考察均衡条件。

通过考察生产和消费过程之间明显的有限时间安排差异，以及商品和服务市场与金融市场中的交易频率，我们才有可能构建一个正式模型来估计需要多少货币为经济中的在途票据、营运资本和资本存量提供融资。如果这样做的话，一期预付现金约束就变得没有意义了。适当的过程模型应当是连续金融市场中的连续时间与离散事件的混合。

一个重要特征为法币常常被用于经营市场和形成价格的

动态过程,在这个过程中,法币提供了一个匿名的信用符号。法币作为资产出现打破了在静态均衡交易研究中的对称性,并且为经济系统提供了额外的自由度,使得价格形成可以不管均衡条件。纸币内在价值的缺乏对于去除无货币的一般均衡模型中出现的价格静态不确定来说,是一个优点。使经济运转所需要的货币量取决于交易和生产时滞以及消费者收入和消费的时间差异。如 Orr(1970)的研究所提出的细节对于这一评估是非常重要的。

在第 3 卷我们考虑关于一个有限离散经济模型的生产和五个潜在限制性过程。这五个过程为:当时间增加时;当生产时间变化时;当消费者收入和支出的时间差异变化时;当商品市场交易频率增加时;当金融市场交易频率增加时。后四个需要某一有限数量的时间来执行,这其中就含有对货币的需要。在某些情形下,出于数学处理的方便性,可能需要考虑连续的极限。但是除了在少数情况下,它都不太符合现实。

由组织和生产过程的社会和实体需要导致的生产与消费的制度性分离又产生出了这样的组织,它们的目标是利润和税收的法律和制度定义的某种形式的函数。但是这又间接地将企业的业绩与中央银行规定的利率联系了起来。因此中央银行的利率是对经济的控制变量,其控制力随情境不同变化很大。

附录:关于提出正确的问题

关于经济理论方法的一些一般性理论观点也是值得一提

的,但是由于它们并不特别涉及货币和金融机构,所以它们更适合于在附录中而非正文中讨论。当我们掌握了一个功能强大的工具时,我们倾向于在尽可能宽的范围内应用它。但有时当我们专注于寻求答案时,我们可能没有考虑所研究问题的价值和意义。我认为下面列出的经济学问题的重点存在误置。

一般均衡中的货币

货币在一般均衡系统中的位置是一个经济建模的问题,而非数学问题。一般均衡系统并不能提供答案。

为什么宏观经济学与微观经济学不能取得一致

每个熟悉经济理论的人差不多都会同意,一般均衡理论主要研究没有过程的完备市场,而宏观经济理论则研究不完备市场和过程。但是大量的研究试图解释在一般经济系统中人们如何持有货币及为什么持有货币[参阅 Niehans(1978)第 1 章的分析]。逐渐地,答案开始显现:在一个只是用于求解均衡点的无限期界一般均衡系统中,货币没有任何作用。这是因为用于解决最优价格存在性这种微妙问题的简单模型排除了研究货币的可能性,货币实质上是一个过程现象。但是极少有宏观经济学教科书指出一般均衡分析和宏观经济理论基本概念的差异。

理性人:理想还是近似

理性行为:懒惰修正了贪婪,而贪婪又是由无形的恐惧约束的,并且由事后的理性提供合理性解释。

在大量的微观经济理论中都隐含了一种态度，使得理论与现实背道而驰。理性经济人通常是作为理想模式提出的，它是我们所有人长期以来梦寐以求的东西。但是，它充其量只是对决策制定者的经济行为和环境的一个极为拙劣的近似，该决策制定者面临约束，信息不充分且能力有限，其所处的经济中存在大量过程成本。

使用这样一个贫乏的经济主体及其环境的行为模型，经济推理还是比较成功的，但是这不应当使我们忘记我们会将其与“不完美的个体”应当努力实现的某种理想相混淆。

不均衡动态学

这里所描述的策略性市场博弈中的市场机制既极为简单又非常灵活。真实社会中市场机制相对较不灵活，且更加复杂。如果我们小心使用模拟的话，就可以以一种远远超越当前分析方法的方式研究行为动态性。

经济学作为非社会科学

对经济学的最大误解可能是其与心理学和社会心理学的关系。我认为经济学的最大成功不是将其作为社会科学来研究，而是作为非社会科学来研究。只有当大众匿名市场接近均衡时，经济分析才能给出比较有用的答案(至少对于静态逼近是如此)。在处于稳定均衡的大众市场中，社会心理学和社会学的影响削弱了。这是一般均衡的基础讯息。但是遗憾的是，即使是大众市场，一般均衡也不能分析预期动态性和羊群效应，无论是在经济恐慌时期还是在经济繁荣时期。虽然在被称为“市场”的无表情的机制中，基于匿名性、计算和个人最优化的行为比面对面的交易较少注意背景和社会环境，但即使是在大众市场中，预期也是一定会形成的。

关于物理学和经济学的类比

如果粒子彼此对谈、组织协会、成立机构，并规定博弈规则，那么物理学和基础物理数学就可以被应用到社会科学中。接近物理学方法的条件可能要算只有较少外部政治或社会变化的匿名市场中的大众行为。如果有外部事件作用于大众市场，当人们阅读、讨论并强化彼此的直觉理解时，人们的行为很快就相互关联在一起。类比在经济学中通常是很有用的，但它也有可能产生误导。一般来说，提出与当前所研究问题有关的正确的问题和构建模型比寻求类比更加重要。

关于守恒法则

经济学和物理学一样，也会涉及守恒法则。发展一个货币理论的关键是将每一种金融工具作为独立的粒子考虑，并且说明它是如何产生、如何毁灭以及何时是守恒的。通过这种方式，可以消除在回答关于经济中有多少货币的问题时产生的困惑。

关于均衡的惟一性

确定在交换经济或生产与交换经济中存在惟一竞争均衡点的充要条件是一个经典难题，它要求大量的困难的数学处理。这一问题不仅具有数学意义，而且在发展经济动态学方面有重要的经济含义。在一个多阶段的经济中，是否存在沿着不断扩展的选择树(tree of alternatives)选择惟一路径的理由？

我们可以对生产和交换经济施加一个自然的额外条件来减少不确定性，即使这样做可能不能导致惟一均衡点的选择：使信用最小化的标准。与 CE 的惟一性条件有关的数学问题不同于经济学问题。经济学问题是要了解是否可以在原始问题上加入额外的合理经济约束，从而产生惟一性。即使存在均衡和额外条件，要得到惟一性也还存在许多问题。

关于经济学帝国主义

对所有的制度和社会存在严格的经济学解释吗？经济学家的任务包括解释为什么 A 是一个病态撒谎者，而 B 不仅诚实，而且还帮助老太太过马路吗？在第 1 卷第 1 章，我曾指出行为科学和社会科学可以按照所考虑的时间长度来划分。当所研究的时间期间较短，且环境可被视为完全没有变化时，多数分析经济学和运筹学都是成功的。在这样的环境下，大多数行为都是有意识的，并且主要受到数量方面的约束。

关于失业

经济学没有很好回答的一个基本问题是：清楚定义失业的各个方面的最简单模型是什么样子的？尽管一些经济学家争论失业的含义，另一些经济学家注意到在许多模型中失业并不存在，许多正在寻找工作或已经放弃寻找的人还是被人们认为是失业者。这里采用的方法是构建简单但是严格的模型，并且考察这些模型来确定我们在经济社会中观察到的某些基本现象何时出现。到目前为止，失业在经济分析中还没有以有用的形式出现。不讨论失业的基本原因为：存在太多的简单模型，而不是模型太少。在许多包括了搜寻、交易成本、有限信息、有限理性、习惯、制度摩擦、社会结构等等的不同模型中，每个模型可能都有一些真理的成分，但是还有许多需要扩展的地方。尽管失业问题是政治经济学中亟待解决的实践问题，它还是独立于对货币和金融机构的基本概念的理解，因此我们在此并未对它进行讨论。

关于完美的价值储藏

我个人认为将一般均衡结构与主要在即期市场进行交易的策略主体的经济联系在一起的中心特征是信用最小化。如果信贷是完全(或过度)担保的，贷款者就不需要高水平的人品评估、直觉感知和预测。

有许多长期存在的资产的经济的吸引人的地方在于这些资产能为贷款提供担保，即使贷款人只有少量不准确信息。对于在提供贷款时不希望考虑评估的作用的竞争市场经济学家来说，最好的社会是这样一个系统：在该系统中，作为完全担保的非合作均衡而得到的结果也包含了竞争均衡。通常使用商品货币不大可能容易地或经济地实现这一结果。另外，通常用于担保的资产的分配不能完全包含所需要的贷款。因而社会通过运用破产惩罚和合同法来寻求不同的解决办法，以得到合适的担保水平。即使初级的商业银行也承担了处理消费贷款和生产贷款过程中的评估职能。简言之，信用、信息、执行和评估是充当经济神经网络的金融系统的重要特征。

关于通货膨胀

要适当地处理通货膨胀，我们必须从信息和过程控制的角度来研究它。为了控制预期和通货膨胀，政府必须掌握多少信息,它的权力必须有多大?共同知识的准确条件是什么?数据处理和预期工具有哪些?提高缓慢变化的破产规则的强度如何影响有变动价格水平的经济?从简单的数据处理角度来看,恒定的价格所要求的数据处理少于变动的价格。

关于偶然事件

宏观经济学和生活一样,都充满了偶然事件。但是按照完美预期和理性预期建立的经济学无法容忍这样的事态。贝叶斯主义的回答是对任何事物给出初始先验概率分布。目前在博弈论研究方面,关于博弈规则的不完备信息,已经存在了大量的研究。这些研究表明观点的不同使赌马变得有趣。这再次涉及对专家作用和预期形成的理解,以及可能是理性的但是能力有限的个人所作出的价值评价。

关于学习和推断性的系统

摆脱旧理论的束缚需要我们认识到旧理论在哪些地方仍然有用,以及在哪些地方已经不适用了。一般均衡理论告诉了我们许多与价格系统有关的东西,但是它没有提供经济的过程模型,并且它的行为假定也是不恰当的。本书致力于构建过程模型,我们可以求出这些模型的某些均衡解。在某些情形下,非合作均衡(NE)解可能与竞争均衡(CE)解紧密联系。如果存在经济主体连续统,那么求解的数学方法是完全相同的。然而,某些结果的一致并不是一个目标或目的,而是表明与前一个理论开始脱离。我们可以使用这些方法理解许多货币和金融机构的性质。我们发现在构建过程模型时,即使是求解某种形式的均衡,事实上现代经济的所有制度结构也都成为了博弈规则的一部分。这一步迈向了数理经济学的扩展。但是还存在下一个任务,那就是在模型中经济主体不再是超级理性、非合作的参与者,同时还要求一个基于学习、推断、局部最优化以及有差异的直觉理解和技能的经济动态学。我们定义好的过程模型既可以用于可进行的博弈,也可以用于学习和演进的模拟。这很可能是未来的研究方向。

注 释

① “有权之士是财神,黄金面前我俯首;金银财宝我心爱,珍珠玛瑙最钟情。”来自 *An Anthology of Spanish Poetry from Garcilaso to Garcia Lorca*, Angel Flores 主编(Garden City, NY: Doubleday),第 392—394 页。

② 或者相对差别的考量(Shapley,1975a)。

③ 还隐含着对称信息。

④ 这假定,在一期的模型中,放贷者从商品中得到了消费服务,而借款人则从跨期贷款中得到了交易服务。如果放贷人没有得到消费服务,那么利率必须反映他们的边际效用。

⑤ 一旦规定了违约惩罚,就在价格和违约的负效用之间建立了联系。如下情况是可能的:对于给定数量的货币,存在几个无违约 NE(并且与 CE 重合)。一般而言,它们构成了一个有限的点集,其中的某个点可以通过最小的现金流达到。

参考文献

Akerlof, G. A., and J. L. Yellin, 1987. Rational models and irrational behavior. *American Economic Review* 77: 137—142.

Allais, M., 1947. *Économie et interêt*. Paris: Imprimerie Nationale.

Amir, R., S. Sahi, M. Shubik, and Yao, 1990. A strategic market game with complete markets. *Journal of Econornic Theory* 32: 124—143.

Arrow, K. J., 1981. Pareto efficiency with costly transfers. In N. Assorodobraj-Kula, C. Bobrowski, H. Hagenmeyer, W. Kula, and J. Los, eds. *Studies in economic theory and practise, in honor of E. Lipinski*. Amsterdam: North Holland 73—86.

Arthur, W. B., 1989. Competing technologies, increasing returns, and lock-in by historical events. *Economic Journal* 99, 394: 116—131.

Arthur, B., 1990. Positive feedbacks in the

economy. *Scientific American* 2: 92—99.

Arthur, W. B., 1992. On learning and adaptation in the economy. Mackintosh Lecture, Queen's University, Kingston, Ontario.

Arthur, W. B., 1994a. *Increasing returns and path dependence in the economy*. Ann Arbor: University of Michigan Press.

Arthur, B., 1994b. Inductive reasoning and bounded rationality. *American Economic Association Papers and Proceedings* 84:406—411.

Arthur, W. B., J. H. Holland, B. Le Baron, R. Palmer, and P. Tayler, 1997. Asset pricing under endogenous expectations in an artificial stock market. In W. B. Arthur, S. N. Durlauf, and D. A. Lane, eds. *The economy as an evolving complex system*. Reading, MA: Addison Wesley.

Ascber, W., 1978. *Forecasting: An appraisal for policymakers and planners*. Baltimore: Johns Hopkins University Press.

Aumann, R. J., J. Peck, and K. Shell, 1988. Asymmetric information and sunspot equilibria: A family of simple examples. Center for Analytic Economics, Cornell University, Ithaca, New York.

Azariades, C., 1981. Self-fulfilling prophecies. *Journal of Economic Theory* 25: 380—396.

Bak, P., K. Chen, J. Scheinkman, and M. Woodford.

1993. Aggregate fluctuations from independent sectoral shocks: Self-organized criticality in a model of production and inventory dynamics. *Richerche Economichi* 47: 3—30.

Bak, P., and M. Paczuski, 1995. Complexity, contingency, and criticality. *Proceedings of the National Academy of Sciences* 92: 6689—6696.

Baltensperger, E., 1980. Alternative approaches to the theory of the banking firm. *Journal of Monetary Economics* 6: 1—37.

Barro, R. J., 1981. *Money, expectations, and business Cycles*. New York: Academic Press.

Barro, R. J., and H. Grossman, 1971. A general disequilibrium model of income and employment. *American Economic Review* 61: 82—93.

Baruch, H., 1971. *Wall street: Security risk*. Washington, DC: Acropolis.

Battaglio, R. C., J. H. Kagel, and D. MacDonald, 1985, Animals' choices over uncertain outcomes: Some initial experimental results. *American Economic Review* 75:597—613.

Baumol, W. J., 1952. The transactions demand for cash: An inventory theoretic approach. *Quarterly Journal of Economics* 56: 545—556.

Baumol, W. J., and J. Tobin, 1989. The optimal cash balance proposition: Maurice Allais' priority. *Journal of Economic Literature* 27: 1160—1162.

Beach, F. A. 1947. Payday for primates. *Natural Histo-*

ry. 56: 448—451.

Benassay, J. P., 1989. Non-Walrasian equilibria, money, and macroeconomics. In F. H. Hahn and B. Friedman, eds. *The Handbook of Monetary Economics*, Vol. I, Ch. 4, pp. 103—169. Amsterdam: Elsevier.

Bewley, T., 1980. The optimum quantity of money. In J. H. Kareken and N. Wallace, eds., *Models of monetary economies*, pp. 169—210. Minneapolis: Federal Reserve Bank of Minneapolis.

Bewley, T., 1986a. Stationary monetary equilibrium with a continuum of independently fluctuating consumers. In W. Hildinbrand and A. Mas-Colell, eds., *Essays in honor of Gerard Debreu*, pp. 79—102. Amsterdam: Elsevier.

Bonar, J., ed., 1887. *Letters of David Ricardo to Thomas Robert Malthus*, 1810—1823. Oxford: Clarendon Press.

Boulding, K. E., 1950. *Reconstruction of economics*. New York: John Wiley.

Bradley, G. H., 1973. Trading rules for a decentralized exchange economy. In S. E. Elmaghraby, ed., *Symposium on the theory of scheduling and its applications*, pp. 224—241. New York: Springer.

Brainard, W. C., M. D. Shapiro, and J. B. Shoven, 1990. Fundamental value and market value. National Bureau of Economic Research Working Paper 3452, Washington, D.C.

Braudel, F., 1967. *Capitalism and material life*, 1400—

1800. New York: Harper and Row.

Brock, W. A., 1990. Overlapping generations models with money and transactions costs. In B. M. Friedman and F. H. Hahn, eds., *The handbook of monetary economics*, chapter 7. Amsterdam: Elsevier.

Brown, R. A., 1955. *The law of personal property*. Chicago: Callaghan.

Buchanan, J. M., and Y. J. Yoon, eds., 1994. *The return to increasing returns*. Ann Arbor: University of Michigan Press.

Carpenter, C., and N. M. Locke, 1937. Notes on symbolic behavior in a cebus monkey. *Journal of Genetic Psychology* 51: 267—278.

Cass, D., and K. Shell, 1983. Do sunspots matter? *Journal of Political Economy* 91: 193—227.

Davidson, P., 1974. Disequilibrium market adjustment: Marshall revisited. *Economic Inquiry* 12: 146—158.

Day R. H., and J. L. Walter, 1989. Economic growth in the very long run: On the multiplephase interaction of population, technology, and social infrastructure. In W. A. Barnett, J. Gewecke, and K. Shell, eds., *Economic complexity*, pp. 253—289. Cambridge: Cambridge University Press.

DeAngelo, H., 1981. Competition and unanimity. *American Economic Review* 7 I: 17—27.

Deaton, A. S., 1986. Demand analysis. *Handbook of econ-*

ometrics. In Z. Griliches and M. Intriligator, eds., vol 3., pp. 1767—1839. Amsterdam: Elsevier.

Deaton, A. S., 1987. Consumers' expenditure. In J. Eatwell, M. Milgate, and P. Newman, eds., *The new Palgrave*, pp. 562—607. London: MacMillan.

Debreu, G., 1959. *Theory of value*. New York: Wiley.

De Long, J. B., A. Schleifer, L. H. Summers, and R. J. Waldmann, 1990. Noise traders risk in financial markets. *Journal of Political Economy* 98. 4: 703—738.

Diamond, P., 1965. National debt in a neoclassical growth model. *American Economic Review* 55: 1126—1150.

Dickens, C., 1846. *Dombey and Son*, vol. I. The Gadshill Edition, with introduction and note by Andrew Lang. London: Chapman Hall. (Printed from the edition that was carefully corrected by the author in 1867 and 1868).

Dornbush, R., and S. Fisher, 1981. *Macroeconomics*. 2d ed. New York: McGraw-Hill.

Dubey, P., 1982. Price quality strategic market games. *Econometrica* 50: 111—126.

Dubey, P., J. Geanakoplos, and M. Shubik, 1988. Bankruptcy and efficiency in a general equilibrium model with incomplete markets. Cowles Foundation Discussion Paper 879, Yale University.

Dubey, P., and J. Geanakoplos, 1989. *Liquidity and bankruptcy with incomplete markets*. Cowles Foundation Discussion Paper 900, Yale University.

Dubey, P., J. Geanakoplos, and M. Shubik, 1992. Is gold an efficient store of value? Cowles Foundation Discussion Paper 1031, Yale University.

Dubey, P., and J. Gcanakoplos. 1992. The value of money in a finite horizon economy: A role for banks. In Partha Dasgupta, Douglas Gale, Oliver Hart, and Eric Maskin, eds. *Economic Analysis of Markets*, pp. 407—444.

Dubey, P., S. Sahi, and M. Shubik, 1993. Repeated trade and the velocity of money, *Journal of Mathematical Economics* 22, 2: 125—137.

Dubey, P., and L. S. Shapley, 1994. Noncooperative exchange with a continuum of traders: Two models. *Journal of Mathematical Economics* 23: 253—293.

Dubey, P., and M. Shubik, 1978. The noncooperative equilibria of a closed trading economy with market supply and bidding strategies. *Journal of Economic Theory* 17: 1—20.

Dubey, P., and M. Shubik, 1980. A strategic market game with price and quantity strategies. *Zeitschrift für Nationalöconomie* 40: 25—34.

Dubey, P., and M. Shubik, 1981. The profit maximizing firm: Managers and stockholders. *Économies et Sociétés* 14: 1369—1388.

Dubey, P., and M. Shubik, 1988. A note on an optimal garnishing rule. *Economic Letters* 27: 5—6.

Duffie, D., J. Geanakoplos, A. Mas-Colell, and A.

McLennan, 1994. Stationary Markov equilibria. *Econometrica* 62(4): 745—781.

Edgeworth, F. Y., [1881] 1932. *Mathematical psychics: An essay on the application of mathematics to the moral sciences*. Reprint, London: London School of Economics.

Fisher, I. [1930] 1977. *The theory of interest*. Reprint, Philadelphia: Porcupine Press.

Foley, D., 1970. Economic equilibrium with costly marketing. *Journal of Economic Theory* 2: 276—291.

Frydman, R., and E. S. Phelps, eds., 1983. *Individual forecasting and aggregate outcomes*. Cambridge: Cambridge University Press.

Gale, D., 1973. Pure exchange equilibrium of dynamic economic models, *Journal of Economic Theory* 6: 12—36.

Gale, D., 1978. The core of a monetary economy without trust. *Journal of Economic Theory* 19: 456—491.

Gale, D., 1982. *Money: In equilibrium*. Cambridge: Cambridge University Press.

Geanakoplos, J., 1987. The overlapping generations model of general equilibrium. In J. Eatwell, M. Milgate, and P. Newman, eds., *The new Palgrave*, pp. 767—779. London: Macmillan.

Geanakoplos, J., and H. Polemarchakis, 1991. Overlapping generations economics. In W. Hildenbrand and H. Sonnenschein, eds., the *Handbook of mathematical economics*, vol. 4, pp. 1899—1962. Amsterdam: Elsevier.

Geanakoplos, J., I. Karatzas, M. Shubik, and W. Sudderth, 1998. A strategic market game with active bankruptcy. Cowles Foundation Discussion Paper 1183, Yale University.

Gesell, S., [1916] 1929. *The natural economic order*. Translated by Philip Pye from *Die Naturliche Wirtschaftsordnung durch Freiland und Freigeld*. Berlin-Frohnau: Neo-Verlag.

Getty, G. P., 1989. The hunt for *r*: one factor and transfer theories. *Social Science Information* 28: 385—428.

Goodhart, C. A. E., 1991. *Money, information, and uncertainty*. 2d ed. Cambridge, MA: MIT Press.

Goodhart, C. A. E., 1993. Can we improve the structure of financial systems? *European Economic Review* 37: 269—291.

Grandmont, J. M., 1982. Temporary general equilibrium. In K. J. Arrow and M. Intrilligator, eds., *Handbook of Mathematical Economics*, vol. 2, pp. 879—922. Amsterdam: Elsevier.

Grandmont, J. M., 1983. *Money and value*. Cambridge: Cambridge University Press.

Grandmont, J-M., and Y. Younes, 1973. On the efficiency of monetary equilibrium. *Review of Economic Studies* 40: 149—165.

Guffey, J. G., and E. S. Shaw, 1960. *Money in a theory of finance*. Washington, DC: Brookings.

Hahn, F. H. , 1965. On some problems of proving the existence of an equilibrium in a monetary economy. In Hahn and F. Brechling, eds. , *The theory of interest rates*. New York: Macmillan.

Hahn, F. H. , 1971a. On transaction costs, inessential sequence economies and money. *Review of Economic Studies* 40:449—461.

Hahn, F. H. , 1971b. Equilibrium with transaction cost. *Econometrica* 39: 417—439.

Hahn, F. H. , and R. C. O. Matthews, 1964. The theory of economic growth. *Economic Journal* 74, 296: 779—902.

Hamilton, W. D. , 1964. The genetical evaluation of social behavior. *Journal of Theoretical Biology* 37: 1—52.

Hayek, F. A. , 1935. *Prices and production*. 2d ed. London: Routledge and Kegan Paul.

Heller, W. P. , 1974. The holding of money balances in general equilibrium. *Journal of Economic Theory* 7: 93—108.

Heller, W. P. , and Starr, R. M. , 1976. Equilibrium with non-convex transactions costs: Monetary and non-monetary economies. *Review of Economic Studies* 43: 195—215.

Herskovits, M. J. , 1940. *Economic anthropology*. New York: Knopf.

Hester, D. D. , 1972. Monetary policy in the "checkless" economy. *Journal of finance* 27: 279—293.

Heyman, D. P. , and M. Sobel, 1982. *Stochastic models in operations Research* , vol 1. New York: Macmillan.

Hicks, J. R., 1946. *Value and capital*. 2d ed. Oxford: Oxford University Press.

Hicks, J. R., 1977. *Economic perspectives: Further essays on Money and growth*. Oxford: Oxford University Press.

Hirschleifer, J., 1973. Exchange theory: The missing chapter. *Western Economic Journal* 11: 129—146.

Hirschleifer, J., 1992. A very provisional bibliography of bioeconomics. Mimeo., University of California at Los Angeles. April.

Holland, J., 1975. *Adaptation in natural and artificial systems*. Ann Arbor: University of Michigan Press.

Honkapohja S., 1977. Money and the core in a sequence economy with transaction costs. *European Economic Review* 10: 241—251.

Honkapohja, S., 1979. On efficiency of a competitive monetary: equilibrium with transactions costs. *Review of Economic Studies* 46: 405—415.

Hool, R. B., 1976. Money, expectations, and the existence of temporary equilibrium. *Review of Economic Studies* 43: 439—445.

Ijiri, Y., and H. Simon. 1977. Skew distributions and the sizes of business firms. Amsterdam: Elsevier.

Janis, I., 1972. *Victims of Groupthink*. Boston: Houghton Mifflin.

Jevons, W. S., 1875. *Money and the mechanism of ex-*

change. London: Macmillan.

Jevons, W. S., 1909. *Investigations in currency and finance*. 2d ed. London: Macmillan.

Karatzas, Y., M. Shubik, and W. Sudderth. 1994. Construction of stationary Markov equilibria in a strategic market game. *Mathematics of Operations Research* 19, 4: 975—1006.

Karatzas, Y., M. Shubik, and W. Sudderth. 1997. A strategic market game with secured lending. *Journal of Mathematical Economics* 28, 2: 207—247.

Kehoe, T. J., and D. K. Levine, 1989. Comparative statics and perfect foresight in infinite horizon economies. *Econometrica* 53: 433—453.

Keynes, J. M., [1936] 1957. *The general theory of employment, interest and money*. Reprint, London: Macmillan.

Kindleberger, C. P., 1984. *A financial history of Western Europe*. London: Allen and Unwin. Kiyotaki, N., and R. Wright, 1989. On money as a medium of exchange. *Journal of Political Economy* 97: 927—934.

Knapp, G. F., 1905. *Staatliche Theorie des Geldes*. Leipzig: Duncker and Humblot.

Koopmans, T. C., 1960. Stationary ordinal utility and impatience. *Econometrica* 28: 287—309.

Koopmans, T. C., 1977b. Examples of production relations based on microdata. In G. C. Harcourt, ed., *The microfoundations of macroeconomics*, pp. 145 — 171. New York: Macmillan.

Krugman, P., 1979. A model of innovation, technology transfer and the world distribution of income. *Journal of Political Economy* 87: 253—266.

Kummer, H., and M. Cords, 1991. Cues of ownership in long-tailed macaques, *Macaca fascicularis*. *Animal Behavior* 42: 529—549.

Kurz, M., 1974a. Equilibrium with transaction cost and money in a single market exchange economy. *Journal of Economic Theory* 7: 418—452.

Kurz, M., 1974b. Arrow-Debreu equilibrium of an exchange economy with transaction cost. *International Economic Review* 15: 699—717.

Kurz, M., 1974c. Equilibrium in a finite sequence of markets with transaction cost. *Econometrica* 42: 1—20.

Laidler, D., 1990. *Taking money seriously*. Cambridge, MA: MIT Press.

Lange, O., 1936. On the economic theory of socialism. *Review of Economic Studies* 4: 53—71.

Le Bon, G., 1982. *The crowd*. Marietta, GA: Cherokee Publishing.

Leijonhufvud, A., 1968. *On Keynes in economics and the economics of Keynes*. New York: Oxford University Press.

Leijonhufvud, A., 1983. Keynesianism, monetarism, and

rational expectations: Some reflections and conjectures. In R. Frydman, and E. S. Phelps, eds., *Individual forecasting and aggregate outcomes*, chapter 10. Cambridge: Cambridge University Press.

Levine, D., 1991. Unpublished notes, University of California at Los Angeles.

Levine, D., and D. Pesendorfer, 1995. When are agents negligible? *American Economic Review* 85:1160—1170.

Liu, J., 1995. Strategic market games and the capital asset pricing model. Ph. D. diss., Yale University.

Lucas, R. E., Jr., 1973. Some international evidence on output-inflation tradeoffs. *American Economic Review* 63: 326—334.

Lucas, R. E., Jr., 1976. Econometric policy evolution: A critique. In K. Brunner and A. H. Meltzer, eds., *The Phillips curve and labor markets*, pp. 19—46. Amsterdam: Elsevier.

Lucas, R. E., 1980. Equilibrium in a pure currency economy. *Economic Enquiry* 43: 203—219.

Lucas, R. E., Jr., 1988. On the mechanics of economic development. *Journal of Monetary Economics* 22: 3—42.

Magill, M., and M. Quinzii, 1990. The nonneutrality of money in a production economy with nominal assets. In J. J. Gabszewicz, J. F. Richard, and L. A. Wolsey, eds., *Contributions in honor of Jacques Drèze*. Amsterdam and New York: Elsevier.

Magill, M., and M. Quinzii, 1996. *Theory of incomplete markets*, vol. I Cambridge, MA: MIT Press.

Makowski, L., 1989. Keynes' liquidity preference theory: A suggested reinterpretation. In F. Hahn, ed., *The economics of missing markets, information and games*, pp. 468—475. Oxford: Clarendon Press.

Mandelbrot, B., 1963. The variation of certain speculative prices. *Journal of Business* 36: 307—332.

Mandelbrot, B., 1966. Forecasts of future prices, unbiased markets, and "Martingale" models. *Journal of Business of the University of Chicago* 39:242—255.

Mandelbrot, B., 1967. The variation of some other speculative prices. *Journal of Business of the University of Chicago* 40: 393—413.

Marshall, A., 1920. *Principles of economics*. London: Macmillan.

Maskin, E., and J. Tirole, 1987. Correlated equilibria and sunspots. *Journal of Economic Theory* 43: 364—373.

Maynard-Smith, J., 1974. The theory of games and the evolution of animal conflict. *Journal of Theoretical Biology* 47:209—221.

Merton, R., 1990. Capital market theory and the pricing of financial securities. In B. M. Friedman and F. H. Hahn eds., *The handbook of monetary economics*, pp. 497—581. Amsterdam: North Holland.

Mill, J. S., 1891. *Principoles of political economy*. London: Routledge.

Miller, J. H., and M. Shubik, 1994. Some dynamics of a strategic market game with a large number of agents. *Economic Journal* 60, 1: 1—28.

Minsky, H., 1986. *Stabilizing an unstable economy*. New Haven: Yale University Press.

Modigliani, F., 1986. Life cycle, individual thrift, and the wealth of nations. *American Economic Review* 76:297—313.

Modigliani, F., and R. Brumberg, 1954. Utility analysis and the consumption function: an interpretation of cross-section data. In K. K., Kurihara, ed., *Post-Keynesian economics*, pp. 338—436, New Brunswick: Rutgers University Press.

Muth, J. F., 1961. Rational expectations and the theory of price movements. *Econometrica* 29: 315—335.

Myerson, R., 1990. *Game theory*. Cambridge, MA: Harvard University Press.

Nelson, R. R., and S. G. Winter, 1982. *An evolutionary theory of economic change*. Cambridge, MA: Harvard University Press.

Niehans, J., 1978. *The theory of money*. Baltimore: Johns Hopkins University Press.

Novshek, W., 1980. Small efficient scale as a foundation for Walrasian equilibrium. *Journal of Economic Theory* 22: 243—255.

Novshek, W., and H. Sonnenschein, 1978. Cournot and Walras equilibria. *Journal of Economic Theory* 19: 223—266.

Nti, K., and M. Shubik, 1984. Noncooperative exchange using money and broker-dealers. *International Journal of Mathematical Social Sciences* 7: 59—82.

Orr, D., 1970. *Cash management and the demand for money*. New York: Praeger.

Ostroy, J. M., 1970. Exchange as an economic activity. Ph. D. diss., University of California at Los Angeles.

Ostroy, J. M., 1973, The informational efficiency of monetary exchange. *American Economic Review* 63: 597—610.

Ostroy, J. M., and R. M. Starr, 1974. Money and the decentralization of exchange. *Econometrica* 42: 1093—1090.

Parker, W. N., 1984. *Europe, America, and the wider world*. Cambridge: Cambridge University Press.

Peck, J., and K. Shell, 1991. Market uncertainty: Correlated and sunspot equilibria in imperfectly competitive economies. *Review of Economic Studies*, 58:1011—1029.

Quint, T., and M. Shubik, 1995a. Varying the money supply, part I: A general equilibrium model with perishables, storables, and durables. Cowles Foundation Preliminary Paper 950511.

Quint, T., and M. Shubik, 1995b, Varying the money supply, part IIa: Trade in spot markets using money—The three period models. Cowles Foundation Preliminary Paper 950620.

Quint, T., and M. Shubik, 1995c. Varying the money

supply, Part IIb: Trade in spot markets using money: The infinite horizon. Working notes, Cowles Foundation, Yale University.

Quint, T., and M. Shubik, 1995d. Varying the money supply, Part IIc: Trade in spot markets using money: The three period money market. Working notes, Cowles Foundation, Yale University.

Quint, T., M. Shubik, and D. Yan, 1997. Dumb bugs and bright noncooperative players: Games context and behavior. In *Understanding strategic interaction: Essays in honor of Reinhard Selten*. W. Albers, W. Guth, P. Hammerstein, B. Moldovanu and E. Van Damme, eds. Berlin: Springer Verlag.

Repullo, R., 1982. The core of an economy with transactions costs. International Centers for Economics and Related Disciplines, Discussion Paper 82/47, London School of Economics. Rheinganum, J. F., 1985. Innovation and industry evolution. *Quarterly Journal of Economics* 88: 81—99.

Rogawski, J., and M. Shubik, 1986. A strategic market game with transactions costs. *Journal of Mathematical Social Sciences* 11: 139—160.

Romer, P. J., 1990. Endogenous technological change, *Journal of Political Economy* 98: S71—102.

Rubinstein, A., and A. Wolinsky, 1987. Middlemen. *Quarterly Journal of Economics* 100: 581—593.

Sahi, S., 1987. Topics in strategic market games. Ph. D. diss., Yale University.

Samuelson, P. A., 1958. An exact consumption-loan model of interest with or without the social contrivance of money. *The Journal of Political Economy* 66: 467—480.

Sansom, G. B., 1952. *Japan: A short cultural history*. 2d ed. London: Cresset Press.

Santomero, A. M., 1984. Modeling the banking firm. *Journal of Money. Credit and Banking* 16: 576—602.

Sargent, T. J., 1986. *Rational expectations and inflation*. New York: Harper and Row.

SAUS. See United States Department of Commence, *Statistical Abstract of the United States*.

Saving, T. R., 1971. Transactions costs and the demand for money. *American Economic Review* 61: 407—420.

Scarf, H. S., with T. Hansen, 1973. *The Computation of Economic Equilibria*. New Haven, CT: Yale University Press.

Schumpeter, J. A., 1942. *Capitalism, socialism and democracy*. New York: Harper and Row.

Schumpeter, J. A., 1955. *The theory of economic development*. Cambridge, MA: Harvard University Press.

Selten, R., 1991. Evolution, learning, and economic behavior. *Games and Economic Behavior* 3: 23—24.

Shapley, L. S., 1975a. *Cardinal utility from intensity comparisons*. RAND Publication R-1683-PR. RAND

Corporation, Santa Monica, CA.

Shapley, L. S., and M. Shubik, 1977. Trade using one commodity as a means of payment. *Journal of Political Economy* 85: 937—968.

Sharan, D., 1991. Credit markets in monetary economies. Ph. D. diss., State University of New York, Stony Brook.

Shell, K. 1987. Sunspot equilibrium. In J. Eatwell, M. Milgate, and P. Newman, eds. *The new Palgrave*, pp. 549—551. London: Macmillan.

Shiller, R. J., 1990. The term structure of interest rates. In B. M. Friedman and F. H. Hahn, eds., *Handbook of monetary economics*, vol. 1, chapter 13. Amsterdam: Elsevier.

Shubik, M., 1959b. *Strategy and market structure*. New York: Wiley.

Shubik, M., 1980. The capital stock modified competitive equilibrium. In J. H. Karaken and N. Wallace, eds. Models of Monetary Economies Minneapolis: Federal Reserve Bank, pp. 97—130.

Shubik, M., 1981a. Society, land, love, or money. *Journal of Economic Behavior and Organization* 2: 359—385.

Shubik, M., 1981b. A price-quantity buy-sell market with and without contingent bids. In J. Los et al., eds., *Studies in economic theory and practice in honor of E. lipinski*, pp. 117—125. Amsterdam: Elsevier.

Shubik, M. , 1982. *Game theory in the social sciences*. Vol. 1. Cambridge, MA: MIT Press.

Shubik, M. , 1983. Political risk: Analysis, process and purpose. In *Proceedings: International Symposium on Managing International Risk*, Wharton School, University of Pennsylvania, pp. 108—138. Cambridge: Cambridge University Press.

Shubik, M. , 1984. *Game theory in the social sciences*. Vol 2, *A game-theoretic approach to political economy*. Cambridge, MA: MIT Press.

Shubik, M. , 1985a. The games within the game: Modeling politico economic structures. In F. X. Kaufmann, G. Majone, and V. Ostrom, eds. , *Guidance Control and Performance Evaluation in the Public Sector*, pp. 571—591. W. De Gruyter: Berlin.

Shubik, M. , 1990. The transactions trust demand for money. *Zeitschrift für Nationalökonomie* 52: 211—232.

Shubik, M. , 1996. Why equilibrium? A note on the noncooperative equilibria of some matrix games. *Journal of Economic Behavior and Organization* 29, 3: 537—539.

Shubik, M. , 1998. *Fiat Money and the Efficient Financing of the Float, Production, and Consumption. Part I: The Float*. Cowles Foundation Discussion Paper 1202, Yale University.

Shubik, M. , and M. Sobel, 1992. On matching book: A problem in banking and corporatefinance. *Management*

Science 38: 827—839.

Shubik, M., and G. L. Thompson, 1959. Games of economic survival. *Naval Logistics Research Quarterly* 6: 111—123.

Shubik, M., and D. Tsomocos 1992b. A strategic market game with seignorage costs of fiat money. Cowles Foundation Discussion Paper 1043, Yale University.

Shubik, M., and S. Yao, 1989. Gold, liquidity and secured loans in a multistage economy: 1. Gold as money. *Zeitschrift für Nationalökonomie* 49: 245—277.

Shubik, M., and S. Yao, 1990a. The transactions cost of money: A strategic market game analysis. *International Journal of Mathematical Social Sciences* 22: 99—114.

Shubik, M., and S. Yao, 1990b. Gold, liquidity and secured Loans in a multistage economy: 2. Many durables, land and gold. *Zeitschrift für Nationalökonomie* 52: 1—23.

Shubik, M., and S. Yao, 1991. Transactions, loans, intertemporal loans, variable velocity, the rates of interest in commodity money: 1. Transactions loans. Cowles Foundation Discussion Paper 1014, Yale University.

Shubik, M., and S. Yao, 1993a. The money rate of interest and the influence of assets in a multistage economy with gold or paper money, part I. Cowles Foundation Discussion Paper 1046, Yale University.

Shubik, M., and S. Yao, 1993b. The money rate of interest and the influence of assets in a multistage economy with gold or paper money, part II. Cowles Foundation Discussion Paper 1050, Yale University.

Shubik, M. , and W. Whitt, 1973. Fiat Money in an economy with one nondurable good and no credit: A noncooperative sequential game. In A. Blaquière, ed. , *Topics in differential games*, pp. 401—449. Amsterdam: Elsevier.

Solow, R. M. , 1956. A contribution to the theory of economic growth. *Quarterly Journal of Economics* 70: 65—94.

Solow, R. M. , 1988. *Growth theory: An exposition*. New York: Oxford University Press.

Soros, G. , 1987. *The alchemy of finance*. New York: Simon and Schuster.

Starr, R. M. , 1970. Equilibrium and demand for media of exchange in a pure exchange economy with transaction cost. Cowles Foundation Discussion Paper 300, Yale University.

Start, R. M. , 1972, The structure of exchange in barter and monetary economies. *Quarterly Journal of Economics* 86: 290—302.

Starr, R. M. , 1976. Decentralized nonmonetary trade. *Econometrica* 44, 5: 1087—1090.

Stokey, N. L. , and R. E. Lucas, 1989. *Recursive methods in economic dynamics*. Cambridge, MA: Harvard University Press.

Thaler, R. H. , ed. , 1993. *Advances in behavioral finance*. New York: Russell Sage Foundation.

Tobin, J. , 1961. Money capital and other stores of value *American Economic Review Proceedings* 51: 26—37.

Tobin, J. , 1956. The interest elasticity of the transactions demand for cash. *Review of Economics and Statistics* 38: 241—247.

Tobin, J. , 1965. Money and economic growth. *Econometrica* 33: 671—684.

Townsend, R. M. , 1978. Intermediation with costly bilateral exchange. *Review of Economic Studies* 45:417—425.

Trivers, R. L. , 1985. *Social evolution*. Menlo Park, CA: Benjamin Cummins.

United States Department of Commerce. *Statistical Abstract of the United States*, 1984, 1994.

Uzawa, H. , 1988. *Optimality, equilibrium, and growth*. Tokyo: University of Tokyo Press.

von Neumann, J,[1937] 1945. A model of general economic equilibrium. *Review of Economic Studies* 13: 1—9.

Wallis, J, J,, and D. C. North, 1994. Integrating institutional change and technological change in economic history: A transaction costs approach. *Journal of Institutional and Theoretical Economics* 150, 4: 609—624,

Wallis, J. J. , and D. C. North, 1987. Measuring the transactions sector in the American economy: 1870—1970. In S. Engerman and R. E. Gallman, eds. , *Long-term factors in American economic growth*, vol. 51, pp. 95—161. NBER Conference on income and wealth. Chicago: University of Chicago Press.

Whitt, W., 1975a. Consumption and investment under uncertainty over an infinite horizon. Unpublished manuscript, Yale University.

Whitt, W., 1975b. Consumption and investment under uncertainty: The wealth stochastic process. Unpublished manuscript, Yale University.

Whitt, W., 1975c. Optimal consumption under certainty. Unpublished manuscript, Yale University.

Whitt, W., 1975d. Stationary equilibria in an economy with money, uncertainty, infinitely many time periods, and a continuum of traders. Unpublished manuscript, Yale University.

Whitt, W., 1978, Approximations of dynamic programs. *Mathematics of Operations Research* 3: 231—243.

Williamson, O. E., 1975. *Markets and hierarchies: Analysis and antitrust implications*. NewYork: Free Press.

Wilson, E. O., 1975. *Sociobiology*. Cambridge, MA: Harvard University Press.

Wolfe, J. B., 1936. Effectiveness of token-rewards for chimpanzees. *Comparative Psychology Monograms* 12: 1—72.

Woodford, M., and W. J. Muller III, 1988. Determinacy of equilibrium in stationary economies with both finite and infinite lived consumers. *Journal of Economic Theory* 46: 255—290.

Yaari, M. E., 1962. Lifetime consumer allocation under

certainty and uncertainty, institute of Math Studies in the Social Sciences, Stanford University, Stanford, CA.

Yao, S. , 1987. Strategic market games with complete markets. Ph. D. diss. , University of California at Los Angeles.

Zipf, G. K. 1949. *Human behavior and the principle of least effort*. Reading, MA: Addison Wesley.

图书在版编目（CIP）数据

货币和金融机构理论. 第2卷/(美)舒贝克(Shubik, M.)著;王永钦译.
—上海：上海人民出版社,2006
(当代经济学系列丛书. 当代经济学译库/陈昕主编)
书名原文:The Theory of Money and Financial Institutions
ISBN 7-208-06087-8

Ⅰ. 货... Ⅱ. ①舒...②王... Ⅲ. ①货币制度-研究②金融机构-研究 Ⅳ. ①F820.2②F830.2

中国版本图书馆 CIP 数据核字(2006)第 008512 号

责任编辑　李　娜
装帧设计　敬人设计工作室
　　　　　吕敬人

货币和金融机构理论(第2卷)

[美]马丁·舒贝克 著
王永钦 译

上海三联书店
上海人民出版社
200001 上海福建中路 193 号 www.ewen.cc

上海世纪出版股份有限公司
高等教育图书公司　出品
上海福建中路 193 号 24 层 021-63914988

世纪出版集团发行中心发行
上海市印刷七厂印刷
2006 年 3 月第 1 版
2006 年 3 月第 1 次印刷
开本：850×1168　1/32
印张：14.25　插页：5　字数：300,000

ISBN 7-208-06087-8/F·1369　　定价:29.00